LES ACTIONS
PUBLIQUES ET PRIVÉES

EN DROIT ÉGYPTIEN

LEÇONS

PROFESSÉES A L'ÉCOLE DU LOUVRE

PAR

EUGÈNE REVILLOUT

PREMIER VOLUME. — COURS DE 1896-1897

PARIS
J. MAISONNEUVE, LIBRAIRE-ÉDITEUR
6, RUE DE MÉZIÈRES ET RUE MADAME, 26

1897

LES

ACTIONS EN DROIT ÉGYPTIEN

LES ACTIONS
PUBLIQUES ET PRIVÉES

EN DROIT ÉGYPTIEN

LEÇONS

PROFESSÉES A L'ÉCOLE DU LOUVRE

PAR

EUGÈNE REVILLOUT

PREMIER VOLUME. — COURS DE 1896-1897

PARIS
J. MAISONNEUVE, LIBRAIRE-ÉDITEUR
6, RUE DE MÉZIÈRES ET RUE MADAME, 20
(*Ci-devant 25, quai Voltaire*)

1897

A MON FRÈRE

VICTOR REVILLOUT

*Je dédie cet ouvrage qu'il avait tant désiré
me voir entreprendre pendant sa vie.*

E. R.

AVIS

Jusqu'ici je m'étais fait une loi de parcourir dans le cycle régulier de trois années de cours, — après lesquelles l'élève, qui a passé d'une façon satisfaisante ses trois examens annuels, est admis à soutenir sa thèse, — tout l'ensemble du droit civil égyptien en ses 3 parties : 1° l'état du personnel ; 2° l'état des biens ; 3° les obligations et actions. Seulement d'ordinaire [1], cette troisième partie étant très longue, j'étais obligé de l'écourter en ne traitant guère que des obligations.

Cette année il m'a paru qu'il était nécessaire d'agir autrement et de compléter cette par trop grande lacune.

D'ailleurs, les raisons de tout genre qui m'en empêchaient jusqu'ici ont disparu. Mes élèves, qui doivent toujours avoir une formation juridique complète, peuvent se référer pour cela à mes volumes sur « l'état des personnes », sur « les obligations », sur « la propriété » et à mes « notices » faites surtout dans le plan historique.

Ces deux derniers volumes ont paru cette année même : et ils seront immédiatement suivis par mon nouveau volume sur « la créance et le droit commercial », actuellement en cours d'impression.

Or, le nouveau règlement de l'école du Louvre permet au professeur, — ce que ne permettait pas l'ancien, dont j'avais été le principal auteur, — de se référer aux livres dans les examens qu'il fait subir : et par conséquent de traiter plus en détail dans ses cours les diverses questions.

J'ai, cette année, profité de cette permission, promulguée pendant la précédente année scolaire, et, abandonnant les obligations, qu'on pourra étudier dans mes livres, je n'ai traité que des actions.

Je ne me suis même pas borné là. Comme les actions, dans leur ensemble, constituent un sujet trop vaste pour une seule année, j'ai développé en détails ce que j'ai pu cette année, en réservant la suite du sujet à l'année prochaine.

J'ai cru du reste rendre un service aux élèves en leur mettant entre les mains, par im-

---

[1] La seule exception est la 2e année officielle de l'Ecole du Louvre, qui est la 3e de mes cours effectifs. Cette année-là, en effet, j'ai traité des actions tout autant que des obligations. Mais, par la nécessité des choses, les unes et les autres étaient données très en abrégé. Je n'avais pas d'ailleurs encore entre les mains un très grand nombre des pièces des procès que j'étudierai dans les volumes actuels. Les parties même que j'en possédais, pour les actions criminelles surtout, me semblaient trop insuffisantes pour me permettre une bonne analyse : et j'ai dû être sous ce rapport très bref cette année-là. Il n'en est plus de même à présent.

pression, aussitôt les cours terminés, la totalité de mon enseignement annuel, — quelqu'incomplet qu'il soit au point de vue général des actions.

Je me suis rendu aussi service à moi-même, car une triste expérience m'a appris que certains élèves peuvent chercher à se faire une situation par des démarquages ou par des publications anticipées de mon enseignement. Je ne suis pas le seul à me plaindre de ces sortes de choses, trop fréquentes maintenant : M. Girard, professeur à la Faculté de droit de Paris, me faisait pareilles doléances l'automne dernier à Luxeuil et me disait qu'il hâtait, à cause de cela, certaines publications.

Or, pour l'ouvrage actuel, plus encore que pour bien d'autres, j'aurais beaucoup à perdre en cas pareil, puisque, non seulement le tissu juridique, mais les traductions même de plusieurs des textes très étendus sur lesquels il repose, ont été et seront pour la première fois donnés par moi.

C'est donc au jour le jour et au fur à mesure que mes cours annuels seront finis que je compte publier mes volumes sur les actions. De ces volumes, je prévois deux au moins : mais il est possible qu'il y ait besoin d'un troisième.

Il ne me reste plus qu'à m'excuser auprès du lecteur de le laisser ainsi en suspens et qu'à le prier d'excuser le décousu d'une semblable publication que j'aurais aimé à méditer plus à loisir comme les publications précédentes. Evidemment, elle y aurait gagné, mais j'y aurais peut-être perdu.

EUGÈNE REVILLOUT.

PREMIÈRE LEÇON

MESSIEURS,

Chez la plupart des peuples anciens l'administration de la justice se confondait dans l'origine avec celle des pouvoirs publics. Il en était ainsi à Rome, où les rois, puis les consuls, furent d'abord les juges suprêmes et sans appel, en vertu de leur *imperium*, c'est-à-dire de leur despotisme sans borne, qui leur était accordé au moment de leur entrée en charge.

Cet *imperium* était de sa nature unique, universel et sans limitation. Les limitations ne vinrent que peu à peu par suite de révolutions et de lois populaires. Mais elles disparaissaient quand un des consuls, sous le prétexte d'un danger public, avait nommé un dictateur, revêtu dès lors de l'entière puissance primitive. Toutes les magistratures, qui avaient été peu à peu créées, comme des scindements légaux de l'*imperium* consulaire, n'existaient plus dès lors qu'autant qu'il plaisait au dictateur — ayant pendant le temps de sa magistrature un pouvoir absolu, sauf le devoir pour lui de s'établir comme second un maître de la cavalerie, sorte de connétable analogue à ceux qu'avaient autrefois les rois.

Il va sans dire que le dictateur possédait sur tous, comme les rois et les premiers consuls, droit absolu de vie et de mort — ce droit dont usait si cruellement Brutus à l'égard de son propre fils. Si, à un certain moment, la loi Valeria avait accordé aux citoyens le droit de n'être condamnés à mort que par le peuple — mais cela à Rome même et jusqu'à un mille des murs de la ville, — si la loi Valeria, dis-je, avait fait retirer ainsi les haches des faisceaux consulaires quand il s'agissait de Rome même — ces distinctions ne pouvaient plus exister à l'égard du dictateur, remplaçant complètement à ce point de vue les comices par centuries, qu'avait investies la loi en question.

En ce qui concernait le droit judiciaire civil, les préteurs, à qui des lois démocratiques avaient cédé cette partie des pouvoirs primitifs des consuls, s'effaçaient également derrière le dictateur, comme, nous l'avons dit, tous les autres magistrats et même toutes les juridictions populaires, ces *quæstiones perpetuæ* ou commissions perpétuelles délégations des comices, etc., etc.

Lorsque César se fut emparé de la dictature à vie et eut fondé l'empire, on en revint naturellement aux anciens principes qu'avait tant combattus le peuple et — chose curieuse — ce fut au nom du peuple même que le César représenta et dont il exerça les pouvoirs en se faisant donner la puissance tribunitienne — cette puissance créée pour faire obstacle au bénéfice du peuple à tout ce que les consuls et les divers magistrats feraient de trop despotique en vertu de leur *imperium*. Dès lors l'empereur ou ses délégués eurent entre les mains tout le pouvoir judiciaire — criminel aussi bien que civil. Les comices judiciaires disparurent complètement et si on laissa subsister jusqu'au IIIe siècle les *quæstiones perpetuæ*, sortes de commissions se rattachant primitivement aux comices et dont nous parlions tout à l'heure, leur importance avait bien diminué. Ce n'était plus d'ailleurs, comme à l'ancienne époque, sous la république, des juges choisis dans les diverses classes de citoyens et inscrits d'office sur l'*album judicum selectorum* pour ces *quæstiones perpetuæ* dont un prêteur avait la présidence : ce furent des juges choisis par l'empereur qui en dressait la liste. Puis peu à peu la compétence de ces commissions passa au préfet de la ville et au préfet du prétoire. La juridiction extraordinaire du Sénat fut elle-même limitée aux seuls sénateurs. Depuis le IIIe siècle la judicature capitale est exercée, au nom de l'empereur, à Rome et jusqu'à cent mille des murs par le *præfectus urbi*, en Italie, au de là des cent mille entourant Rome par le *præfectus prætorio*, — qui avait aussi à juger les hauts fonctionnaires exempts de la juridiction des gouverneurs de provinces, — et, en dehors de ces personnes, dans les provinces par les susdits gouverneurs.

En ce qui concernait les *judicia privata*, les anciens tribunaux subsistaient du reste. Celui des *centumvirs*, présidé par le *prætor hastarius* et qui comptait alors 180 membres divisés en 4 chambres ou *consilia*, jugeait encore les questions qui lui étaient réservées, en conservant l'ancienne procédure. C'étaient des jurés, choisis sur l'*album* par les parties, qui étaient donnés pour les *judicia legitima*. Mais il y avait au dessus de tout cela l'appel à l'empereur, qui, lorsqu'il était ce Caracalla que les juristes ont nommé le grand Antonin, décidait lui-même, dans son prétoire, tous les procès de l'empire et continuait à créer cette admirable jurisprudence qui a fait qualifier ce droit prétendu romain de *raison écrite*.

Je dis ce droit prétendu romain. En effet, je vous l'ai démontré souvent, Messieurs, il n'y a rien de Romain dans ce droit romain là. Les principes en avaient été posés d'abord par le *préteur pérégrin*, chargé de juger à Rome, sous la république, les étrangers se trouvant dans la ville, comme le polémarque, dont il était l'imitation, jugeait à Athènes les métèques et les étrangers pour les mêmes questions de droit civil que décidait pour les citoyens le premier archonte, comparable au prêteur urbain. Pour sa jurisprudence le préteur pérégrin s'était tout naturellement inspiré des lois et coutumes de ces étrangers, beaucoup plus justes que celles de Rome et que les jurisconsultes ont appelées *jus gentium* « droit des nations ». C'est le droit des nations qui, introduit ainsi par le préteur pérégrin dans son édit, a passé bientôt dans l'édit du préteur urbain et a constitué le droit prétorien, tout à fait contraire au vieux droit romain ou droit civil, dans sa lettre comme dans son esprit, et qu'ont continué à développer les empereurs, surtout les empereurs de race phénicienne, successeurs de ce carthaginois Sévère ne parlant guère que le phénicien, entré à Rome par la brèche et qui a érigé au Capitole la statue d'Annibal, le vieil ennemi de Rome. La dynastie tout à fait orientale que Sévère fonda et au milieu de laquelle se distingua surtout Caracalla, nommé, je vous l'ai dit, par les jurisconsultes le grand Antonin, cette dynastie orientale fit, par ses rescrits, entrer dans l'empire, en son entier, le droit oriental, qui n'était venu jusqu'alors que goutte à goutte et qui submergea tout à grands flots.

Aussi, je le répète, n'y a-t-il plus rien de romain dans le droit romain, dont les premiers éléments bien connus sur la transmission de la propriété, la mancipation, la forme des obligations, la forme des actions, le mariage, les conditions et la constitution légale de la famille, avaient déjà été, dès le temps de la loi des XII tables, entièrement imités de la loi égyptienne d'Amasis, — de même que le mariage antérieur par confarréation l'avait été du mariage sacré que nous trouvons en Egypte avant Amasis — et dont les apports impériaux postérieurs, surtout ceux de l'époque des empereurs phéniciens, furent surtout empruntés à ce droit des vieux chaldéens, dont les phéniciens, leurs frères de race, avaient été si longtemps les vassaux et les disciples. Vous pouvez lire ce que j'ai dit à ce point de vue dans la préface de mon volume sur les obligations, préface qui a fait tant de bruit, soulevé tant d'orages et qui l'a en définitive, emporté dans la lutte, ainsi qu'on peut le constater dans les publications actuelles de l'Allemagne savante [1], tandis que notre principal adversaire, l'inspecteur général du droit en France, le cousin de mon frère Charles, M. Accarias, partisan déclaré de développement spontané du droit romain à Rome, était obligé, par le mouvement général des esprits, d'abandonner son enseignement, comme il le disait à mon frère Victor, et de se retirer à la Cour de cassation [2].

Hélas ! mon collaborateur dans cette lutte, celui qui a été — je suis fier de pouvoir le dire — le créateur de la science du droit babylonien — tel que maintenant l'enseignent son disciple M. Kœhler, de l'Académie de Berlin, (qui l'un des premiers nous a félicité avec enthousiasme de nos découvertes) et les plus grands savants de l'Allemagne — celui qui, réunissant ses trouvailles aux miennes, alors que je créais moi-même la science du droit égyptien, projetait de faire avec moi une édition nouvelle du *Corpus juris*, édition monumentale pour laquelle on n'utiliserait plus seulement, comme l'a fait le grand Mommsen, les données des inscriptions latines, mais aussi toutes celles des monuments ou papyrus égyptiens et des tablettes babyloniennes, assyriennes, etc., pour montrer ainsi pratiquement au bas de chaque loi et de chaque ligne du texte latin son origine orientale — mon frère bien-aimé, Victor Revillout, est mort : et à moi seul je ne pourrai certainement pas aussi bien achever ce que nous comptions faire à nous deux. Mais, après tout, quand on élève son esprit jusqu'aux hauts sommets de la science, qu'importent la vie et la mort des ouvriers qui ont eu l'honneur de commencer le grand œuvre? Ce grand œuvre, dont ils ont tracé le plan et posé les bases, il s'achèvera avec ou sans eux — et peut-être un jour, quand ils ne seront plus l'un et l'autre que poussière,

---

[1] Voir la dernière Revue décennale du droit romain par le Professeur Erman, qui m'envoie ses élèves en cours de thèse et s'inspire complètement de mes idées, ainsi que beaucoup d'autres, d'ailleurs.

[2] Chose curieuse : depuis que cette leçon a été prononcée, M. le Professeur Girard, de la Faculté de droit de Paris, (paraissant surtout le disciple des Allemands dont il était souvent le correspondant Parisien) M. Girard, dis je, qui, agrégé, était complètement dans mes eaux, m'appelant « mon très cher maître », me répétant lui-même sans cesse combien mes travaux juridiques étaient estimés en Allemagne et avaient fait révolution sur certains points, qui, encore l'automne dernier, à Luxeuil, me disait regretter vivement l'apparition d'un des fascicules de son volume où il aurait eu tant à me citer et m'affirmait qu'il le ferait continuellement dans la suite — M. Girard, je le répète, a subitement changé de ligne de conduite et va maintenant jusqu'à nier les origines même grecques de l'hypothèque — ce qui a beaucoup étonné en Allemagne. Aux questions qui m'ont été faites sous ce rapport je n'ai trop su quoi répondre : si ce n'est que, pour les gens arrivés, il est désagréable de dépendre même scientifiquement de quiconque. Un romaniste obligé d'avouer que toute la romanité juridique vient d'ailleurs et de se référer sans cesse pour les origines à des travaux qui ne lui sont pas personnels ou à des textes dont il ne peut traduire lui-même l'original et pour lesquels il est obligé de se référer à d'autres est certainement dans une situation désagréable. Voilà ce que j'ai dit.

reconnaîtra-t-on qu'ils ont fait chose utile et élèvera-t-on un monument commémoratif à ceux qu'on a voulu, autant que possible, abaisser et tourmenter comme gênants pendant leur vie. — A partir du IIIe siècle, ce n'est plus l'élément chaldéo-phénicien qui dominera dans la reconstitution progressive du droit romain : — ce sera l'élément égyptien venant, comme du temps des décemvirs, lui transfuser un sang nouveau.

Vous savez tous, Messieurs, que, selon la tradition romaine, les décemvirs, avant de rédiger leur code, avaient été en rechercher les éléments en dehors de chez eux dans le monde grec. Cela était du reste bien naturel, puisque toutes les révolutions populaires des Romains — desquelles étaient sortis les décemvirs — étaient imitées et pour ainsi dire renouvelées des Grecs. C'était aux Grecs que les Romains avaient pris l'idée de secouer l'ancien joug royal, aux Grecs qu'ils avaient pris l'idée de distinguer les droits des étrangers à la race ; que les Athéniens nommaient métèques alors même qu'ils étaient nés à Athènes, et des citoyens de race pure ; aux Grecs qu'ils avaient pris l'idée d'égaliser ensuite, au contraire, comme l'avait fait faire Hypéride, cette *plebs* au *populus* ; aux Grecs qu'ils avaient pris l'idée de faire juger par leurs pairs, par le peuple lui-même, les gens de cette *plebs*, etc., etc. On peut dire que toute la constitution politique et toutes les lois ou magistratures qui s'y réfèrent ne sont à Rome qu'un apport de la Grèce. Mais il n'en est pas ainsi des mesures législatives de droit civil constituées par la loi des XII tables. Si nous considérons le canal par lequel elles sont venues à Rome, rien ne nous empêche d'admettre le témoignage des anciens, relatif à l'intermédiaire des Grecs, alors maîtres de la mer — et d'ailleurs, depuis Psammétique, en rapports constants avec l'Egypte par leur colonie de Naucratis. Mais, en ce qui concerne l'origine vraie des dispositions légales, des procédés juridiques et de l'esprit général du code des décemvirs, il est impossible d'admettre — et on l'a vu depuis longtemps — que le point de départ de cette législation, à contours raides, formalisme étroit, aspect hiératique, soit la Grèce même, dont toutes les coutumes, pleines de bonhomie, paraissent différentes, et qui, s'inspirant des traditions commerciales venues par les Phéniciens de Chaldée, ne voyaient dans les divers contrats que des marchés bilatéraux, pour lesquels la bonne foi seule devait décider.

Dans le droit des décemvirs, au contraire, comme dans le droit égyptien, tout est précis et fixé d'avance. L'unilatéralisme domine : et les formes établies sont justement celles que venait de créer Amasis, avec toutes leurs mêmes applications juridiques.

Je vous ai trop longuement parlé déjà de ces choses — que vous trouverez d'ailleurs exposées dans ma « notice » — pour avoir besoin d'y insister ; tout ce que je voulais vous rappeler c'est que rien n'est plus certain que l'emprunt fait par les décemvirs au code d'Amasis, dont ils n'ont été que les plagiaires — bien que ce plagiat eut eu lieu par l'intermédiaire de ceux qui étaient alors les courtiers du monde.

Sous l'empire, quand, à partir de Dioclétien et de Constantin, on voulut de nouveau imiter surtout l'Egypte, on n'eut plus besoin de l'intermédiaire des Grecs de Grèce, puisque Rome ou plutôt la Rome grecisée, Constantinople, possédait alors l'Egypte. Les emprunts furent donc immédiats.

Le temps où Tyr, la mère de Carthage, avait été déclarée officiellement seconde mère de Rome, était bien passé. Le droit phénico-chaldéen, père du droit commercial, n'intéressait plus autant, alors que le grand commerce avait partout singulièrement diminué, alors qu'au lieu de la liberté antique des transactions on songeait partout à ces tarifs *rerum vendibilium* que les empereurs proclamaient. Devant l'abandon progressif de l'agriculture, qui avait été la suite des mesures fiscales, on songeait surtout à la protéger en la réglementant — comme, du reste, tous les métiers et toutes les corporations — et l'Egypte semblait alors offrir pour tout cela de merveilleux modèles.

Nous n'avons pas ici à examiner si ce point de vue était le vrai, ni à exprimer une opinion sur l'éternelle lutte des deux principes contraires de l'individualisme ou d'un communisme plus ou moins complet ou mitigé. Généralement il est vrai de dire que, si l'individualisme l'emporte d'ordinaire dans des heures tardives et prospères de l'histoire de l'humanité, il ne peut guère créer des sociétés que quand, comme cela est arrivé pour les pionniers d'Amérique et pour les colons d'Australie, les fondateurs de la nouvelle société représentent une civilisation plus avancée et mieux armée que les peuplades au milieu desquelles les nouveaux individus s'établissent. Lorsque la civilisation et les forces qui en résultent sont les mêmes partout, l'individu disparaît devant la masse : et c'est pourquoi toutes les cités primitives ont toujours reposé d'abord sur un certain degré de communisme, c'est-à-dire d'union des individus dans un seul tout très compact.

L'Egypte, le plus vieux peuple du monde et le plus traditionnaliste, avait conservé des traces plus nombreuses que partout ailleurs de cet état primitif par lequel avaient passé, comme l'a fort bien montré Platon, les anciennes villes de la Grèce. La blessure faite à ses institutions légales par la réforme individualiste du révolutionnaire Amasis n'avait fait qu'effleurer l'épiderme du corps social, sans atteindre jusqu'au cœur, et, peu après Amasis, on en était revenu aux idées communistes de co-propriété familiale et de liens sociaux tellement étroits qu'ils unissaient pour toujours l'individu à sa race, à son nome, à sa terre, à sa profession, à sa tombe même, fixée d'avance par d'autres, sans lui laisser jamais d'initiative personnelle pleine et entière.

C'est à ces idées, bien contraires à celles qu'avait essayé d'introduire en Egypte Amasis, — qui avait, sans le vouloir, introduit tant de ses réformes légales jusque dans la Rome républicaine, grâce aux décemvirs — c'est, dis-je, à ces idées, alors nouvelles, à Rome, mais vieilles en Egypte, que se rattachèrent les empereurs chrétiens qui succédèrent à Constantin. L'Egypte devint donc leur principal objectif, ou plutôt leur principal modèle.

Rien n'est plus séduisant pour un empereur qu'un certain degré de socialisme d'Etat. Si, grâce au prétexte d'une nouvelle religion, on rompt la chaîne des traditions politiques et nationales, quoi de plus désirable pour un César que de sembler avoir uniquement en vue le bien public, l'intérêt des familles, des professions et de l'agriculture, alors qu'on organise la société dans sa main, comme un tout unique, une machine immense, dont on mesure et dirige tous les efforts ?

Ce fut précisément là ce que se proposèrent surtout les empereurs d'époque byzantine. Qu'on parcoure seulement le code théodosien — dont Justinien essaya plus tard de concilier les données avec d'autres plus anciennes et toutes différentes — et l'on verra que le but poursuivi, c'était toujours le rattachement à la glèbe de ces cultivateurs, libres ou esclaves, dont on identifiait pour ainsi dire l'existence, comme le rattachement des gens de métier et de leur descendance à leur profession, des gens de bureau à leur bureau et des gens de chaque lieu dit à ce lieu dit — absolument ce qui s'était pratiqué en Egypte pendant plusieurs milliers d'années. L'originariat, le colonat, l'inquilinat, les castes du bas empire — dont on ne pouvait sortir qu'avec l'agrément de l'empereur ou pour faire partie de son entourage que rien ne réglementait — jointe à l'emphytéose créée par Zenon et faisant pour les terres le parallèle de ce qu'on avait déjà fait pour les individus — tout cela, toute la constitution politique et administrative du bas empire, n'est qu'un emprunt direct fait à cette antique législation égyptienne dont on pouvait à loisir étudier les moindres détails et qui reposait fondamentalement sur la providence omnipotente d'un Pharaon, véritable dieu dans le monde d'ici-bas, soleil de justice éclairant et vivifiant la terre, ainsi réglementée, par sa chaleur et ses rayons.

Il s'en fallait de bien peu que les empereurs du Bas empire se crussent eux-mêmes des divinités. S'ils ne prenaient pas, dans leurs titres, comme les Pharaons et les Césars payens, le substantif même, le mot dieu, ils se laissaient très bien attribuer encore l'adjectif de divin et ils voulaient pratiquement être considérés comme des divinités auxquelles la religion même était soumise. Aussi ne faut-il pas s'étonner, si, dans le domaine spécial qui nous occupe en ce moment, celui de la justice, les successeurs de Constantin s'étaient largement inspiré des idées de la vieille Egypte.

En ce qui concernait le droit criminel, nous vous l'avons dit, depuis le IIIe siècle toutes les anciennes juridictions avaient été peu à peu abolies. C'était l'empereur qui était le grand juge et il déléguait à Rome ses pouvoirs au préfet de la ville et dans les provinces aux gouverneurs. C'est précisément cette organisation de la justice pénale que nous trouvons en Egypte depuis les temps Pharaoniques les plus anciens. Dans la vallée du Nil, comme dans l'empire bysantin, le souverain était, par lui-même ou ses délégués, le grand juge des crimes : et les juridictions autres que la sienne, autres que l'autorité administrative, n'existaient que pour les causes de droit civil, les *judicia privata*, dont nous aurons bientôt à vous parler plus longuement. Comme dans la Rome impériale, nous trouvons d'ailleurs deux degrés à cette juridiction : 1° le préfet de la ville ou, dans les provinces, le *praeses* ou gouverneur auquel on imposait le devoir de s'associer un conseil (*consilium* ou *Kebenti*) délibérant avec lui[1] ; 2° le souverain lui-même jugeant en dernier ressort dans les appels qu'il agréait. C'était là ce qu'on appelait à Rome le prétoire impérial, auquel présidait un fonctionnaire nommé préfet du prétoire — ce qui n'empêchait pas les grands empereurs, comme Caracalla de diriger eux-mêmes toutes les décisions et de créer eux-mêmes aussi la jurisprudence, soit par des jugements directs, soit par des rescrits adressés aux magistrats et aux juges. Souvent, en effet, ce n'étaient pas seulement les parties qui en appelaient à l'empereur, c'étaient les juges, qui désiraient être fixés sur tel ou tel point de droit ou sur tel cas difficile.

Nous voyons la même chose en Egypte et les textes juridiques d'Horemhebi, que nous traduisons en ce moment même dans nos cours philologiques, nous montrent, dès la XVIIIe dynastie, le Pharaon intervenant directement dans les procès ou dans les causes administratives, tonnant même, comme Constantin, contre les abus du fisc et condamnant à la mort, à la mutilation, etc., les juges, les préfets et les agents prévaricateurs.

Ces rescrits, qu'il ne faut pas confondre avec les édits (les Grecs de l'époque Lagide auraient dit : πρόσταγμα), proclamés par le roi d'une façon primitivement générale, comme, par exemple, le πρόσταγμα d'Elephantine publié par les soins du prétoire pharaonique et que nous

---

[1] Nous ne parlons pas ici de la juridiction intermédiaire du préfet du prétoire en Italie depuis cent mille des murs de Rome ; car cette juridiction avait pour origine les droits spéciaux accordés, depuis les temps les plus anciens, par la ville de Rome, aux Italiens alliés, auxquels elle avait concédé d'abord le *connubium* et le *commercium*.

étudions parallèlement, ces rescrits, dis-je, comme ceux du Digeste ou même des Codes [1], sont toujours précédés du récit du fait qui les avait provoqués, avant d'en venir à la décision du souverain — décision faisant d'ailleurs jurisprudence.

Quant aux requêtes qui saisissaient le roi pour des procès particuliers (et même des procès civils) nous en avons un bon exemple dans la requête de l'ouvrier Kena au roi Aménophis [2].

Sous les Ramessides, dans les très nombreux procès criminels qui nous sont parvenus, nous rencontrons aussi sans cesse des suppliques ou rapports au roi, — émanant surtout, il est vrai, de prêtres et de fonctionnaires, — ainsi que l'intervention directe de celui-ci — le plus souvent, il est vrai encore, pour renvoyer l'affaire au *djà*, son préfet de la ville et du prétoire, qui, déjà sous Thoutmès III, remplissait si effectivement cette fonction de remplaçant du roi et du juge des juges comme nous le voyons par les détails circonstanciés que nous donne à ce sujet, dans ses inscriptions, le *dja* Rekhmôra [3].

C'est au roi (Ramsès X) que, dans le papyrus de Burgh, s'adresse ainsi le père divin qui vient de constater un vol dans ses caisses et c'est le roi qui saisit à cette occasion la cour du *dja* de cette affaire. C'est au roi que, dans le papyrus Abboth, le maire de la ville de Thèbes dit qu'il envoie directement ses rapports criminels — comme c'est au roi qu'au revers du même document nous voyons qu'est expédié le 1er rapport du maire de la nécropole contenant la liste des voleurs — liste que, sur l'ordre du roi, il fut bientôt obligé de recommencer, cette fois pour la remettre au préfet de la ville *dja*.

Dans l'intervalle, la liste d'accusés qu'il contenait avait été considérablement allongée, grâce à de nouveaux renseignements, parvenus peut-être d'autre part au préfet de la ville. Nous voyons, en effet, que l'instruction de l'affaire se faisait d'abord par des fonctionnaires nombreux, entre lesquels s'élevaient parfois des conflits fort graves, parmi lesquels nous citerons ceux qui, d'après le Papyrus Abboth, ont existés entre l'épistate (*ha*) ou maire civil de la ville (soumis bien entendu au préfet de la ville dont il n'était qu'un des très humbles subordonnés) et l'épistate (*ha*) de la nécropole.

On sait qu'en droit romain primitif c'était un accusateur quelconque qui prenait l'initiative de faire poursuivre, à la façon Athénienne, à ses risques et périls, un criminel, tandis qu'à l'époque impériale la poursuite était faite d'office par les agents de l'administration — absolument

---

[1] La principale différence entre les rescrits des codes et ceux du Digeste, c'est que ceux-ci ont eu souvent pour point de départ la réclamation des parties, tandis que ceux-là, depuis Constantin, ont dû être réclamés par les magistrats eux-mêmes.

[2] Ce droit de requête au roi dans les procès, — droit que Constantin supprima pour les particuliers dans le monde romain, — ce droit de requête, dis-je, paraît avoir été limité sous les Ramessides aux magistrats et à certaines castes privilégiées. Dans le poème de Pentaour, Ramsès II Sésostris l'accorde, — comme une grande faveur, — aux membres de la caste militaire qu'il venait de fonder. A l'époque Lagide, nous voyons aussi dans les papyrus grecs les anciens militaires épigones en user, comme Ptolémée Glaucias, tandis que les particuliers ordinaires s'adressent au stratège ou gouverneur local. Il va sans dire que les prêtres avaient — nos procès criminels du temps des Ramessides le prouvent — tout aussi bien que les militaires, le droit de requête au roi. Quant aux magistrats proprement dits, c'était un devoir pour eux d'en référer souvent au souverain — ainsi que l'a établi aussi Constantin.

[3] C'est en qualité de remplacant du roi — de président ou préfet de son prétoire que Rekhmara donne aux gouverneurs de province, jugeant chacun dans son district, les instructions qui devaient guider leur procédure.

comme en Egypte — ce qui permettait parfaitement des conflits analogues à ceux que nous constatons dans le papyrus Abboth.

L'instruction était du reste très mouvementée en Egypte. Elle comportait de très nombreuses expertises, présidées, soit par l'un des fonctionnaires accusateurs, soit par le préfet de la ville, terminant les conflits, contrôlant par lui-même les expertises antérieures et décidant souverainement avec son conseil de leur exactitude et de leur sincérité.

Quand il s'agissait de vols sacrilèges, ces expertises et contre-expertises avaient tantôt pour objets l'examen attentif des lieux où les vols avaient été commis, tantôt l'examen des personnes qui étaient accusées d'y avoir pris part et des témoins.

Pour le 1er examen des susdites personnes, on se contentait souvent de mettre par écrit leurs déclarations. Mais lorsque l'instruction avait fait un pas de plus, les accusés proprement dits, s'ils n'étaient pas de trop hauts fonctionnaires, ne pouvaient plus être interrogés que dans les tourments — absolument ainsi que cela se pratiquait dans le droit impérial des Césars bysantins, — c'est-à-dire qu'on leur faisait subir la *question*, qui, venue d'Egypte à Rome, n'a cessé d'être en usage dans notre droit criminel qu'après la révolution de 1789. Ne paraissent avoir été exemptés parfois bénévolement de cette question que les criminels qui, d'eux-mêmes avaient dénoncé leurs complices. On les interrogeait alors par *shepro*, (réception de bouche), ou *setemro* (audition de bouche), absolument à la façon des témoins ordinaires, au lieu de les interroger par *smetre* (question judiciaire). Ordinairement, nous le verrons, on tenait des registres séparés de ces séances, soit de *shepro* de témoins, soit de *smetre* d'accusés.

Notons que dans les séances, les expertises ou les questions judiciaires les plus solennelles du papyrus Abboth et des autres procès criminels, nous voyons figurer, à côté du préfet de la ville et de ses assesseurs, un grand personnage qui porte le titre de *uahm* (ou *nem*) *piraa* c'est-à-dire de *repétiteur*, *organe*, ou procureur du Pharaon — titre qui s'échange parfois avec celui de *bouche du roi*. Ce personnage a rang, non pas, comme on pourrait le croire, en tête du tribunal, mais, au contraire, en queue, après tous ceux que nous appellerions maintenant les juges de la magistrature assise [1]. Evidemment, il représente ce qu'est chez nous la magistrature debout, c'est-à-dire celui-là même qu'on nommait au temps de la monarchie le procureur du roi et qu'on nomme maintenant le procureur de la république. A lui, il appartenait certainement de requérir la punition au nom du roi, et c'est ce qu'il fait, sous Ramsès III, dans les diverses actions du grand procès des lèse-majesté qui nous ont été conservées par le papyrus Lee, par le papyrus Rollin et par le papyrus judiciaire de Turin. Dans ces divers documents c'est bien par son intervention que débute chaque phase de l'action et c'est lui qui soumet les accusés à la vindicte du tribunal.

Il en a certainement été de même dans toutes les causes criminelles dont quelques fragments nous sont parvenus.

Je dis : « quelques fragments ». En effet, pour le seul procès des vols sacrilèges commis dans les tombes royales qui eut lieu sous Ramsès IX et sous Ramsès X, les papyrus Abboth, Amhurst, Harris Ier, Harris, 498 et 499, Vassali, Buttler, etc., etc., si volumineux qu'ils soient, ne contiennent cependant qu'une faible partie des instructions et des expertises faites pour

[1] Il figure cependant avant les greffiers, quand on veut bien nommer ceux-ci après les magistrats assis et debout, comme dans le papyrus judiciaire de Turin.

cette affaire, dont nous n'avons ni le début, ni le dénouement complet. Le procureur du roi, qui, lors de ces expertises, a certainement depuis longtemps fait son premier réquisitoire pour mettre en jeu la puissance publique, assiste alors ordinairement muet aux séances présidées par le préfet de la ville et dont il doit faire son profit pour des réquisitoires postérieurs.

Ces sortes de procès étaient, en effet, fort longs. Celui des tombes royales a été poursuivi pendant deux règnes et jugé par au moins trois ou quatre préfets de la ville successifs. Chacun d'entre eux paraît du reste avoir eu des idées personnelles fort différentes. L'un d'eux poussait vivement aux poursuites. Un autre les faisait restreindre le plus possible et blâmait les excès de zèle de ses subordonnés. Un troisième, — qui pourrait bien être le même que le premier, de nouveau désigné pour son ancienne charge — en revient au système de la sévérité à outrance et fait étendre l'accusation à un très grand nombre de prévenus. Pour tout cela, les préfets de la ville *dja* paraissent avoir joui d'une liberté d'action assez grande — sauf à rendre leurs comptes au Pharaon — ce que le troisième surtout a soin de faire pour les moindres détails.

A ce point de vue, on peut avec fruit comparer nos procès criminels du temps des Ramessides aux procès — la plupart, il est vrai, civils — que nous ont conservés, pour le temps des Lagides, les papyrus grecs de Turin, de Paris, etc. Dans ces affaires — parallèles à celles que jugeait l'ancienne juridiction des laocrites, dont nous reparlerons bientôt — nous voyons figurer aussi comme juges les chefs de l'administration, qui avaient peu à peu usurpé, au nom de l'omnipotence royale, la judicature civile, jointe à leur ancienne judicature criminelle. D'ailleurs les amendes au roi, devenues dans les contrats de fréquent usage, permettaient de faire condamner ceux auxquels on donnait tort civilement comme ayant criminellement des comptes à rendre au souverain.

Quoi qu'il en soit, nous voyons à cette époque plusieurs degrés pour la juridiction judiciaire administrative. Il y a d'abord celle de l'épistate ou maire, qui, — nous le voyons dans le papyrus A. de Leide, — juge même dans les bourgs de petite importance pour la 1re instance des causes secondaires, bien qu'avec appel au stratège de la province, et qui, à Thèbes, faisait, — d'après le papyrus Abboth du temps des Ramessides et d'après plusieurs papyrus grecs de Turin et de Londres du temps des Lagides, — les premières instructions.

Souvent même le stratège ou gouverneur de la province, remplaçant en Egypte le préfet de la capitale dans son ressort, renvoyait, sous les Lagides, à l'épistate de la ville de Diospolis — la Thèbes moderne — les réclamations qui lui avaient été soumises par les parties. De quelque manière qu'il ait été saisi, le *præses*, pour nous servir du terme romain, décidait alors avec son conseil, comme il l'entendait : et nous constatons, sous Evergète II, par exemple, que la même affaire pouvait être jugée contradictoirement de deux façons fort différentes par deux *præsides* de semblable rang, ayant eu successivement le même gouvernement — absolument comme Cicéron nous montre que cela se pratiquait sous la république dans les provinces confiées aux proconsuls — gouverneurs et souverains juges chez eux. Parfois alors, d'après l'illustre orateur, qui se fait un grand mérite de n'avoir pas agi ainsi, le proconsul d'une province cassait tous les jugements qu'avait rendus son prédécesseur pour les recommencer à nouveau au nom de son *imperium* sans limitation. Ce fut seulement aux empereurs qu'il appartint de faire consacrer à Rome le principe de la *chose jugée*.

Il n'en était probablement pas tout à fait ainsi dans l'ancienne Egypte. Du temps des Lagides même, il fallait sans doute un prétexte pour faire revoir les procès — comme, par exemple, le procès d'Hermias — et pour celui-ci le prétexte fut peut-être le défaut bien constaté de l'une des parties. Chez nous-même ne revoit-on pas en droit criminel les procès jugés par défaut?

Sous des Ramessides, si nous voyons bien dans nos papyrus relatifs à la spoliation des hypogées de Thèbes, les tendances toutes différentes des préfets de la ville qui firent successivement l'instruction et rendirent des décisions partielles, rien ne nous prouve que le procès ait été jugé à fond par l'un des *praesides* quand son successeur le reprend. Tout au plus pouvons-nous dire que bien des accusés renvoyés d'abord en bloc ont été plus tard arrêtés en détail. Mais n'en est il pas de même chez nous et les juges d'instruction ou les procureurs ne font-ils pas souvent arrêter de nouveau ceux qu'on avait d'abord relâchés comme innocents?

Rien ne vient donc trancher jusqu'ici d'une façon péremptoire la question de la *chose jugée* dans l'ancienne Egypte. Nous dirons seulement que tout un ensemble de considérations, qu'il serait trop long d'exposer en détail, nous fait admettre comme très probable qu'elle a toujours existé dans ce pays, où la déesse Vérité, officiellement et religieusement consultée par les juges d'après Diodore de Sicile, était censée présider à toutes leurs décisions solennelles, — comme d'ailleurs à celles que rendait au delà de la tombe le divin Osiris, alors qu'il faisait mettre sur la balance d'un coté le cœur de l'homme et de l'autre la Vérité. Evidemment, *l'imperium* du magistrat et d'une façon plus éminente celui du Pharaon égyptien n'étant qu'une représentation, un reflet, une émanation de la divinité, ne pouvait pas brutalement et officiellement pour ainsi dire se contredire dans les mêmes organes, ainsi que tout ce qui vient du caprice égoïste de la puissance humaine.

Bien entendu, dans aucun pays du monde, la *chose jugée* n'a empêché du reste le droit d'appel à une juridiction supérieure quand il en existe une. Mais, en Egypte, pour changer une décision, il fallait du moins qu'une inspiration plus haute et plus divine vint corriger les erreurs humaines commises par un *praeses* d'ordre inférieur. C'est ainsi qu'au moins bien longtemps, nous l'avons remarqué, les particuliers même purent déjà, dans la vallée du Nil, en appeler directement au Pharaon, comme dans les beaux temps de l'empire à l'empereur.

Nous avons dit qu'en sa qualité d'émanation de la divinité, de Dieu incarné, le Pharaon était à la fois l'administrateur et le grand juge de l'Egypte. Il déléguait sous ce double aspect ses pouvoirs — primordialement et surtout au préfet de la ville, remplissant, en même temps, sous le titre de *dja* — je l'ai prouvé depuis longtemps à propos de Rekhmara — les fonctions attribuées par les Romains au préfet du prétoire et par les Lagides au diœcète — à ce point qu'on a comparé, récemment en Allemagne le *dja*, ce « Ministre, » dont j'avais si longuement décrit les fonctions, au visir du monde musulman.

C'était au *Dja* qu'en qualité de préfet du prétoire il appartenait de se faire rendre des comptes administratifs et judiciaires par tous les préfets de province. C'était à lui que revenait le droit de leur donner toutes les instructions nécessaires pour l'administration de la justice dont il centralisait entre ses mains tous les dossiers, ainsi que le prouvent avec évidence les textes de Rekhmara, ce grand Ministre de Thoutmès que je vous citais tout à l'heure et dont j'ai traduit le premier les curieux textes administratifs relatifs à ses fonctions judiciaires. Citons seulement ici ce fragment :

« Il écrit aux régents des provinces qui sont également en ses mains pour dire : « j'ai envoyé en mission le *Sar* un tel. » Il le fait partant. Il fait décret de mission sur requête.

« Il écoute le *Sar* faisant rapport de sa mission, de son voyage.

« Il s'applique à sévir, dans sa salle, contre l'auteur d'un abus quelconque, bien plus : à l'écarter en frappant du glaive ses membres ; quant a achevé le *dja* d'entendre...

« Il prescrit au gouverneur, jugeant dans son district, d'être pondéré à ce sujet : pour que sa bouche ne dise pas de frapper dès qu'il entend ; que ce soit en délibération ; qu'on inscrive sur le registre des délits qui est dans le grand *Khent*.

« Pour que point ce frappement de justice soit inconsidéré, de remettre à une autre fois l'affaire rapportée, de transporter ce qu'est cela sur le registre des délits, d'examiner la chose, d'ajouter cela sur cela, sur le registre, pour le reste de leur jugement.

« Quand toutes les écritures ont été envoyées à la salle du *Dja* (au prétoire), après qu'on lui a fait rapport sans rien cacher, alors s'en vient avec le registre le gardien (ce gardien des écritures qu'on nommait sous les Ptolémées et les Romains Βιϐλιοφυλαξ et qu'on nommerait aujourd'hui l'archiviste), en compagnie du préposé du sceau de l'auditeur scribe (l'auditeur scribe, celui qui écoutait directement les ordres du *dja* pour les inscrire, était naturellement le chef du secrétariat). Quand après cela le gardien à déployé le registre, alors, après son scellement, il l'emporte à sa demeure scellé par le sceau du *dja*. Quand il (le *dja*) demande ce livre caché, en réserve, le gardien le prend et l'apporte. »

On le voit, non seulement le préfet de la ville jugeait à ce titre tous les crimes commis dans la capitale, ainsi que je vous l'ai longuement expliqué plus haut, mais, à titre de *dja*, comparable au préfet du prétoire, il présidait à tout ce qui concernait l'administration de la justice dans les provinces. Sous ce rapport, les gouverneurs étaient donc les agents tout autant que les représentants du Pharaon.

Cela n'ôtait rien, bien entendu, à l'omnipotence du souverain, qui pouvait, s'il le désirait, non seulement juger en appel, mais aussi décider directement les causes qu'il voulait, soit par lui-même, soit par d'autres délégués désignés par lui.

De là, une nouvelle distinction que nous trouvons également jusque dans le bas empire romain : celle de la procédure *ordinaire* et *extraordinaire*.

Le papyrus judiciaire de Turin nous offre un excellent exemple de cette procédure extraordinaire employée dans certains procès pour lesquels tous les juges ont été expressément désignés par le souverain.

Il s'agissait d'une affaire de *lèse-majesté*, et, pour des raisons à nous inconnues, lors de cette désignation des juges, expressément faite par Ramsès III, et dont son procureur a été l'organe — absolument comme l'étaient dans le Sénat certains délégués de l'empereur prenant la parole en son nom — le préfet de la ville *dja* ne fut pas compris parmi ceux qui devaient siéger en qualité de remplaçants du souverain.

Toutes ces diverses affaires criminelles seront longuement étudiées par moi — ainsi d'ailleurs que toutes les autres — dans une série de leçons successives. Mais avant de finir les généralités qui doivent nécessairement précéder mon cours sur les actions, il faut que je dise quelques mots des juridictions usitées en matière civile, c'est-à-dire dans ces *judicia privata*, faisant parallélisme aux *judicia publica* dont je vous ai tant parlé jusqu'ici.

Avant d'entrer dans les détails de cette question, je vous ai dit précédemment, Messieurs : « Dans la vallée du Nil, comme dans l'empire bysantin, le souverain était par lui-même, ou par ses délégués, le grand juge des crimes — et les juridictions autres que la sienne, autres que l'autorité administrative, n'existaient que pour les causes de droit civil, les *judicia privata*.

Quelles étaient donc en Egypte ces juridictions, puisque nous savons déjà que dans le bas empire c'étaient encore les anciens tribunaux des centumvirs etc., auxquels les réformateurs n'avaient pas voulu toucher ?

En Egypte — tous les anciens sont d'accord là-dessus — cette justice était confiée traditionnellement aux prêtres.

En cela, du reste, les Egyptiens différaient moins qu'on pourrait le croire des vieux Romains : car, dans la Rome antique, à toutes les actions présidaient toujours des rites religieux.

L'action du *sacramentum*, par exemple, qu'était-elle primitivement, si ce n'est une sorte de serment religieux, analogue en cela au *sacramentum militare*, au serment militaire, fait primitivement aux prêtres, avec une offrande religieuse effectuée des deux parts et destinée *ad sacra publica*, et n'étant devenue que tardivement une sorte de pari civil avec *enjeux*.

Il en était de même de toutes les autres actions, toujours entamées avec des cérémonies sacramentelles et dans un but religieux, de même des obligations prises par *stipulation*, c'est-à-dire par un serment démarqué plus tard, de même aussi des simples prises de possession en droit civil, tels que l'*adition* d'*hérédité* que l'*heres* ou futur *herus*, futur *dominus*, ne pouvait faire qu'après un balayage mystique déterminé de la chambre du mort, pour en expulser toutes les impuretés au point de vue religieux, et qu'en se soumettant aux *sacra privata* du culte domestique, ces *sacra* que nous trouvons pour l'héritier à Athènes et dans les autres cités grecques.

Tout cela était si étroitement et si religieusement fixé d'avance par des formules consacrées qu'il fallait, pour faire un acte juridique quelconque, s'adresser à ces vieilles familles patriciennes et sacerdotales dépositrices des vieux mystères et des vieux rites. On sait de quelles récompenses fut comblé le publicateur de ces formules sacrées, si soigneusesement tenues secrètes jusque-là par ceux qui avaient, par leur race et la pureté de leurs unions religieuses, le privilège unique des grands pontificats, et qui, par là, en dépit des révolutions, tenaient pratiquement le peuple en servitude.

Rien d'étonnant dès lors qu'il en ait été de même dans la pieuse Egypte et que les prêtres aient gardé ainsi toujours la juridiction civile par des procédés religieux.

J'irai même encore plus loin. Je dirai que c'est d'autant moins étonnant que toute cette couche primitive du droit romain paraît empruntée à l'Egypte, tout autant que les autres mesures législatives copiées par les décemvirs sur la loi d'Amasis. En effet si, pour l'état des biens, la mancipation romaine avec unilatéralisme et prix entièrement payé d'avance, est en elle-même et dans toutes ses applications légales, soit relatives aux personnes (mariages, adoptions, etc.), soit relatives aux garanties des obligations (mancipation hypothécaire des biens avec *fiducie*, etc.), entièrement imitée de la mancipation égyptienne, rêvée par Amasis; si, pour les obligations, la stipulation romaine, ce serment démarqué, n'est, soit en elle-même, soit dans toutes ses appréciations légales, elle aussi, qu'une imitation du *sanch* égyptien ; si, pour l'état des personnes, pour les *nexi* et les lois successives qui les permirent et les défendirent, pour le mariage par mancipation ou *coemptio*, ayant peu à peu remplacé en Egypte et à Rome l'ancien mariage religieux ou par *confarreatio*, pour le cens quinquennal et ses effets légaux, etc., l'identité n'est pas moins frappante ; — combien l'emprunt ne nous paraît-il pas encore plus évident, s'il est possible, pour les actions, primitivement toutes revêtues, des deux parts, du même caractère, exclusivement religieux.

Je vous ai déjà cité bien souvent, dans mes leçons et mes travaux[1], cette *pignoris capio*, primitivement réservée à certaines obligations sacrées et que nous trouvons semblable en Egypte et dans la Rome des décemvirs. Mais j'ai mieux que cela à vous offrir aujourd'hui, j'ai l'*actio sacramenti* elle-même, possédant encore son serment primitif, à côté des enjeux du pari religieux. Cette *actio sacramenti*, nous la retrouvons, en effet, dans nos procès datés des Ramessides, c'est-à-dire bien des siècles avant la loi des XII tables et même la fondation de Rome[2].

---

[1] Voir entre autres mes « obligations », mes « notices », *passim* et mon ouvrage intitulé « la créance et le droit commercial dans l'antiquité ».

[2] Il faut noter cependant que dans cet exemple il ne s'agit pas d'une action civile, intentée soit devant la Cour sacerdotale suprême des 30 juges ou 30 *suteni*, présidée par ce prêtre archidicaste qui remplissait encore le même rôle à l'époque romaine, d'après les papyrus grecs, soit devant la Cour locale des prêtres d'Amon, que nous voyons figurer dans le procès conservé par le papyrus Erman du temps des Ramessides, aussi bien que dans certains procès contenus dans les papyrus démotiques publiés par moi. Non, c'est à une action criminelle, bien que due à l'initiative privée (sans l'intervention du procureur du roi), et devant la Cour du préfet de la ville *dja*, que s'applique ici le *sacramentum*, et le taux en est versé entre les mains des magistrats civils, au lieu de l'être entre les mains des prêtres. Ce taux, du reste peu élevé, paraît être fixé pour toutes les causes quelconques. Il consiste en un kati didrachme d'argent, qui est versé par le prêtre entamant ici l'affaire par une plainte en règle. On ne nous dit pas si l'autre partie, qu'on mit aussitôt sous les verroux, eut à verser, avant son emprisonnement, le kati en question. C'est probable ; mais peu importe, puisque sa fortune et sa vie répondaient suffisamment du terrible *alea* qui pesait sur lui.

Je me hâte donc de céder la place à mon texte égyptien (papyrus de Burgh). Le voici :

« An II (de Ramses X) 23 mesoré. C'est le jour où on a fait l'examen de l'or et de l'argent pris dans le sanc- » tuaire du roi *Rausermameriamen* au sujet desquels le divin père Amenmès, de la terre de ce sanctuaire, a fait » rapport devant le Pharaon — à lui vie ! santé ! force ! — (affaire) que le dieu (le roi) livra aux mains du préfet » de la ville *dja* Ranebmaneχt, de l'intendant du trésor du Pharaon, intendant des greniers, royal officier Ra- » menmaneχtu, et du royal officier Inua, pour en faire l'examen dans le palais royal des millions d'années de ce » sanctuaire. Ils firent la constatation du manque de 86 *χalakenen* (χαλκιον), estimés *(men)* en argent, qui ont » été pris et au sujet desquels le divin père de la fraternité de ce sanctuaire fait sa réclamation au Pharaon »

« Il dit (le *dja*) : Tu n'as pas vu l'homme qui les a fait prendre ? »

« Lui (le père divin) il dit : C'est l'intendant du trésor de Suteχ (nommé) Wus qui était (aussi) intendant du » domaine territorial *(ah)*, qui les a pris. Il a pris (lui-même) 26 *χalakenen* (χαλκιον), l'intendant du palais royal » de ce sanctuaire. Il en coupa (tira) un outen $^1/_2$ d'argent. Il prit ces choses avec le divin père Ima, le prêtre » *Hirseshtu* du sanctuaire Raanina et Teχiu et Rames. Ils (ceux-ci) prirent 60 *χalakenen* (χαλκιον) $\frac{3}{4}$ ... Ils en » coupèrent (tirèrent) 3 outen $\frac{1}{2}$ d'argent : total : 5 outen (= 86 *χalakenen*). Restent 36 outen d'argent [2] (comme » valeur). Ils ont confié cela au gardien Uraa. Ils firent ces *χalakenen* en profit (ils tirèrent profit — *shau* — des » *χalakenen*). »

« Ils (les juges) lui firent supplier le nom du Pharon (au père divin demandeur.) Ils lui firent déposer dans sa » demeure (comme *sacramentum*) $\frac{1}{2}$ d'outen (1 kati). »

« Alors le Pharaon fit prendre (arrêter) les cinq criminels en ce temps dans le sanctuaire. »

« Il alla au sanctuaire le divin père (demandeur) avec cet homme (le principal accusé) pour dire ce qu'il avait » volé. »

« Il dit rapport *(sma)* sur les 1100 outen d'airain enlevés de la caisse du *setou*. »

« Il dit rapport *(sma)* sur les 250 pièces d'airain de la caisse du gardien des travaux. »

« Il dit rapport *(sma)* sur les 200 pièces d'airain de la caisse du portier de la salle du trésor. »

« Il dit rapport *(sma)* sur les 300 pièces d'airain des caisses des domaines *(soχet)* du Pharaon qu'a emportées le

Mais en voilà assez sur ce sujet, et j'en reviens à la juridiction judiciaire des prêtres.

Elle comprend deux degrés :

1° Au sommet, le tribunal des 30 juges ou trente royaux (*suteni*), choisis dans les trois grands sanctuaires de Thèbes, Hélopolis, et Memphis, tribunal suprême présidé par un grand juge ou archidicaste, dont plusieurs textes hiéroglyphiques, parmi lesquels je signalerai les inscriptions d'une statue du Louvre, nous décrivent la haute situation, tout autant que les textes grecs de Diodore de Sicile et de plusieurs papyrus. Cet archidicaste garda ses importantes fonctions jusqu'assez tardivement à l'époque Romaine et, ainsi que je l'ai démontré dans mes « Mélanges » d'après des textes contemporains concluants, il était toujours prêtre ; et prêtre revêtu d'un important sacerdoce.

2° A un degré inférieur, nous trouvons dans les grandes villes un tribunal civil également composé en son entier de prêtres. C'était à Thèbes le tribunal que nous voyons appelé dans les contrats démotiques « juges des prêtres d'Amon » et qui décida sous Ramsès III, le grand procès civil dont mon ami Erman a publié le texte hiératique. Ce tribunal, présidé dans les affaires importantes par le premier prophète, ne comprenait que des prêtres ou des pères divins.

Telles sont les principales juridictions que nous voyons fonctionner, pendant plusieurs milliers d'années, en Egypte, et dont mes leçons suivantes vous indiqueront le jeu, la portée et les limites.

Ce que j'ai dit suffit à vous montrer à quel pieux sentiment obéissaient les Egyptiens, quand, après avoir fait du droit la manifestation même d'une morale sacrée, ils ne voulaient voir aussi dans la justice que la voix de la puissance céleste, se faisant entendre par ses organes naturels.

» prêtre Pahau (?) qui était en qualité de mesureur (*χai*, titre équivalant à celui de *scribe* percepteur des denrées) » du domaine (*soχet*) du Pharaon.

« Il dit ce qu'a fait celui-ci dans le domaine (*soχet*) du Pharaon en éloignant au dehors le gardien (?). Il viola cette » demeure ainsi que les céréales (y contenues). Il viola ce dépôt qui était dans leur demeure (des céréales). — Mais » il y avait un gardien qui connaissait (*sunnu*) la chose, et l'agent (en question) ne lui permit pas cela. Il alla. Il » fit rapport (*sma*) au *dja* T'a qui était réuni avec le Pharaon. Le *dja* T'a se présentait pour parler (au roi) quand » on lui dit : Pahau est (là) : un gardien ne lui a pas permis de prendre l'or de sa... Et le *dj'a* T'a dit rapport (*sma*) » de l'affaire devant le Pharaon (à savoir) : « On a volé un sanctuaire. » (Et il fut ordonné) à savoir : « On fera faire » à l'intendant son rapport au *dja*. « Et voilà que l'intendant dit : « Ah, je n'ai pas vu cela. » On remit le mesu- » reur au *dja* T'a ainsi que... »

Les derniers mots, très effacés et cursifs, sont absolument indéchiffrables — je l'ai déjà dit — et les précédents ne valent guère mieux. Ainsi suis-je obligé de faire toutes mes réserves sur cette partie, d'ailleurs si intéressante, qui contient la déposition du prêtre sur des événements notablement antérieurs et contemporains d'un *dja* nommé T'a.

On le voit, le pot aux roses était déjà vieux quand on le découvrit complètement.

Nos lecteurs remarqueront l'emploi du mot « rapport » (*sma*) pour les dépositions faites par des fonctionnaires en liberté qui ne sont nullement accusés. Les expressions sont fort différentes quand il s'agit des aveux faits par des accusés prisonniers (*annu*) qu'on soumet à la question judiciaire (*smetre*).

Il est certain d'ailleurs, pour en revenir à l'*actio sacramenti*, qu'elle a été empruntée par les actions publiques aux actions privées. Nous en aurons bientôt de nouveaux exemples.

SECONDE LEÇON

Messieurs,

Nous avons rapidement exposé jusqu'ici les diverses juridictions et les divers modes de procédure tant en matière civile qu'en matière criminelle, et tant à l'ordinaire qu'à l'extraordinaire. Nous nous proposons maintenant de commencer l'examen détaillé des procès égyptiens par celui d'une affaire criminelle jugée par la voie extraordinaire, en vous en indiquant d'abord le point de départ économique, commun à tous en procès de ce genre, la procédure, comparée aux procédures plus récentes en pareille matière, et enfin les bases légales.

— C'est surtout, Messieurs, quand il s'agit de crimes d'Etat que la procédure extraordinaire a été employée chez tous les peuples anciens et modernes. Lorsqu'en 1808, on mit en vigueur notre Code d'instruction criminelle, Napoléon avait fait instituer dans le livre 2, titre 6, cette distinction fondamentale entre la Cour d'assises, qui, avec l'aide du jury pour les questions de fait, était chargée de juger tous les crimes, y compris les plus atroces, commis entre les citoyens, et la cour spéciale, qui, sans jury, était chargée de punir les crimes contre l'Etat, tels que celui de rébellion armée, de contrebande armée et de fausse monnaie.

Les législateurs, s'inspirant du principe que les citoyens seuls, dûment établis, avaient droit au privilège du jury, avaient décidé qu'en outre de ces crimes spéciaux par leur nature même, il y avait lieu d'admettre des crimes spéciaux par la qualité de la personne : et ils avaient réputé tels tous ceux qui étaient commis par des vagabonds, gens sans aveu, et par des condamnés à des peines afflictives ou infamantes.

Dans tous ces cas, la cour spéciale, décidant après les réquisitions du procureur impérial, du fait aussi bien que de la peine, et dont les arrêts devaient être exécutés dans les 24 heures, sans aucun pourvoi en Cassation, était composée du président et des 4 juges de la Cour d'assises, joints à trois militaires ayant au moins le grade de capitaine, appartenant généralement à la gendarmerie et dont les noms étaient, chaque année, désignés par l'empereur.

C'était à ces juges militaires qu'il appartenait d'opiner les premiers, parce que c'étaient eux qui, déjà sous l'ancien régime, avaient le principal rôle dans les cours prévôtales.

« De tout temps, disait le comte Réal, proposant au nom du gouvernement cette partie du Code, leur présence a été jugée nécessaire dans cette institution. Ils y paraissaient comme partie principale dans le Code de 1670. Le prévôt et son assesseur faisaient seuls toute l'instruction : et le jugement, quoique prononcé par le président de la juridiction ordinaire, était intitulé au nom du prévôt. »

Mais le comte Réal sent alors le besoin de s'extasier sur les différences qui existaient, surtout au point de vue de la poursuite, de l'instruction, du jugement et de l'exécution, entre le nouveau Code spécial et la partie correspondante du Code de 1670, (quelque peu modifié en 1731) sur lequel il était pour ainsi dire calqué, tant en ce qui concernait la nature des crimes, que la qualité des accusés soumis comme tels à la juridiction prévôtale :

« C'est surtout, dit-il, par la manière dont se faisait l'instruction que cette juridiction prévôtale était vue avec une défaveur marquée ; c'était l'instruction déjà bien sévère de 1670, confiée au prévôt et à son assesseur. Ainsi le juge extraordinaire, le juge militaire seul, saisissant d'abord le prévenu, ne le quittait point pendant l'instruction ; l'assesseur était le rapporteur du procès (dont l'instruction est confiée par le nouveau Code au procureur impérial) et nous avons déjà eu l'occasion de remarquer que si les juges ordinaires concouraient à la formation du jugement, la loi voulait qu'il ne put être rendu qu'en présence du prévôt et toujours intitulé de son nom. Qu'on ajoute à cette procédure, toute extraordinaire, la sévérité des formes, les deux questions (préparatoire pendant l'instruction et préalable entre la condamnation et l'exécution), le perpétuel secret qu'elle empruntait à la procédure ordinaire de 1670 ; qu'on ajoute l'influence dangereuse, mais immanquable, que devait, dans cette instruction toute écrite, exercer sur le juge ordinaire l'instruction faite uniquement par le prévôt : — et l'on conviendra que les hommes même les plus prononcés pour la conservation d'une *juridiction spéciale* ont pu regarder avec effroi ces juridictions prévôtales et l'on concevra comment, dans la séance du 16 mars 1790, sans qu'aucune voix osât les réclamer ou les défendre, elles furent subitement proscrites par un décret qui, si j'ose m'exprimer ainsi, présentait lui-même quelque chose de *prévôtal* dans la manière dont il fut proposé, rendu, et, à l'heure même, séance, tenante exécuté. »

J'ai le regret de dire que les Egyptiens n'étaient pas plus avancés à ce point de vue que nos pères. Quand il s'agissait de crimes contre l'Etat, comme le crime de lèse-majesté dont nous avons à nous occuper aujourd'hui, eux aussi avaient leurs juridictions spéciales et des procédés d'instruction quelque peu barbares. Chez eux aussi l'instruction était alors secrète : nous en avons la preuve et dans le procès que nous allons décrire et jusque dans les rescrits, d'ailleurs si humanitaires, du roi philanthrope Harembebi. Ainsi, par exemple, quand il s'agit de la répression des fonctionnaires qui pressuraient le peuple et discréditaient le gouvernement, le 3e rescrit dit expressément : « semblablement les serviteurs (auditeurs) de la maison des offrandes (c'est-à-dire du ministère des finances) du Pharaon étaient à aller faire des vexations dans la ville et à capturer tout ce qui leur semblait bon. Or, voici que Ma Majesté envoya des gens derrière eux pendant 6 à 9 jours, sans qu'on sache qu'on allait derrière eux et qu'on les épiait dans leur marche. Il arriva que cette recherche (que l'instruction de l'affaire), bien plus, que l'action (la répression) fut faite semblablement (en secret), etc. »

Ce secret de l'instruction et la sobriété d'explications des procès verbaux sera justement ce qui gênera le plus dans l'explication des papyrus judiciaires que nous allons expliquer en premier lieu et ce qui les différencie complètement des jugements criminels ordinaires.

Mais ce n'est pas tout encore. A côté de ce secret de l'instruction et du jugement, il y avait aussi la sévérité des questions préparatoires et préalables, avec les supplices qui les accompagnaient. Sous ce rapport, en droit égyptien, comme dans le vieux droit français, ces procédés d'instruction n'étaient pas propres à la juridiction extraordinaire, mais communes à toutes les juridictions criminelles. C'est même surtout à propos de la juridiction ordinaire, dont les greffiers sont plus prolixes et moins liés par le secret d'Etat, que nous avons tous les détails relatifs à cette institution juridique.

Le procès de violation de sépulture contenu dans les papyrus Amhurst et Abboth, est tout aussi formel à ce sujet que les procès également relatifs à des vols qui sont contenus dans les papyrus Butler, etc. Tous également pour désigner la question se servent, — mais avec des détails qui nous permettent de voir pleinement sa portée, — de l'expression *smetre*, que nous retrouvons dans les papyrus Lee, Rollin et de Turin relatifs à l'affaire de lèse-majesté dont nous parlerons aujourd'hui.

Quant à l'élément militaire, qui joue un si grand rôle dans la juridiction prévotale de l'ancien régime et dans la juridiction spéciale du Code Napoléon, il est également important dans notre procès de lèse majesté, jugé ainsi à l'extraordinaire, pour nous servir des expressions mêmes du comte Réal. Cependant il l'est beaucoup moins que dans la loi du 18 pluviose an IX qui rétablit d'abord la juridiction spéciale à propos des chouans et des chauffeurs. Le nombre des militaires était alors de trois, comme celui des juges civils. Le Code d'instruction criminelle, tout en les laissant au nombre de trois, donna la majorité aux magistrats, qui furent au nombre de cinq.

Dans le papyrus de Turin les officiers de l'armée ne sont plus que deux sur 12 membres du tribunal. Et encore, si l'un de ces deux là est une sorte de général siégeant immédiatement après les deux préfets du trésor, l'autre, officier inférieur de la garde nommé Hora, paraît avoir été seulement chargé de la police de la cour spéciale, puisqu'il figure, non seulement après les deux juges de la magistrature assise, mais après le procureur royal, représentant la magistrature debout, et les deux greffiers. Ce capitaine Hora fut du reste plus tard compris, ainsi qu'un des juges proprement dits et l'un des greffiers, dans une accusation subsidiaire à propos de leurs fonctions qui les fit condamner par leurs propres collègues.

C'est là un détail qui mérite de nous arrêter un instant :

Je vous ai déjà dit, Messieurs, que, quand assez tardivement, sous l'empire, on avait supprimé à Rome la juridiction extraordinaire du Sénat pour les particuliers, on l'avait laissée entière pour les sénateurs. C'est le principe même qu'on a conservé chez nous quand, sous la révolution, on faisait juger par la Convention les membres de la Convention, quand plus tard on faisait juger par le Sénat ou la Chambre des pairs les membres de ces assemblées, etc., etc. De notre temps, le Sénat n'est plus que la haute cour de justice ou, pour nous servir des expressions du Code Napoléon, que la cour *spéciale* de justice chargée de juger les crimes d'Etat, et pour leurs crimes particuliers les sénateurs, comme les députés, (après l'autorisation du corps auquel ils appartiennent, s'il est en session), sont renvoyés devant les tribunaux ordinaires.

Mais ces tribunaux ordinaires eux-mêmes ne peuvent-ils juger leurs propres membres ?

Les auteurs de la loi du 3 brumaire an IV, partant du vieux principe du jugement par les pairs, joint au principe révolutionnaire d'égalité absolue, l'avaient ainsi pensé. Mais tel ne pouvait être, en 1808, l'avis des auteurs du Code impérial d'instruction criminelle. Le comte Berlier, présentateur de cette partie au nom du gouvernement, disait donc à propos du chapitre 3 du titre 4 du livre 2, relatif aux crimes et délits commis par des juges hors de leurs fonctions et dans l'exercice de leurs fonctions :

« L'instruction dont les règles sont posées dans cette partie du projet ressemble peu à celle comprise dans le titre 17 de la loi du 3 brumaire an IV, Les changement qui ont eu lieu depuis cette époque et dans les constitutions politiques de l'Etat et dans l'organisation même des tribunaux ont prescrit de grandes innovations dans la matière dont nous allons traiter. Je ne chercherai donc point à rapprocher ce qui échappe à toute comparaison. »

Le rapporteur, M. Cholet, disait de son côté :

« En l'an IV le système de l'égalité absolue avait encore présidé à la formation de la loi ; revenus à des idées plus saines, nous rendons aux anciens, aux vrais principes d'ordre public leur faveur et leur force. »

Ces anciens, ces vrais principes c'étaient les principes de hiérarchie. Dans le système du Code de 1808 un juge n'est jamais jugé soit par ses pairs soit par ses collègues dans le même tribunal ; il l'est toujours par ses supérieurs dans l'ordre judiciaire,

Les juges de paix et les juges du tribunal correctionnel ou de 1re instance doivent donc comparaître devant la Cour impériale de leur ressort et les membres d'une Cour impériale devant la Cour de cassation. C'est aussi à la Cour de cassation qu'il appartient de juger le crime de forfaiture imputé, dans l'exercice des fonctions, soit à un tribunal entier de commerce, correctionnel ou de première instance, soit individuellement à un ou plusieurs membres des Cours impériales et aux procureurs généraux et substituts près de ces Cours.

Quant au crime de forfaiture commis par les Cours impériales en entier ou par les juges de la Cour de cassation pris individuellement ou collectivement, il n'est même pas prévu dans ce chapitre du Code Napoléon.

Or, n'est-ce pas à un de ces crimes que l'on avait affaire dans le papyrus de Turin ?

Evidemment la Cour spéciale nommée par le souverain pour les crimes de lèse majesté — absolument selon le mode employé pour les membres militaires de la Cour spéciale qui avait été prévue par le Code et qui a été abolie plus tard — cette Cour suprême, dis-je, n'avait aucune autre magistrature au-dessus d'elle. Il fallait donc bien qu'elle jugeât, en cas de besoin, ses propres membres.

Ainsi s'explique de la façon la plus naturelle du monde ce fait, qui semble inouï à Devéria, le premier éditeur du papyrus judiciaire de Turin.

Dans des causes politiques de cette importance, avec des accusés qui étaient de hauts, puissants et fort riches personnages, certains juges pouvaient être gagnés — tranchons le mot : achetés — puisqu'une prière fort bien mise en lumière par Chabas et que je viens de revoir soigneusement se plaint déjà de la partialité des juges :

« O Amon, prête l'oreille à celui qui est seul devant le tribunal. S'il est misérable et qu'il ait contre lui un puissant, le tribunal est à l'opprimer ; car de l'or et de l'argent pour les scribes de la comptabilité, des vêtements pour tous savent trouver le cœur des hommes. Que l'action d'Amon soit sur le gouverneur (le *dja*) pour faire sortir le pauvre de sa misère. Le misérable trouvera alors faveur dans le tribunal. Il devient puissant à son tour, ce misérable, quand le prince savant invoquera l'influs d'Amon, quand il se gouvernera d'après ses ordres. Car c'est toi, o mon Dieu, qui donne du pain à celui qui n'en a pas et qui fais vivre les esclaves de ta maison ! »

Dans le cas actuel, c'est-à-dire dans une cause politique susceptible d'avoir des lendemains terribles, ne se pouvait-il pas d'ailleurs que, sans être véritablement achetés, certains juges aient craint de se compromettre auprès des femmes du harem royal qu'on savait les amies des accusés.

A des craintes de ce genre ont certainement songé les auteurs du Code d'instruction criminelle, quand, instituant les cours spéciales, ils ont menacé de poursuites et d'amendes les greffiers et les juges qui ne signeraient pas à la minute du jugement. Sans doute ils pensaient alors aux juges qui n'auraient pas signé, pour ne pas encourir les représailles des partisans des Bourbons, si ceux-ci revenaient sur le trône et voulaient venger les chouans alors journellement condamnés à mort par cette juridiction d'exception.

C'est à ces causes et non à d'autres qu'il faut attribuer les passages relatifs à la condamnation de certains juges dans le papyrus de Turin, condamnation qui n'est pas prononcée, comme l'a dit Deveria, par le roi lui-même, mais par leurs collègues, d'après le texte formel du document — et cela non point, comme il le dit encore, « sans acte d'accusation ni instruction préalable », mais après une instruction secrète, telle qu'elle se pratiquait encore immédiatement avant la révolution devant la juridiction prévôtale.

Il n'y a donc pas à dire, toujours comme Deveria : « Ces faits nous montrent que, si les Egyptiens eurent des lois depuis la plus haute antiquité, la rigueur en était extrême. Ce n'est effectivement qu'après une bien longue expérience que les civilisations les plus avancées arrivent à une sage modération dans l'application de la justice. »

En définitive, les Egyptiens étaient juste sous ce rapport aussi avancés que nous l'étions en 1790 quand une seule nuit vit disparaître la justice prévôtale, comme une seule nuit vit disparaître la question et les autres procédés judiciaires si cruels dont usèrent pendant des milliers d'années, les Egyptiens, les Romains et les peuples modernes. N'était-ce pas pour cela que la prise de cette Bastille qui incarnait pour ainsi dire tous ces abus, est devenue pour nous, en dépit des violences qui l'ont accompagnée, la fête nationale de la France.

Mais il faut en revenir, Messieurs, à la suite de la comparaison que nous avons entreprise entre les cours spéciales du Code Napoléon et les Cours spéciales de l'ancienne Egypte.

Nous vous avons dit tout à l'heure que ce dont le comte Réal était le plus fier dans la législation spéciale qu'il proposait, c'était toute la partie qui concernait l'instruction des affaires et particulièrement ces articles :

« Article 565. Le procureur impérial et son substitut excercent respectivement dans les cours spéciales les fonctions qui leur sont attribuées pour la poursuite, l'instruction, le jugement dans les affaires de la compétence des cours d'assises et qui sont réglées par les articles 271, 272, 273, 274, 275, 276, 277, par la première disposition de l'article 278, par l'article 279 et suivants, jusque et compris l'article 290.

« Article 566. La poursuite des crimes qui sont de la compétence de la cour spéciale sera faite suivant les formes établies pour la poursuite des crimes dont le jugement est de la compétence des tribunaux ordinaires. »

Nous avons vu précédemment quel tableau chargé nous a fait le comte Réal de la manière dont on comprenait, pour la juridiction prévôtale du régime de 1670, l'instruction des crimes spéciaux confiée aux seuls militaires : le prévôt et son assesseur :

« Dans la loi que nous vous présentons au contraire, dit-il, le juge ordinaire instruit, dans les formes ordinaires, contre le crime ou le prévenu qui seront de la compétence de la cour spéciale ; parce que cette instruction secrète et rapide suffit pour les deux cas. Ainsi nous évitons pour cette première partie de l'instruction de sortir de l'ordre commun ; nous évitons cette concurrence et ces conflits auxquels la théorie de 1670 donnait si souvent naissance et qui, retardant toujours l'instruction au moment où elle doit être le plus rapide, laissaient périr des preuves et procuraient très souvent l'impunité.

« Nous devons cet appréciable avantage à la suppression des jurés d'accusation ; nous le devons à cette belle théorie qui remet les fonctions exercées par les jurés entre les mains des magistrats des Cours impériales (les procureurs impériaux) qui, chargés par la loi nouvelle de remplacer le jury d'accusation, présentent dans leurs lumières et leur impartialité la plus grande garantie pour l'innocence et la plus grande certitude que tous les crimes et tous les criminels seront poursuivis. »

Cet « inappréciable avantage » — pour nous servir des expressions du haut personnage que nous citons — existait pour les Egyptiens plusieurs milliers d'années avant 1808, date de la promulgation de notre code. En effet, l'institution de celui qu'on a nommé successivement procureur impérial, procureur du roi ou procureur de la république, remonte au moins dans la vallée du Nil jusqu'aux premiers Ramessides et peut-être beaucoup plus haut.

Comme dans notre code de 1808, d'ailleurs, le rôle du procureur du roi est alors tout à fait semblable dans l'instruction des crimes jugés par la juridiction ordinaire et dans l'instruction des crimes jugés par la juridiction spéciale.

Ce magistrat, représentant la magistrature debout, figure, nous l'avons dit, dans les listes officielles, immédiatement après les juges de la magistrature assise et avant les greffiers — si l'on daigne nommer ceux-ci — et cela aussi bien dans le procès criminel des papyrus Abbot et Amhurst décidé à l'ordinaire que dans le procès criminel des papyrus Lee, Rollin et de Turin décidé à l'extraordinaire.

Dans l'un, comme dans l'autre, le procureur du roi a eu également à faire, au nom du roi, les réquisitions, dont la dernière affaire nous a donné d'excellents spécimens. C'est aussi au nom du roi et comme nanti de ses pouvoirs écrits qu'il désigne les juges mêmes après lesquels il prendra modestement rang. Ce n'est, comme le dit un autre texte, que la *bouche du roi*, souverainement investi de la toute-puissance, et si cette toute-puissance législative, judiciaire et administrative, délègue le rôle de juge à qui lui semble bon, elle garde du moins pour son procureur les fonctions qui appartiennent de droit au pouvoir exécutif comme gardien de la sécurité publique et de l'ordre général.

C'est déjà beaucoup, il me semble, que d'avoir ainsi séparé dans la pratique les organes officiels de la mise en accusation et de l'instruction, d'une part, et du jugement, de l'autre, — ce qui n'existait ni chez les Romains, ni, nous l'avons vu, chez nos pères du temps du fonctionnement de la juridiction prévôtale. Les Egyptiens pouvaient donc être aussi fiers que le comte Réal de cette réforme salutaire, bien qu'ils aient encore laissé aux fauteurs de l'accusation proprement dite, c'est-à-dire aux délateurs, une aussi large place que le susdit comte Réal — comme d'ailleurs l'ont fait également les Grecs et les Romains.

Dans notre précédente leçon, nous vous avons dit, en effet, Messieurs, qu'en droit criminel les accusateurs étaient à Rome et à Athènes, des particuliers plus ou moins intéressés au succès de l'accusation, mais qui pouvaient souvent être mis en cause s'ils ne réussissaient pas. Ce n'est que sous l'empire, à une époque relativement tardive, que l'accusation fut faite d'ordinaire par des fonctionnaires remplissant un rôle judiciaire. Seulement, même alors, la distinction formelle des magistrats chargés de l'accusation, et des magistrats chargés du jugement, en droit ou en fait, n'avait pas été déterminée, comme elle le fut en Egypte et comme elle le fut en France à partir de notre Code d'instruction criminelle.

Il ne faut pourtant pas croire, nous le répétons, que les auteurs de ce Code, pas plus que les auteurs du Code Egyptien, aient absolument renoncé à ces délateurs dont l'utilité leur semblait incontestable — surtout quand il s'agissait de conspirations et de crimes contre l'Etat.

Pendant la révolution, ces délateurs des suspects jouaient un très grand rôle dans toutes les accusations : à ce point que la délation était devenue de par la loi un devoir civique et que la non-délation était punie de mort.

Il en était de même d'ailleurs pour les crimes d'Etat dans l'ancienne Egypte, ainsi que le prouvent de nombreux passages du papyrus judiciaire de Turin.

En France, sous le consulat et l'empire, lors de la répression si cruelle des chouans, les délateurs, s'ils n'étaient pas respectés, étaient du moins encore récompensés. Mais c'était à leurs risques et périls qu'ils exerçaient ce métier peu honorable, ainsi que le prouve, dans le titre concernant la cour spéciale, l'article 585 relatif, comme l'article 384, au cas où l'accusé serait acquitté :

« Les demandes en dommages et intérêts, formées, soit par l'accusé contre ses dénonciateurs ou la partie civile, soit par la partie civile contre l'accusé ou le condamné seront portées à la cour spéciale.

« La partie civile est tenue de former sa demande en dommages intérêts avant le jugement. Plus tard elle sera non recevable.

« Il en est de même de l'accusé s'il a connu son dénonciateur.

« Dans le cas où l'accusé n'aurait connu son dénonciateur que depuis le jugement, mais avant la fin de la session, il sera tenu, sous peine de déchéance, de porter sa demande à la cour spéciale ; s'il ne l'a connu qu'après la clôture de la session, sa demande sera portée au tribunal civil. A l'égard des tiers qui n'auront pas été parties au procès, ils s'adresseront au tribunal civil. »

Le but de cette jurisprudence est facile à comprendre. Il s'agissait d'assurer autant que possible à la cour spéciale, qui se servait sans cesse des dénonciateurs, toutes les réclamations faites contre ces dénonciateurs, pour ne pas les décourager, ainsi qu'aurait pu le faire le tribunal civil.

Cette préoccupation de faciliter les dénonciations se trahit bien nettement tant dans le code lui-même que dans les rapports de présentation.

S'agit-il, par exemple, de faire admettre l'article 595, *qui permet à la cour, pour des motifs graves, de recommander l'accusé à la commisération de Sa Majesté*, et l'article 598 qui, *dans ce cas seulement, permet le sursis à l'exécution*, le comte Réal, tant de fois cité par nous, dit :

« Qui peut ignorer que parmi les coupables qui sont traduits devant ces cours il s'en trouve que *le hasard* ou la complicité a rendus dépositaires de secrets horribles dont la manifestation peut intéresser la société? Tant qu'ils espèrent l'impunité, ils gardent un silence homicide : mais au moment où l'arrêt est prononcé, au moment où les exécuteurs s'approchent, au moment où ils voient le supplice et se trouvent aux prises avec la mort, ils cherchent à racheter leur vie par des révélations, et quelques-unes ont été *grandement utiles* ; si la loi, que tous ces bandits connaissent bien, enlève au condamné tout espoir, il périra et emportera avec lui le secret fatal dont la révélation eut intéressé la société tout entière. »

Hâtons-nous d'ajouter d'ailleurs, que les dénonciateurs, si importants et si « utiles » en matière politique, ont été considérés comme utiles par les auteurs du Code d'instruction criminelle même pour la révélation des crimes déférés aux tribunaux ordinaires ; les articles 358 et 359 sur les jugements en Cours d'assises en font foi.

C'est précisément ce que nous constatons également dans le droit criminel égyptien de l'époque des Ramessides.

Nous aurons bientôt l'occasion d'étudier avec vous une dénonciation de ce genre que notre vieil ami le Chabas a traduite pour la première fois et que nous avons soigneusement revue. Qu'il nous suffise de vous dire en ce moment que l'auteur de cette pièce y met en accusation un de ses parents, à propos de crimes non seulement contre la famille du requérant et au détriment de celui-ci, mais contre l'Etat et des personnes étrangères.

Cette requête, énumérant tous les détails et les témoins des divers méfaits, etc., est adressée cette fois au juge ordinaire des causes criminelles, c'est-à-dire au *dja* ou gouverneur diocèste, car si l'Etat était mis en cause, c'était pour affaires de vol et non de haute trahison, tandis que les meurtres avaient été commis sur des particuliers. Ce n'était donc pas le cas de renvoyer l'accusé à une cour spéciale. La Cour d'assises auraient suffi d'après notre code de 1808, comme la cour du *dja* d'après le droit égyptien.

Je vous ai déjà dit, Messieurs, que si l'instruction se faisait par le procureur du souverain, avisé ou non par des dénonciateurs, comme dans le Code de 1808, les procédés de la procédure, si vous me permettez cette expression pléonastique, étaient, pour les causes soumises à la cour spéciale, plutôt analogues à ceux du Code de 1670.

J'ai eu l'occasion de vous signaler à ce sujet le *secret*, qui est aussi strict lors du procès du papyrus de Turin sous Ramsès III qu'il l'était déjà sous Horemheb, secret s'appliquant, jusque dans les procès-verbaux officiels, à tous les détails des conspirations qu'on avait découvertes et qui n'avait nullement son parallèle pour les délibérations et les procès criminels ordinaires. Dans ceux-ci, en effet, rien de ce qui s'est passé n'échappe au lecteur : et si l'on peut faire un reproche aux greffiers, c'est leur trop grande prolixité. Tout autre est le rôle du greffier lorsqu'il s'agit de crime de lèse majesté. Leur vrai mérite c'est de savoir se taire. Aussi les choisit-on avec grand soin et les désigne-t-on expressément et nommément en même temps que les juges — ce qui n'a jamais lieu dans les procès criminels ordinaires, pour lesquels on se borne à indiquer leur titre, quand il est absolument nécessaire d'en faire mention à propos d'un témoignage. Malgré toutes ces précautions, sur les deux greffiers désignés pour la cour spéciale dans le procès dont nous allons avoir à parler, l'un d'eux fut mis en état d'arrestation et condamné pour ses imprudences.

Au Code de 1670 est aussi comparable le Code Egyptien en ce qui concerne la question ordinaire ou extraordinaire, qui était pratiquée en Egypte du temps des Ramessides, comme chez nous avant la Révolution, tant pour la juridiction chargée d'examiner les crimes d'Etat que pour la juridiction chargée d'examiner les autres crimes.

La seule différence entre ces deux juridictions, nous l'avons vu, consiste encore dans la brièveté des indications des procès-verbaux de la Cour spéciale.

Quant aux témoins, leur audition, dont nous avons de nombreux exemples dans les procès criminels, a dû être semblable dans les deux genres d'affaires tant en Egypte qu'en France, aux diverses époques. Seulement, devant la Cour spéciale le huis clos était toujours prononcé et les témoins étaient astreints, en dehors du prétoire, au même secret que les juges

— le tout, pour les uns et pour les autres, sous peine d'être aussi traduits devant la Cour spéciale, comme le prouve un passage remarquable du papyrus de Turin. Il était, du reste, fort délicat d'être témoin d'audience devant une pareille Cour, si l'on n'avait pas été d'abord dénonciateur avant le procès, puisque c'était, d'après le même papyrus, un crime digne de mort que d'avoir entendu ou soupçonné sans le révéler quelque chose dépendant d'une affaire de lèse-majesté. Dans un passage relatif aux Cours spéciales que nous avons reproduit plus haut le comte Réal ne nous disait-il pas : « Parmi les *coupables* qui sont traduits devant ces Cours il s'en trouve que la *hasard*... a rendu dépositaires de secrets horribles dont la manifestation peut intéresser la société, etc.? » Dans de telles conditions, les simples témoins devenant coupables en France aussi bien qu'en Egypte, l'espèce devait en être rare, au moins d'une façon libre et bénévole. Pour échapper aux terribles supplices qui menacaient les prévenus, ces témoins là, si on les soupçonnait, n'avaient plus qu'un refuge : la mort volontaire ; et notre procès nous prouvera bientôt qu'ils y avaient fréquemment recours en Egypte, aussi bien qu'à Rome.

On sait qu'à l'époque impériale ce fut là le refuge forcé de tous ceux qu'on accusait du crime de lèse-majesté — souvent simplement parce qu'ils étaient riches, et que l'Etat pouvait de la sorte s'approprier leur fortune. Le dévouement paternel faisait du suicide un devoir pour le père qui voulait conserver ses biens à sa famille depuis la création à Rome du crime de lèse-majesté, assimilé aux plus grands forfaits par la loi Julia, jusqu'au moment où un empereur philosophe, celui qu'on a nommé le grand Marc-Aurèle, inventa, pour satisfaire son avarice, un cruel moyen de spoliation que n'avait pas découvert Néron, en faisant poursuivre et condamner, même après leur mort, ceux qu'il trouvait bon de faire accuser de *lèse-majesté*.

Tout cela n'exista point d'ailleurs en Egypte où les jugements *post mortem*, dont nous ont parlé les anciens, n'emportaient aucune sanction du droit criminel et s'appliquaient seulement à la mémoire du défunt. Ce jugement terrestre était tout religieux, — comme le jugement d'outre-tombe auquel présidait Osiris — et il s'appliquait seulement aux honneurs funèbres à rendre, ou à ne pas rendre au défunt, comme, de notre temps, le jugement rendu par l'autorité ecclésiastique pour la sépulture chrétienne. Tout au plus pourrait-on lui supposer, de plus, quelques suites civiles pour le cas où un père aurait contracté des dettes que le fils n'aurait point voulu acquitter et qui auraient nécessité la mise en gage de sa momie ; car c'est dans ce cas seulement que nous comprendrions cette mise en gage de la momie du père dont nous ont parlé les anciens pour certaines obligations du fils.

Il faut en arriver jusqu'au Perse Cambyse pour avoir un jugement criminel prononcé contre un défunt et sa famille. Dans l'espèce, il s'agissait, d'après Hérodote qui nous a fourni ces détails — confirmés d'ailleurs par les fouilles récentes, — de la destruction même des momies du roi Amasis et de la reine Ankhnas, destruction opérée par le feu et causée par un crime de lèse-majesté commis au détriment du conquérant perse. Cambyse se prétendait, en effet, par suite de mariages royaux antérieurs, le légitime héritier du trône d'Egypte dont s'était frauduleusement emparé l'usurpateur Amasis, meurtrier du roi Apriès.

Tel est l'unique précédent à nous connu qu'ait pu invoquer Marc-Aurèle dans son extension funèbre du crime de lèse-majesté : et encore était-il tout à fait opposé aux vieilles traditions de l'Egypte, si pleines de religion et de décence.

A quoi aurait servi d'ailleurs au souverain, propriétaire éminent de tous les biens territoriaux d'Egypte et, jusqu'à Bocchoris, propriétaire unique avec les deux castes nobles, de faire

faire à un particulier un de ces procès de lèse-majesté *post-mortem*, dont l'unique avantage était à Rome la confiscation de ses biens ? Nous pouvons donc considérer comme absolument isolé et inouï le fait dont nous venons de parler — et cela avec d'autant plus de certitude que le papyrus de Turin nous dit expressément qu'on cessait toutes les poursuites et toutes les instructions relatives à ceux qui s'étaient fait justice à eux-mêmes.

Il faut maintenant que nous en arrivions au dernier point dont nous avons annoncé le développement comme devant précéder l'exposé détaillé de notre procès jugé à l'extraordinaire.

Quelle était donc la base légale de cette juridiction exceptionnelle, de cette justice spéciale, analogue à celle de la justice prévôtale de 1670, « lorsque, comme le dit le comte Réal, l'instruction était toute à charge, lorsque cette instruction était toujours secrète, lorsque l'accusé, sans défenseurs, chargé de fers, sur la sellette, sortant de la *question préparatoire* pour arriver au jugement, voyait encore la *question préalable* entre la condamnation et l'exécution, sous ce régime où la peine et quelquefois la mort, résultat possible de la première torture, pouvait précéder la condamnation, sous ce régime où dans d'horribles exécutions, livré à des tourments horribles, le condamné appelait et recevait la mort comme un bienfait ? »

Evidemment cette base légale d'une institution qui — surtout par le choix d'un tribunal de bon plaisir et par le secret couvrant comme d'un voile toutes les parties du procès et les motifs du jugement — était en Egypte absolument exceptionnelle, cette base légale, dis-je, ne pouvait être que l'axiome romain : « *salus populi suprema lex.* »

C'était à cause du salut du peuple, du salut de l'Egypte entière, incarnée pour ainsi dire dans le Pharaon, qu'on rompait, pour un instant, avec toutes ces traditions de justice sereine qui forment le fond de la civilisation égyptienne.

A Rome, on le sait, — ou du moins on l'a prétendu, — quand le salut du peuple et de l'Etat était compromis, il suffisait que le Sénat pût dire : « *caveant consules* ! » pour que toutes les lois assurant la liberté et le jugement régulier du citoyen se trouvassent suspendues. Ne pouvait-il en être de même quand ce Pharaon, qui représentait la divinité sur terre et constituait même, au point de vue théologique d'alors, une divinité, était par des *impies* mis en danger ? Le *dieu bon* (*neter nofre*) devenait alors un dieu vengeur, et tout naturellement, il déléguait ses fonctions vengeresses à des ministres appropriés à ses desseins et qui n'étaient que ses représentants.

C'était, me dira-t-on, du droit divin. — Oui, sans doute : et c'est au conflit du droit divin et du droit populaire que sont dues, dans l'histoire du monde, toutes les grandes injustices et toutes les révolutions.

Mais ce droit divin se comprenait beaucoup mieux dans une monarchie traditionnaliste, telle que l'Egypte, que dans une république, telle que la Rome de Cicéron. C'est pour cette raison philosophique, pour cette raison de bon sens, que les tribunaux d'exception nous sembleront toujours une anomalie et une absurdité quand il s'agit de crimes politiques dans un Etat basé sur la volonté du peuple, surtout dans les pays de suffrage universel. Tout au plus pourrait-on l'admettre pour les vagabonds et gens sans aveu, qui se sont mis eux-mêmes en dehors de la société dont ils sont l'ennemi perpétuel, comme disait le comte Réal, c'est-à-dire, pour ceux qui, dans l'ancienne juridiction prévôtale et dans celle de la Cour spéciale de 1808, étaient justiciables de cette Cour, non par suite de la nature du crime, mais par suite de la nature de la personne.

A l'égard des récidivistes, en effet, l'insuffisance de la Cour d'assises est notoire, comme le disait déjà le comte Réal.

Mais peut-être, après tout, vaut-il mieux pécher par un abus de libéralisme que par l'abus contraire. Un seul innocent protégé doit l'emporter dans la balance sur dix mille criminels punis. Rien n'est précieux sur terre comme la vie de l'homme.

TROISIÈME LEÇON

Messieurs,

Nous avons vu dans quelles conditions s'exerçait en Egypte la justice des Cours spéciales, chargées, comme les Cours spéciales de notre Code de 1808, d'examiner et de punir les crimes contre l'Etat.

Il faut maintenant que nous entrions dans le détail du grand procès de lèse-majesté jugé sous le règne de Ramsès III. Mais, pour ce faire, il est nécessaire que nous ayons une idée sommaire de la situation politique de l'Egypte à cette époque.

A ce point de vue, Ramsès III lui-même a pris soin de nous instruire, quand il nous a peint, dans le grand papyrus Harris, l'état de désordre dans lequel se trouvait la vallée du Nil, peu de temps avant son accession au trône.

« Dit le roi Rauserma meri amen, — à lui vie, santé, force ! — le dieu grand, aux chefs conducteurs de la te rre, aux soldats piétons et cavaliers, aux auxiliaires Sharutanu, aux barbares nombreux (de son empire), ainsi qu'à tous ceux qui vivent sur la terre d'Egypte.

« Ecoutez-moi, je vous ferai connaître mes belles actions que j'ai faites en qualité de roi des mortels :

« La terre d'Egypte était abandonnée (laissée dehors). Il n'y avait plus personne au milieu d'elle. Il n'y avait plus pour eux de chef suprême pendant de nombreuses années, avant que ne survinssent d'autres choses pires. La terre d'Egypte était alors sous des princes de nomes, chacun tuant son collègue par orgueil et vanité. D'autres excès vinrent après cela. Au milieu de ces années vides et stériles, un syrien, nommé Arisu, devint un chef pour eux. Il mit la terre entière en sujétion devant lui seul. Il assembla ses compagnons et frauda de leurs biens les dieux comme les hommes. Les divines offrandes ne furent plus livrées à l'intérieur des temples.

« Alors les dieux retournèrent (toutes choses) pour faire réconciliation, pour mettre la terre dans la voie droite, selon ses justes destinées. Ils établirent celui qui était sorti de leurs membres comme régent de toute terre à leur place, c'est-à-dire le grand Rauser shau sotep en ra meria men, le fils du soleil Setnext meri amen, à lui vie, santé, force ! Il fut comme Chepra, comme Set dans sa colère. Il rétablit en rectitude la terre entière qui était en insurrection. Il tua les impies qui se trouvaient dans la terre d'amour (*ta meri*). Il purifia le grand sceptre de l'Egypte, étant en qualité de régent des deux pays à la place de Tum. Il remit en ordre ce qui était perverti. Chacun reconnut son frère, dont il était séparé comme par un mur. Il rétablit les temples avec leurs *neter hotep* offerts au plérome des dieux, suivant la règle. Il me promut à la dignité de *erpa* (prince héréditaire) à la place de Seb. Je fus grand chef sur les deux pays d'Egypte, administrateur de la terre entière, réunie toute ensemble. Après cela, il se reposa à son horizon occidental, comme le cycle des dieux.

« On lui fit ce qu'on avait fait à Osiris, conduit dans son royal bateau sur la rivière, reposant dans sa place d'éternité à l'occident de Thèbes. Mon père Amon, seigneur des dieux, Ra, Tum Ptah à la belle face me couronnèrent en qualité de seigneur des deux pays à la place de mon progéniteur. Je reçus la puissance de mon père avec joie. La terre pacifiée était dans l'allégresse et l'exultation de me voir régent des deux pays, comme Horus, gouvernant la terre à la place d'Osiris, couronné du diadème *atef* et de l'uraeus....

« Je fis subsister l'Egypte, avec de nombreuses générations, avec des officiers du palais, des généraux d'armées, des soldats, piétons et cavaliers en force par centaines de mille, des Sharutann et Kahaku servant par dizaines de mille comme conscrits (auxiliaires) de l'Egypte. J'étends toutes les frontières de l'Egypte. Je culbutai tous ceux qui les avaient violées et les repoussai dans leurs pays ».

Ainsi l'histoire de Ramsès III fut à peu près celle d'Horemhebi. Comme ce monarque, dont je vous ai longement raconté les exploits humanitaires dans mon cours de l'année dernière, le nouveau restaurateur de l'empire, Ramsès III, fut, dans un moment de troubles et de révolutions intestines, adopté par un prince qui venait de s'emparer du gouvernement de l'Egypte et qui avait à la reconstituer. Comme Horemhebi également, celui qui prit à son couronnement le nom du grand Sésostris et qui poussa l'esprit l'esprit d'imitation jusqu'à donner à ses fils les noms des fils de cet illustre héros. fut *promu* prince héritier (*erpa*) et chef des deux pays du vivant même de son prédécesseur. Peu de temps après Setuext — dont on connaît la femme mais non les enfants légitimes et naturels et qui paraît avoir été un triomphateur de hasard, — mourut en laissant le trône à son fils adoptif, comme Ai l'avait laissé à Horemhebi et comme Nerva devait le laisser au grand Trajan également adopté par lui.

Aussitôt investi de la dignité même de son père adoptif, Ramsès III voulut, à l'instar de Ramsès II, se signaler par ses vertus guerrières. Lui-même il nous raconte qu'il expulsa d'Egypte les étrangers qui avaient de tout côté envahi les frontières et spécialement les Shasu ou nomanes de Syrie. Quant aux Lybiens, qui occupaient une grande partie de là Basse Egypte, ils furent, il nous le dit aussi, laissés par lui en Egypte, à l'occident de Memphis, mais obligés de reconnaître le nouveau Pharaon. Dès le début de son règne, dès l'an V, celui-ci avait réprimé leur audace par une campagne victorieuse et quand, en l'an XI, ils essayèrent de reprendre l'offensive, quand, comme le dit le texte, « leur âme se fut dit *pour la deuxième fois* qu'ils passeraient leur vie dans les nomes de l'Egypte, qu'ils en laboureraient les vallées et les plaines comme leur propre territoire » Ramsès se précipita sur eux en dieu vengeur et tua de sa main leur chef Kapour et son fils.

Ramsès III avait aussi défait en l'an VIII entre Raphia et Péluse, les habitants de cette Syrie qui avait produit le Syrien Arisu, prédécesseur de Setuext, ainsi que leurs alliés de nations diverses.

L'Egypte s'appartint donc enfin à elle-même et Ramsès nous peint, avec des chants de triomphe, le bonheur de ses habitants, ainsi délivrés de l'occupation étrangère et pouvant se livrer aux joies d'une douce paix :

« Je fis planter la terre entière d'arbres verts. Je fis le peuple s'asseoir sous leur ombre. Je permis à la femme d'Egypte d'aller tranquillement où elle voulait, sans être violentée par personne dans son chemin. Je fis reposer l'infanterie et la cavalerie. En mon temps les Sharatanu, les Kahaku étaient dans leurs villes, couchés de toute la longueur de leur dos, sans être sur le qui vive, sans attaquer l'Ethiopie ou la Syrie. Leurs arcs, leurs armes reposaient dans les arsenaux. Ils buvaient l'ivresse avec joie, leurs femmes avec eux et leurs enfants à leur côté. Ils ne regardaient pas derrière eux. Leur cœur était tranquille ; car j'étais avec eux comme protecteur et défenseur pour leurs membres. Je fis vivre la terre entière ; les gens du commun aussi bien que les gens instruits — tout le genre humain : enfants, maris et femmes. J'arrachai l'homme de ses crimes et je lui donnai le souffle. Je le délivrai de la main du puissant qui pesait sur lui. Je mis l'homme dans sa voie, chacun dans sa ville. Je fis vivre les autres (les petits, les malheureux) à l'aide des magasins du θησαυρος. Je rendis la prospérité au monde qui était (jusque là) violenté. La terre fut rassasiée de bienfaits sous mon règne. Je fis du bien aux dieux et aux hommes et ne pris pour moi quoi que ce soit de la main de quiconque. C'est ainsi que je passais mon règne, comme régent des deux régions. Vous étiez des esclaves sous mes pieds. Je ne vous écrasai pas. Au contraire, vous avez été précieux à mon cœur parce que vous avez bien agi, que vous avez accompli mes ordres. Et maintenant voyez ! Je vais me reposer dans le *neter xer*, comme mon père le soleil. »

Tout cela est bel et bon. On peu même croire que c'était suffisamment exact quand le roi dictait ce testament en l'an XXXII de son règne, au moment de mourir. Mais il n'en avait pas été toujours ainsi et les commencements du même règne ont dû être très laborieux. Evidemment, cette nouvelle dynastie, dont les droits remontaient seulement à l'usurpation de peu de durée de Setuext, jointe à l'adoption du nouveau souverain *promu* prince héritier, ne pouvait pas inspirer encore assez de respect pour écarter, dès le début, toutes les compétitions possibles.

Ramsès III nous dit lui-même qu'il avait été obligé de laisser l'ennemi dans la place : c'est-à-dire les étrangers — dont il exigeait seulement le service militaire féodal — occuper en tranquillité les nomes de l'Egypte dont ils s'étaient emparés : et cela à la porte même de Memphis. Les Syriens, eux, avaient été traités plus rudement que les Lybiens, parce qu'ils avaient, comme du temps de Horemhebi, fourni le dernier souverain que Setuext avait eu à combattre. On leur avait repris les districts égyptiens occupés par eux et même ces mines du Sinaï dont l'Egypte était si fière. On les avait poursuivis en Palestine et en Arabie — tant on craignait de les voir revenir triomphants pour occuper le trône d'Egypte. Mais cette crainte même prouve qu'on les croyait redoutables et que le nouveau prince n'était pas absolument sûr d'être le maître définitif de la double couronne. Une révolte nouvelle de ces chefs qui s'étaient partagé l'Egypte (et auxquels Ramsès s'adressait surtout dans le papyrus Harris parce qu'il avait été obligé de les respecter en leur prêchant la concorde avec leurs « frères », pour nous servir de l'expression même des textes) une révolte de ce genre, dis-je, pouvait de nouveau tout compromettre. Or, les révoltes et les conspirations n'étaient pas plus rares alors en Egypte qu'elles le sont encore en Orient.

On se rappelle sans doute celle qui a récemment supprimé le shah de Perse que nous avons vu deux fois à Paris. On s'en rappelle aussi une autre qui avait supprimé auparavant en Turquie le vieil allié de la France, Abdul-Medgid, livré, dans le harem, à ses meurtriers par la dame anglaise qui s'était faite pour cela l'une de ses concubines.

C'est justement une affaire du genre de cette dernière qui a donné naissance au procès jugé par la Cour spéciale que nous avons à examiner aujourd'hui.

Dans l'un et l'autre cas d'ailleurs, derrière les femmes du harem, il y avait des conspirateurs de marque, véritables inspirateurs du complot dont ils devaient bénéficier.

Mais du temps de Ramsès III quels étaient-il ?

C'est ce qu'il serait difficile de bien préciser.

M. Maspero nous dit à ce sujet :

« Un des frères du roi, que *les pièces officielles* désignent sous le nom de Pentaoirit, conspira contre lui avec un grand nombre de courtisans et de femmes du harem ; il s'agissait de tuer le pharaon et d'introniser son frère à sa place. » Et M. Maspero nous renvoie à ce sujet à l'ouvrage de Deveria « où les pièces du procès sont traduites et commentées ». J'ai longuement étudié, ligne à ligne et mot à mot, les documents ainsi visés, qui du reste ont été — j'ai le regret de le dire — généralement fort mal traduits et fort mal compris par Deveria. Je n'y ai absolument rien trouvé qui ressemble de près ou de loin à ce que M. Maspero nous donne comme une chose certaine.

Nulle part il n'est parlé d'un frère du roi désigné sous le pseudonyme de Pentaour. Nulle part il n'est dit qu'il s'agissait de mettre ce Pentaour sur le trône. Tout au plus, peut-on remarquer qu'un certain Pentaour, qui n'est pas surnommé « grand coupable » comme les autres accusés, a été amené devant la seconde commission et s'est tué lui-même pour éviter une condamnation, causée, est-il dit, par le seul crime de sa mère. Mais il n'a pas été le seul qui se soit ainsi suicidé : et rien absolument ne nous fait expressément connaître sa situation sociale et le rôle capital qu'il aurait joué dans la conspiration. Ce rôle capital, au contraire, semble appartenir à un ministre et à un général des troupes d'Ethiopie jugés également par la seconde commission et dont nous aurons bientôt à parler.

Mais je m'aperçois, Messieurs, que je m'attarde beaucoup trop à réfuter un système qui n'a aucune base scientifique sérieuse — d'autant plus que nous ignorons entièrement tout ce qui touche à la famille originaire de Ramsès III — et j'en viens à l'examen impartial des faits de la cause, comme on dit au Palais.

Les procès-verbaux de l'affaire dont nous avons à parler nous ont été conservés par trois papyrus : les papyrus Lee, Rollin et de Turin. Ils se rapportent à deux actions différentes, précédées chacune par le réquisitoire du procureur du roi, soumettant à la Cour certains accusés.

C'est ce qu'a fort bien vu Chabas, dans la publication qu'il a faite du papyrus Lee, quand il a dit :

« De la première page qui nous reste (Lee I) le commencement est inutile. La seconde ligne débute par les mots : « ...Tous du lieu où je suis et aux hommes du pays. » On verra qu'il y a des motifs sérieux de supposer que le personnage qui parle ici à la première personne est un magistrat faisant un rapport et l'attestant devant les hommes, d'après les formules en usage. » Ce rapport ou ce réquisitoire dans lequel, outre ces mots cités par Chabas, je vous signalerai la phrase, « au nom du roi qui vous nourrit tous, nous vous soumettons l'affaire », ce réquisitoire, dis-je, est en parallélisme absolu avec le réquisitoire fait, au nom du roi, par le procureur du Pharaon, par lequel débute la seconde action dans le papyrus de Turin.

Nous voyons, en effet, que l'affaire de lèse-majesté en question s'est toujours étendue.

Elle débute d'abord comme un simple procès de sorcellerie — mais avec cette circonstance aggravante que les envoultements avaient pour objet divers fonctionnaires du palais du Pharaon et du harem royal.

C'est une erreur, malheureusement trop répandue, que de croire que ces procès de sorcellerie ont pris naissance chez les chrétiens. Michelet, qui avait pris la sorcière pour idéal, a fait un gros livre pour nous intéresser aux persécutions cléricales qu'avait subies cet être divin, la « femme, qui était autel elle-même et sur laquelle on officiait », c'est-à-dire, celle-là même dont il est sans cesse question dans nos livres de sorcellerie démotiques et bilingues, celle qui composait des philtres pour qu'un homme aime une femme ou pour laquelle on avait composé des philtres pour qu'une femme aime un homme. Ces formules impures, remplies d'une passion dévergondée et dont nous avons tant d'exemplaires, lui paraissent un nouvel évangile, même quand elles étaient accompagnées de recettes pharmaceutiques, appropriées, qui, si elles n'étaient pas suivies de tendres effets, n'étaient que les avant-coureurs d'empoisonnements trop réels.

La sorcière — ou le sorcier — pratiquait, en effet, divers métiers plus ou moins avouables, et, à côté des *amatoria*, il avait des incantations et des préparations de poisons végétaux ou minéraux « pour faire tomber un ennemi » etc., etc., dont s'occupe beaucoup en ce moment notre excellent ami le Dr Rochebrune, du Muséum d'histoire naturelle, dans son grand ouvrage sur la toxicologie africaine. Mais tout cela, tous ces livres de sorcellerie égyptienne que nous avons récemment parcourus à son intention, non sans un profond sentiment de dégoût ; tout cela, dis-je, n'a pas été seulement l'horreur des chrétiens, mais l'horreur des payens eux-mêmes. Précisément, à l'époque où nos papyrus démotiques et grecs de sorcellerie étaient écrits, c'est-à-dire dans les trois premiers siècles de notre ère, les jurisconsultes payens de l'empire romain nous apprennent la rigueur extrême avec laquelle ils étaient poursuivis. C'est ce que disait déjà, en 1863, mon frère le Dr Victor Revillout, dans un rapport sur « la sorcière » de Michelet, où il avait tenu à stigmatiser, tant au point de vue médical qu'au point de vue juridique, les prétentions prétendues scientifiques du grand historien.

En ce qui touche le droit il disait :

« M. Michelet attribue au Moyen-âge l'origine de la sorcellerie et des peines qui l'ont frappée ; eh bien ! sans plus amples recherches, ouvrez un livre de droit que vous avez tous entre les mains : le *Manuale juris synopticum* de M. Pellat ; lisez-y les titres 20 et 22 des sentences de Paul, livre V, ainsi que le long fragment d'Ulpien qui commence à la page 850 et porte cette désignation : *Ulpien de l'office du proconsul, livre VII, au titre des astrologues et diseurs de sort*. Vous y trouverez un aperçu de la législation romaine antérieure au christianisme sur les astrologues, chaldéens, sorciers, etc.

« Un vieux sénatus consulte les frappait de l'interdiction de l'eau et du feu, avec confiscation de tous les biens, ce qui correspond à la mise hors la loi usitée en France sous la Terreur. Alors même qu'ils appartenaient à une nation étrangère, on devait procéder contre eux.

« Depuis, au dire d'Ulpien, presque tous les empereurs firent des constitutions sévères contre cette espèce de gens. Du temps de Paul, on brûlait vivants les sorciers ; on les jetait aux bêtes ; on mettait en croix ceux qui s'occupaient de magie ou qui prenaient part à ces sabbats : *ces mystères impies et nocturnes dans lesquels on incantait, dévoultait et jetait des sorts.*

« Les livres de magie étaient brûlés publiquement. Ceux qui s'en trouvaient possesseurs étaient mis à mort, s'ils étaient d'une condition humble, et, sinon, étaient déportés dans une île après confiscation de tous leurs biens ; on punissait non seulement l'exercice des sciences occultes mais leur connaissance, leur étude et même la simple possession des ouvrages qui en traitaient.

« Pour ceux qui, sans jeter de sort, se bornaient à dire la bonne aventure, on les fouettait de verges, les chassait, les reléguait, les déportait dans une île et, s'ils avaient répondu au sujet du prince ou des choses de l'Etat, etc., on les punissait de mort avec ceux qui les avaient consultés.

« Telles étaient les peines ; quant aux proportions que prirent les poursuites, les apologistes nous apprennent que ce fut souvent le prétexte des persécutions contre les chrétiens.

« Et l'on viendra nous dire que le XIVe siècle vit pour la première fois le titre de sorcier conduisant au supplice ! Voilà comme on écrit l'histoire quand on est M. Michelet. »

M. Michelet, a eu de notre temps, bien des disciples. Ceux qu'on nomme les *occultistes* et parmi lesquels je compte un de mes bons amis, Gilbert Augustin Thierry, ont consacré leur vie à nous faire des romans de sorcellerie, dont maintenant ils vont parfois, — comme Thierry dans un de ses plus récents ouvrages, — chercher le sujet dans l'ancienne Egypte, avec une érudition de plus ou moins bon aloi.

Au point de vue égyptien, je dois dire qu'il y a une grande distinction à faire entre les livres magiques de l'époque pharaonique et les livres magiques de l'époque romaine.

Les premiers, — comme le papyrus magique Harris, etc., — ne contiennent presque jamais de pratiques impures ou nocives. Ce sont des livres de magie religieuse — si je puis m'exprimer ainsi — plutôt que des livres de sorcellerie. Il s'agit, ordinairement, d'écarter les démons et les influences funestes plutôt que de les attirer sur autrui.

Les seconds, au contraire, sont bien ces livres de sorcellerie infâme qu'ont visés les jurisconsultes romains de ce temps-là. C'est de la magie noire, telle que les *Chaldéens*, nommés expressément par Ulpien, l'avaient inventée et surtout propagée dans tout l'empire.

Quand je dis que les Chaldéens l'avaient inventée je me trompe peut-être, ou dans tous les cas cette invention remontait bien haut et avait été transportée déjà en Egypte sous les Ramessides ; car le procès qui nous occupe prouve que le roi en possédait alors les livres — mais pour son seul usage particulier — et qu'il faisait poursuivre aussi sévèrement les sorciers que les empereurs du temps d'Ulpien.

Il est vrai que le prince était ici en jeu — ce qui était également une circonstance très aggravante dans la législation romaine.

Voici comment le papyrus Lee, aussitôt après le réquisitoire général du procureur royal, nous résume le cas d'un des accusés, ce Penhuiban préposé aux bestiaux du roi, qui est aussi visé dans la 2e ligne de la 5e page du papyrus de Turin comme s'étant entendu, pour un crime de rébellion proprement dite, avec le préfet du trésor Paiari, fils de Loma.

« Penhuiban était préposé aux bestiaux. Il dit : « Que me soit remis un livre qui me donne une puissance redoutable. » Il lui donna un livre de conjurations du roi Rauserma meriamen, le dieu grand, son seigneur, à lui vie ! santé ! force ! Il fut à faire arriver un dieu pour jeter le mauvais œil aux hommes. Il parvint au magasin du harem, ce lieu grand et profond. Il fut à faire des hommes de cire, des écrits d'amour (des *amatoria*) et les fit prendre dans l'intérieur du harem, en la main de l'agent Atiroma. Il fut à écarter l'une des servantes (ou des ouvrières), à ensorceler les autres, à prendre quelques paroles à l'intérieur et à en emporter d'autres au dehors. »

Ainsi Penhuiban avait réussi à se mettre en possession d'un des livres de sorcellerie de Ramsès III. A qui s'était-il adressé pour cela ? C'est ce que le texte ne nous dit pas expressément, car il se sert des mots « il lui donna » sans préciser la personne. Cette personne était sans doute désignée dans le réquisitoire général antérieur dont il ne nous reste que quelques fragments. Nous pouvons, du reste, suppléer à ce réquisitoire par les indications contenues, d'une part, dans le papyrus Rollin, et, d'une autre part, dans le papyrus judiciaire de Turin, colonne 6 et colonne 5, ligne 4. Il s'agissait, évidemment, de ce Paiasu qui, ainsi que Penhuiban et Atiroma, était déjà condamné lors de cette seconde action de notre procès conservée à Turin : action pendant laquelle ils sont cependant sans cesse nommés. Or, le papyrus Lee nous a conservé l'affaire de Penhuiban et de Atiroma. Le papyrus Rollin, ayant trait à un troisième condamné qui a fait les écrits (ou les copies des écrits) de magie en question, ce troisième condamné, dont le nom a disparu dans une lacune, ne saurait être que Paiasu, le troisième des grands coupables qui étaient déjà morts lors de la seconde action, relative, non plus au crime de sorcellerie, mais au crime de lèse-majesté. Tout nous prouve donc que c'est Paiasu qui procura ces livres à Penhuiban afin que celui-ci les fît passer dans le harem entre les mains du principal conspirateur visé dans ce second procès, c'est-à-dire de l'eunuque Kamen.

Mais il ne faut pas anticiper sur l'instruction, car, lorsque Penhuiban fut poursuivi, Kamen n'était pas encore soupçonné. On savait seulement que Penhuiban avait envoyé ces livres dans le harem et qu'il s'était chargé, en même temps, d'une correspondance secrète du dehors au dedans et du dedans au dehors.

Le principal crime visé était alors, surtout, le crime de magie.

Penhuiban s'était livré à toutes les pratiques damnables des sorciers de tous les temps.

Il avait jeté le mauvais œil et fait des fascinations. Dans le même but de nuire à autrui et de l'envoulter, il avait fait des figures de cire, — ces figures de cire dont il est si souvent question dans les procès de sorcellerie du moyen-âge et même des temps modernes jusques et y compris le siècle dernier.

Ces figures de cire, on le sait, devaient être la représentation, aussi exacte que possible, de la personne dont on voulait se débarrasser — par exemple du souverain, comme ce fut bien souvent le cas. — On perçait ensuite d'aiguilles la figure de cire en question et on lui faisait subir tous les mauvais traitements imaginables, persuadé qu'on était que les mauvais traitements se retourneraient contre la personne qui était le prototype de la figure de cire. Si cet envoultement ne suffisait pas, on avait, du reste, recours à des formules pharmaceutiques, cette fois plus directement efficaces parcequ'elles empoisonnaient le personnage en question. Nous verrons qu'il est question plus loin, dans notre procès, de ces *reri* ou formules pharmaceutiques (dont nous avons tant d'exemples dans nos papyrus magiques, démotiques et grecs d'époque romaine).

Mais à côté de cette magie noire, dont Penhuiban s'était rendu coupable, il y avait, nous vous l'avons montré précédemment, une magie rose, si je puis m'exprimer ainsi, qui consistait à procurer aux adeptes les charmes de l'amour.

Penhuiban n'avait pas oublié cette ressource très intéressante et très productive du métier.

Il avait donc fait, pour le harem, des écrits d'amour ou *amatoria* du genre de ceux que nous possédons dans nos rituels démotiques et, pour mieux réussir, il avait écarté du harem certaine ouvrière ou servante revêche et avait ensorcelé les autres.

Tout cela cachait du reste, nous aurons occasion de le voir, des projets politiques importants, qu'on ne découvrit que plus tard.

Mais quel fut pour Penhuiban le résultat de toutes ces machinations? C'est ce que le papyrus a pris soin de nous apprendre en ces termes :

« Alors il fut examiné par la question (*smetre*) sur ces choses. Fut trouvée la vérité. Pour toutes les hontes, tous les crimes que son cœur avait trouvé moyen de faire, la vérité éclata. Il les avait tous faits, avec les autres grands criminels, horreur de tout dieu et de toute déesse, comme lui-même. On lui fit ces grands châtiments jusqu'à la mort comprise que les dieux avaient dit de lui faire. »

Une fois Penhuiban exécuté, il restait à punir ses complices. On fit d'abord mettre à la question Atiroma, que Penhuiban lui-même avait, dans les supplices, reconnu être l'agent du harem auquel il avait remis les écrits de sorcellerie, avec les instructions nécessaires pour la manière de s'en servir. Il fut prouvé qu'il avait trempé « dans ces choses » et que « pour se concilier » un personnage dont le nom a disparu, « il était allé » faire tout ce qu'on lui demandait. La vérité fut aussi constatée pour tous ses crimes. « Or, reprend ici le texte, il vit les grands crimes honteux et dignes de mort qu'il avait faits. Il se tua lui-même. Les juges qui étaient chargés d'examiner son affaire virent ceci, à savoir : « il s'est tué lui-même. Il a ainsi évité tous les châtiments infligés par Ra, que les écritures des livres sacrés (les lois divines et royales) avaient dit de lui infliger. »

Ils cessèrent donc de s'occuper de son affaire et passèrent à celle du troisième complice, ce Paiasu dont nous avons déjà parlé plus haut et qui est encore indiqué dans la seconde action comme l'un des principaux conjurés de l'affaire de lèse-majesté.

Ce furent du reste les recherches faites à son sujet qui firent voir la nécessité de ce second procès — beaucoup plus grave encore que le premier procès de sorcellerie, — en montrant la complicité et les machinations de l'esclave eunuque Kamen, le préposé du harem. Evidemment Paiasu avait lui-même désigné ce principal instigateur de tout : et c'est pourquoi le papyrus Rollin relatif à l'instruction de l'affaire de Paiasu nous fait, dès le début, cet exposé de l'accusation : « Il fut à faire des écrits pour ensorceler, faire divaguer et faire du mal. Il fut à faire quelques-uns des dieux en cire et quelques recettes (*reri*) pour affaiblir les bras des hommes, écrits qui ont été livrés (et dont Ra n'a pas permis l'exécution) dans la main de cet esclave Kamen le grand, (l'intendant) du palais et des autres grands criminels en leur disant : « faites les appliquer » — en sorte qu'ils les firent appliquer. Or, lui, il fit tout ce qu'il put pour exécuter pleinement les crimes. Mais de ce qu'il a fait le dieu Ra ne fit pas être le succès ».

Le texte continue en disant, comme pour l'accusé précédent, que la vérité de ses attentats fut dévoilée et que lui, en en visageant l'énormité, se tua lui-même.

On peut ici se demander si ces suicides prétendus volontaires n'ont pas été, comme beaucoup d'autres suicides dont nous parlent les historiens romains, ordonnés par le souverain. On sait que, dans la Rome impériale, il y avait bien des degrés dans les peines suivant la condition sociale du coupable. On frappait d'une amende légère ou on reléguait dans une île des sénateurs pour des crimes qui auraient été punis des plus cruels supplices s'ils avaient été commis par des personnages moins importants. Mais, quand il s'agissait du crime de lèse-majesté, la mort devenait nécessaire : et alors l'empereur faisait poliment prévenir l'honorable en question qu'il aurait à débarrasser le monde de sa personne. On lui laissait ordinairement, du reste, la liberté du choix dans le genre de mort, pourvu que cette mort fut prompte : et l'on sait que quelques-uns des plus illustres de ces accusés — qui d'ailleurs étaient souvent innocents — se sont fait mourir par l'ouverture des veines dans un bain tempéré.

Il est bien possible que quelque chose de ce genre se soit passé pour Atiroma et pour Paiasu, jouissant d'une situation beaucoup plus élevée que le pauvre berger en chef Penhuiban.

Le berger en question mourut, quant à lui, dans les plus cruels supplices. Les autres se laissèrent mourir parce qu'ils n'avaient pas réussi.

Mais il était temps de poursuivre les personnages plus importants encore dont l'instruction de notre procès de magie avait dévoilé le rôle coupable.

L'affaire avait changé d'aspect, nous le répétons, à mesure qu'elle prenait des proportions plus considérables.

Il ne s'agissait plus seulement de filles légères, de femmes du harem qu'on avait voulu séduire, en réduisant à l'impuissance, par une intervention divine, leurs gardiens et gardiennes. Il ne s'agissait plus seulement des pratiques impures et damnables de la sorcellerie. Il s'agissait d'un crime contre l'Etat, d'une conspiration des plus dangereuses contre le souverain.

Les filles du harem, avec leurs amours faciles, étaient, comme lors de l'assassinat du sultan Abdul-Medgid, les agents d'hommes politiques qui voulaient renverser l'état de choses actuel et porter une main coupable contre le roi pendant qu'il se livrait aux délices de Capoue.

On sait en effet combien Ramsès III était sensible aux plaisirs de l'amour et aux charmes des jolies femmes. Ses palais sont ornés de bas-reliefs à ce point de vue fort instructifs. Ils nous montrent le roi jouant avec ses favorites en costume plus que léger ou entièrement nues, qui le tiennent par le menton. Le papyrus satyrique de Turin nous a donné d'autres scènes encore moins convenables dans lesquelles le roi, déjà vieillard, aurait joué le principal rôle, tandis que quelques vignettes du même document le représentent comme un lion s'amusant avec des biches.

Aussi ne s'est-on point trop étonné quand on a retrouvé sa momie, si différente de celle de Ramsès II, le grand Sésostris.

Ramsès II a l'aspect d'un vieux général, qu'on dirait alsacien d'origine, une vraie figure de gendarme, comme me le disait mon ami de Ronchaud.

Ramsès III, au contraire, qui voulait imiter en tout son homonyme, ne l'imitait guère physiquement. Il a tout l'air d'un vieux libertin et la figure *avachie* et décomposée de ceux qui ont trop usé de la vie.

Il était, dans de telles conditions, facile de greffer sur une amourette une conspiration très dangereuse.

Tout cela on l'avait appris, nous l'avons dit, par les aveux du troisième accusé : et voilà pourquoi le ton du procès verbal contenu dans le papyrus Rollin est si différent de celui qui était contenu dans le papyrus Lee.

Nous avons déjà fait remarquer que c'est à propos de ce troisième accusé qu'intervient pour la première fois le nom de Kamen, l'eunuque, intendant du harem. C'est aussi à propos de ce troisième accusé que le texte répète à deux reprises cette incise. « Mais de ce qu'il a fait le dieu Ra n'a pas permis l'exécution ».

Le dieu Ra avait bien permis, on l'a vu, la séduction des soubrettes du harem. Il avait permis les *amatoria*, permis même les euvoultements et les recettes pharmaceutiques destinées à endormir les gardiens et à les rendre incapable d'agir. Mais il n'avait pas permis le plus grand de tous les crimes, l'assassinat du fils même de Ra, du grand roi Ramsès III.

A cette incise discrète et qui a eu besoin d'un long commentaire se bornent du reste les explications du texte en ce qui concerne le crime de lèse-majesté.

Il aurait été dangereux d'en dire davantage et nous verrons que les comptes rendus du second procès, dont telle fut l'occasion, seront tout aussi discrets.

Il ne serait pas impossible d'ailleurs que ce second procès ait eu lieu devant une juridiction toute autre que le premier.

Rien ne nous prouve absolument que celui-ci n'ait pas été jugé par la juridiction criminelle ordinaire, c'est-à-dire par la cour du *dja*. En tout ce qui concerne le crime de magie le compte rendu en est tout aussi détaillé que celui des procès criminels ordinaires et, s'il est précédé, comme dans le papyrus de Turin, par le réquisitoire du procureur royal, nous n'y voyons pas trace de la nomination du tribunal spécial.

Tout autre est le cas pour le second procès contenu dans le papyrus de Turin.

Les membres de la cour spéciale sont alors désignés expressément par le procureur du roi, au nom du roi, et les comptes rendus, les exposés des motifs, etc., deviennent des plus sommaires, à cause du secret d'Etat, qui était, je l'ai dit déjà, la règle des instructions de ce genre.

Pour deviner les intentions précises des accusés, on est donc réduit à des hypothèses. Ce qu'il y a seulement de certain, c'est que la vie du roi était mise en péril. Mais par qui? Etait-ce par des parents du roi? C'est plus que douteux. Etait-ce, au contraire, par les partisans d'autres prétendants expulsés par Ramsès III ou par ceux de l'oligarchie qui avait précédé en Egypte Arisu et Setnext? Nous tendrions à le penser. Mais nous n'en avons nullement la preuve.

Ce qui est certain, c'est que les plus gros personnages, les ministres même du roi, étaient complices de la conspiration, — absolument comme ces ministres d'Abdul-Medgid qui le firent assassiner dans son harem et dont un des beaux-frères du sultan, le frère d'une de ses favorites circassiennes, fit une hécatombe si méritoire dans la salle même du conseil.

Parmi ces nouveaux accusés nous voyons, en effet, à côté de l'intendant du harem Kamen, deux préfets du trésor, le général des troupes d'Ethiopie et un grand nombre d'officiers du palais et de hauts fonctionnaires.

Mais il est temps maintenant d'en venir au détail de cette nouvelle affaire. C'est à quoi nous réservons la prochaine leçon.

QUATRIÈME LEÇON [1]

Messieurs

Nous avons — trop longuement peut-être — examiné les conditions dans lesquelles se produisit, sous Ramsès III, notre procès jugé par la cour spéciale et la première action — ou — pour mieux dire — le procès distinct de sorcellerie qui en fut l'avant-coureur. Il faut maintenant en venir au procès proprement dit de lèse-majesté.

Ainsi que nous vous l'avons expliqué, ce fut pendant l'instruction relative au troisième accusé du crime de sorcellerie, Paiasu, qu'on découvrit pleinement les menées politiques des conspirateurs et la part qu'y avaient prise de très hauts personnages.

Parmi ceux-ci figurait, d'après les aveux formels de Paiasu, l'esclave du Pharaon Kamen remplissant les fonctions importantes et de confiance de gouverneur du Palais, — fonctions qu'avaient aussi souvent dans la Rome impériale des esclaves ou des affranchis de César devenus souvent ses principaux ministres. Néron gouverna surtout par ces sortes de gens et ce fut l'un d'eux qui lui rendit le service de le débarrasser de la vie pour l'arracher aux fureurs du peuple souverain. Ramsès III pouvait donc s'attendre à un dévouement pareil et grande fut sa terreur quand le procureur du roi vint lui apprendre qu'il était trahi même par son esclave favori.

Sa colère fut du reste égale à sa terreur. Pourquoi s'était-on hâté de faire disparaître par les derniers supplices ou par un suicide tranquille les trois premiers accusés, qui pouvaient si complètement éclairer la justice par leurs aveux ? Le préfet de la ville et du prétoire, le *dja* ou *diœcète,* à qui il appartenait de présider la cour criminelle ordinaire, n'avait-il pas été gagné? On avait eu de célèbres exemples de ce genre sous le règne du Seti, II l'un des prédécesseurs peu éloignés de Ramsès III. Il est vrai qu'il ne s'agissait pas alors de crimes de lèse-majesté, mais de crimes de droit commun, dont une curieuse requête, contenue dans le papyrus Salt n° 124, nous a conservé le récit et sur lesquels nous aurons à revenir dans une de nos prochaines leçons.

Qu'il me suffise de dire en ce moment que, dans cette plainte adressée à un *dja*, l'on accuse formellement un de ses prédécesseurs Paraemheb, alors *dja*, d'avoir reçu 5 esclaves, provenant

---

[1] Nous avons réunis dans cette leçon trois leçons primitives, dont la coupe se trouvait être trop artificielle.

d'une hérédité, pour dépouiller de cette hérédité les fils du mort, au profit d'un des frères de celui-ci. Deux autres *dja* nommés Amenmès et Rau sont mis en cause à propos du même criminel, coupable, selon l'auteur de la lettre qui était un de ses neveux, de toutes les scélératesses, mais qui savait à propos user de son argent pour corrompre les divers fonctionnaires.

Ramsès III craignit-il quelque chose de ce genre? Cela nous paraît assez probable. Cependant il ne voulait pas accuser directement son ministre. A quoi bon d'ailleurs? On n'était plus au temps de Thoutmès III, alors que le *dja* était à vie et pendant tout ce long laps de temps régissait pleinement l'Egypte, remplaçant même le roi, pendant ses campagnes : nous l'avons constaté dans les inscriptions du *dja* Rekhmara.

Tout cela pouvait convenir au temps féodal de ces premiers libérateurs et triomphateurs de l'Egypte, alors que le roi ne gouvernait que par ses leudes, par ses nobles, et surtout par son *dja*, sorte de maire du palais analogue au ministre tout puissant de nos premiers rois francs.

Sous la 19e et la 20e dynastie, il n'en était plus ainsi. A l'imitation de Ramsès II, Ménephta Seti II, etc., Ramsès III ne voulait pour ses ministres que des scribes, des gratte-papier, des administrateurs trés temporaires. Pour les seconds tout autant que pour les premiers Ramessides, la dignité même de *dja* ne faisait pas exception. Elle était devenue annuelle, ainsi que l'a très bien senti Chabas. C'est pourquoi, dans la plainte que nous a transmis le papyrus Salt, des événements très récents se trouvent groupés sous les magistratures successives de trois *dja* et c'est pourquoi aussi trois autres *dja* interviennent pour le procès en violation de sépulture des papyrus Amhurst et Abbot.

Le *dja* à cette époque est tout à fait comparable, sous ce rapport, au consul romain — avec cette différence pourtant qu'il était unique — ou, si l'on préfère, au premier archonte d'Athènes, dirigeant effectivement la cité pendant un an et qui, en qualité d'éponyme, donnait seul son nom à l'année, comme l'ancien magistrat éponyme qui, à Ninive, donnait également seul son nom à l'année, même pendant les règnes si glorieux d'Assuraddon, Assurbanipal, etc. Peut-être, il est vrai, ce magistrat éponyme assyrien, à la façon des deux consuls éponymes de la Rome impériale, était-il le successeur des anciens magistrats suprêmes et légitimes d'une république dont un César s'était emparé? Mais si cette hypothèse est possible pour Ninive, elle est impossible pour Thèbes.

Le *dja* n'a jamais été en Egypte qu'un ministre subordonné à un roi. On sent cependant combien sa situation fut profondément modifiée quand il cessa d'être à vie pour devenir annuel,

Pourquoi, dans de telles conditions, Ramsès III se serait-il préoccupé outre mesure d'un ministre dont la démission forcée était à si brève échéance. Alors même qu'il aurait été acheté, comme les *dja* de Seti II, ne suffisait-il pas de lui enlever la décision de l'affaire, désormais confiée à une cour spéciale? Cela était plus politique que de faire cesser subitement, par un coup d'état, sa magistrature éphémère, ou d'instruire contre lui un procès qui aurait été un nouveau scandale.

Telles paraissent avoir été les réflexions du Pharaon, qui, dans tous les cas, ne fit pas figurer le *dja* préfet de la ville et du prétoire parmi les juges de l'affaire de lèse-majesté.

Nous avons entre les mains une partie seulement du *message* royal qui instituait la cour prévôtale, pour nous servir des expressions de notre vieux droit français.

Ce message, actuellement fragmenté, avait été tout naturellement confié au procureur du roi, à la bouche du roi, comme l'appelle un texte déjà cité par nous, procureur qui eut peut-être à l'encastrer dans les réquisitions par lesquelles il entamait l'affaire. Au contraire, lors du procès de sorcellerie précédent, les réquisitions du procureur avaient suffi, sans qu'on eut besoin de recourir à un acte direct de l'autorité royale, puisqu'alors la juridiction ordinaire avait, pensons-nous, été seule en jeu — (ce que suffiraient à prouver les détails étendus qu'a donnés le greffier dans les procès-verbaux, suivant la coutume de cette cour — détails qu'on ne retrouvera plus dans les résumés mystérieux des décisions de la cour prévôtale).

Peut-être d'ailleurs aussi, comme le message de Tibère confié à Sejan et que celui-ci ne devait ouvrir que pour le lire devant le Sénat, parce qu'il concernait les intérêts augustes du souverain mis en péril, ce message de Ramsès III, ayant un semblable motif, ne fut-il ouvert que devant les fonctionnaires convoqués à la hâte et qui devaient composer la cour. Le secret le plus strict était en effet toujours observé, nous l'avons dit, dans les procès de ce genre, dont l'allure était des plus expéditives.

On se rappelle qu'il en fut ainsi pour l'affaire de Sejan, qui, introduit avec le plus grand honneur dans le Sénat en qualité de représentant de l'empereur, commença à lire, non sans une émotion orgueilleuse les éloges que Tibère lui prodiguait d'abord pour ses anciens services et qui fut obligé de continuer alors que, s'attendant à des faveurs nouvelles, il se vit tout à coup accusé de haute trahison par César et aussitôt couvert de malédictions par tous les sénateurs, décrétant son supplice immédiat. Nous assisterons bientôt à un coup de théâtre de ce genre ; seulement, sous Ramsès III, ce ne sera pas le procureur du roi, mais quelques-uns des juges qui seront condamnés tout aussi rapidement par leurs propres collègues.

N'anticipons pas, du reste, sur les événements ; car le message désignant les juges eux-mêmes ne peut déjà les accuser. Le procès de quelques-uns d'entre eux ne viendra que plus tard, quand leur conduite aura paru louche, beaucoup plus louche encore que celle du *dja* dont nous parlions tout à l'heure.

Venons-en, pour le moment, à l'explication détaillée de notre message.

La première partie, dont nous ne possédons plus que quelques fragments, a dû certainement contenir, après le protocole officiel, l'exposé des motifs qui nécessitaient le προσταγμα, c'est-à-dire, dans l'espèce, le récit des découvertes qu'on venait de faire lors du procès de sorcellerie précédent et des exécutions concomitantes.

C'est à cet ordre d'idées que se réfèrent encore les bouts de lignes qui subsistent seuls pour la première colonne actuelle du papyrus de Turin. On y voit d'abord les restes du cartouche de Ramsès Hikan, c'est-à-dire de Ramsès III, puis, plus loin, quelques mots d'une phrase que nous restituerions ainsi : « Il a paru bon à Ma Majesté de faire poursuivre ces criminels), abomination de la terre entière (qui ont été les complices) de l'intendant des bestiaux (Penhuiban précédemment exécuté) et de les amener, ces criminels quelconques, devant eux (devant les juges dont le roi avait indiqué auparavant la convocation nécessaire). »

La seconde colonne est, cette fois intacte. Elle est, dans le même sens, ainsi conçue :

« Ces gens, qui sont la honte de la terre entière, je les mets en présence du préfet du trésor Montemtoui, du préfet du trésor Paifrout, du *djaixut* ou maréchal Karo, de l'officier Paibasa, de l'officier Ketenten, de l'officier Paaru sunnu, de l'officier Bairo mahairo, de l'officier Paaru sunnu, de l'officier Thotrekhnefer, du procureur du roi Penrennut, du scribe Mai, du scribe de la demeure des livres (des archives royales,) Pahoouemheb et du *djai seri*, capitaine général de la garde Hora, en leur disant : ... »

Mais avant de vous donner le discours que le roi adresse aux juges, ainsi choisis par lui, permettez-moi, Messieurs, de m'arrêter un instant, pour examiner avec vous la composition du tribunal.

Ce tribunal comprend d'abord deux hauts fonctionnaires civils portant le même titre : celui de préfet de trésor. C'est le titre même que portait, sous Seti II, dans le papyrus Anastasi n° VI, le Ministre dont Kakabu était sous-secrétaire d'Etat et auquel en avait appelé le préfet Anmuf. C'était aussi le titre du chef hiérarchique immédiat de cet Ameneman dont nous possédons la correspondance du temps de Menephta, avec le sous-préfet Pentaur, et qui, comme Kakabu, était intitulé scribe du préfet du trésor. Nous voyons que, sous Ramsès III, tout au moins, ce préfet du trésor n'était point unique. Il y en avait deux, parce qu'il y avait deux Egyptes, l'Egypte du nord, symbolisée par la couronne rouge, et l'Egypte du midi, symbolisée par la couronne blanche. Il était naturel qu'il y eut deux préfets du trésor pour ces deux royaumes distincts, dont la dualité a subsisté jusque sous les Ptolémées.

Après ces deux hauts fonctionnaires civils, (qui n'avaient au-dessus d'eux que le *dja*, au détriment duquel pourrait bien avoir été fait ce scindement d'une administration d'abord centralisée entre ses mains sous la 18e dynastie, s'il en faut croire Rekhmara), — après ces deux hauts fonctionnaires civils, dis-je, venait immédiatement, par ordre de préséance, un haut fonctionnaire militaire, le *Djai xut*.

En effet, mon illustre maître, M. de Rougé, fort à propos cité à ce sujet par Devéria, comparaît le *djai-xut*, nommé par lui « porte chasse-mouche », aux maréchaux, tandis qu'il assimilait le *djai-seri*, nommé par lui « porte-ombrelle », aux généraux. Ces titres de « porte chasse-mouche » et « porte-ombrelles » me semblent, d'ailleurs, très contestables pour des chefs de l'armée ou de la marine, même quand les dignitaires qui en étaient revêtus siégeaient, selon les expressions des textes, à la droite ou à la gauche du roi. L'objet que porte le *djai-xut* ressemble autant à un bâton de commandement qu'à un chasse-mouche. Quant à l'objet porté par le *djai-seri* et dont le déterminatif est dans notre papyrus même l'idéogramme de l'airain, il nous rappelle plus un symbole militaire comparable à notre drapeau et à l'aigle romaine qu'à une ombrelle d'un usage véritablement utile. Il n'en est pas moins vrai que dans la hiérarchie égyptienne, le *djai-xut* et le *djai-seri* avaient bien le rôle relatif que leur a attribué de Rougé, alors même que le souvenir d'une sorte de domesticité royale leur aurait été attaché. N'en est-il pas ainsi pour les chambellans de nos cours modernes et pour les connétables ou préfets des écuries des anciens rois de France devenus les généraux en chef des armées royales ?

Ce qui est certain, c'est que notre papyrus a confirmé, après coup, la théorie de M. de Rougé sur la distance hiérarchique assez considérable qui séparait dans l'armée le *djai-xut* et le *djai-seri*. Le *djai-xut* ou maréchal Karo siège, en effet, nous l'avons dit, le troisième de la liste, immédiatement après les deux préfets du trésor (comme dans le papyrus Wilbour ou manuel de hiérarchie égyptienne, le *djai-xut* à la droite du roi figure après les ministres, tandis que Hora, le *djai-seri* ou capitaine général de la garde, ne vient, dans le même papyrus judiciaire de Turin, que tout à fait à la fin de l'énumération des juges, comme si, — nous l'avons fait remarquer déjà dans une leçon antérieure, — on l'avait seulement chargé, avec ses hommes, de la protection et de la police de la cour spéciale.

Si nous laissons de côté d'une part, les deux scribes ou greffiers du tribunal qui sont nommés avant le chef de la garde Hora, d'une autre part le procureur du roi qui, représentant la magistrature debout, et dans l'ordre de préséance immédiatement avant ces greffiers et après les juges de la magistrature assise, les membres du tribunal ayant voix délibérative ne sont plus que des *abu* ou officiers du palais.

Le titre que nous traduisons par officier a été longtemps un petit problème. C'est à Chabas qu'appartient l'honneur d'avoir découvert sa lecture dans une variante du poème de Pentaour et d'avoir bien spécifié sa signification dans divers travaux successifs. Il y avait, Deveria l'avait déjà remarqué, un *officier* qui jouait le rôle de préposé pour chacun des grands services du palais : et ce titre même, *officier du palais*, se trouve employé dans plusieurs textes des plus formels pour désigner ceux qui entouraient ainsi le Pharaon. Dans le passage même du poème de Pentaour qui nous a fourni la lecture *abu*, Ramsès II dit qu'il était entouré de ses officiers du palais qui lui servaient de témoins au combat quand il avait fait contre les Chétas les prodiges de valeur qui l'ont illustré. Je vous ai déjà cité, dans la leçon dernière, un passage du grand papyrus Harris tout à fait parallèle et qui met bien en lumière le rôle de ces officiers du palais. Il s'agit de la restauration de l'administration ou pour mieux dire de la civilisation égyptienne par Ramsès III qui, après avoir raconté son accession au trône, ajoute aussitôt. « Je fis subsister l'Egypte avec de nombreuses générations, avec des officiers du palais, des généraux d'armées, des soldats piétons et cavaliers, etc. »

Je n'en aurais jamais fini si je voulais reproduire ici tous les documents du même genre. Ceux-ci suffisent d'ailleurs pour montrer comment, à côté des ministres et généraux d'armées, pouvaient figurer dans notre cour spéciale des *officiers* représentant ces *officiers du palais* visés par Ramsès II et Ramsès III.

Les personnages devant lesquels le roi avait cité les accusés étaient en tout au nombre de 12, y compris le procureur royal, les deux scribes et le chef de la gendarmerie spéciale. Cela faisait, pour les juges de la magistrature assise, huit juges seulement, qui se divisèrent bientôt en deux commissions d'égal nombre, c'est-à-dire de quatre juges chacune.

La première commission, comprenant les 4 premiers, juges, c'est-à-dire les deux ministres, le maréchal et un officier de palais (qui fut bientôt accusé lui-même) resta dans la capitale de l'Egypte, c'est-à-dire à Thèbes.

La seconde, composée des 4 derniers officiers du palais, eut pour mission de se transporter près de certains accusés en Ethiopie, etc.

C'est évidemment à cause de la séparation de la Cour en deux sections qu'on lui avait adjoint deux scribes : 1° le scribe Mai, qui dut rester à Thèbes, où il fut bientôt compromis, ainsi que l'un des juges de la première commission ; 2° le scribe Pahooüembeb qui dut accompagner la seconde commission dans ses voyages.

Quant au chef de la gendarmerie de la Cour, nommé Hora, il resta sans doute aussi à Thèbes — où il fut également compris dans une accusation criminelle ; seuls, du tribunal de Thèbes, les deux ministres et le maréchal ne furent pas poursuivis : et ce furent ces hauts personnages qui firent condamner leurs collègues.

Mais je m'aperçois que je me laisse encore entraîner à anticiper sur les événements et j'en reviens au *prostagma* qui instituait la nouvelle Cour.

Nous en étions restés à la phrase :

« Ces gens qui sont la honte de la terre entière je les mets en présence de tels et tels en leur disant : »

Le texte continue en ces termes :

« Les paroles qu'on dites les hommes je ne les connais pas. Approchez pour les examiner en justice, allant et jugcant, faisant mourir en leurs membres ceux qui ont fait mourir de leurs mains. Je ne les connais pas, moi ! Faites aussi corriger les autres (leurs complices). Je ne les connais pas, par le fait. Allez donc ! Examinez vous-même et faites ce que votre cœur dira à votre bouche, en ayant soin que votre cœur corrige seulement qui le mérite. Celui qui a fait une infraction ramenez-la sur sa face. C'est moi qui les frappe assurément (par vous). Si cette action quelconque est leur (leur appartient), celle qui a été faite, faites être tout ce qu'ils ont fait sur leur tête. Moi je protège, je sauf-garde à jamais. Je suis pour (je remplace) les rois justes qui sont devant Amonra, roi des dieux, devant l'examinateur régent de l'Eternité — (c'est-à-dire Osiris), le juge suprême des morts ».

Il est difficile de rêver une plus belle déclaration d'impartialité que celle que fait ici le roi et à laquelle Deveria n'avait pas compris un mot. C'est encore Chabas qui, le premier, en a vu le caractère, bien qu'il n'en eut pas achevé, dans toutes ses parties, la traduction définitive — traduction que je viens d'entreprendre pour la première fois.

On a dû remarquer la phrase du commencement : « Les paroles qu'ont dites les hommes je ne les connais pas. » Il s'agit sans doute des paroles proférées, au milieu des supplices, par les trois accusés du procès de sorcellerie — paroles qui étaient la base de l'accusation actuelle. Ces paroles, le roi ne veut pas les connaître, c'est-à-dire qu'il ne veut pas s'en occuper. C'est aux juges à les examiner, à les peser, à en voir le plus ou moins de véracité : « Approchez pour les examiner. » Si ces paroles sont reconnues sincères, évidemment les personnes qu'elles visent doivent être punies sévèrement. La peine du talion s'impose alors aux juges « allant et jugeant, faisant mourir en leurs membres ceux qui ont fait mourir de leurs mains. » Cette incise est curieuse ; car elle semblerait dire que si les accusés n'ont pas tué le roi, ils ont tué du moins quelques autres personnes de son entourage. Il est vrai qu'elle ne doit peut-être pas se prendre au pied de la lettre. Ceux-là devaient mourir qui avaient voulu tuer la personne sacrée, alors même qu'ils n'avaient pas réussi dans leurs projets détestables.

Dans tous les cas le roi ne veut pas les connaître, ces personnes là. Il veut ignorer leurs noms, la situation qu'elles occupent, leurs relations plus ou moins étendues, l'affection même qu'il avait pu avoir pour elles : « Je ne les connais pas, moi ! »

C'était aux juges à les connaître et à les punir.

Mais à ces coupables principaux ne devait pas se borner la punition. Elle devait atteindre jusqu'à leurs complices : « Faites aussi corriger les autres. » Et pour ces autres le roi ajoute encore : « Je ne les connais pas, par le fait. »

Les juges d'ailleurs avaient à examiner l'affaire en leur âme et conscience, en ayant bien soin de frapper les seuls coupables, mais en faisant retomber la faute de ces vrais coupables sur leurs têtes : « Allez donc ! Examinez vous-même et faites ce que votre cœur dira à votre bouche, en ayant soin que votre cœur corrige seulement qui le mérite. Celui qui a fait une infraction, ramenez-la sur sa face. »

Evidemment, les juges, en ce faisant, ne sont que les délégués du roi, entre les mains duquel, nous l'avons déjà longuement expliqué, reposait le glaive de la justice : « C'est moi qui les frappe assurément par vous. » Mais, dans l'exercice de la justice extraordinaire, le Pharaon veut, comme dans la justice ordinaire, ne point agir directement, afin de bien montrer son impartialité absolue. Il affecte même de ne pas connaître, non seulement les noms des accusés qu'il livre au tribunal, mais leur culpabilité même : « Si cette action quelconque est leur (leur appartient) celle qui a été faite, faites être tout ce qu'ils ont fait sur leur tête. »

Ceci nous montre que, bien évidemment avant le πρόσταγμα royal nommant le tribunal spécial et en fixant la compétence très étendue, il devait y avoir eu un rapport au roi du genre de ceux qui sont sans cesse visés dans nos autres papyrus judiciaires, rapport au roi qui avait été ici rédigé par le procureur du roi de la juridiction criminelle ordinaire faisant les réquisitions pour la Cour spéciale comme dans notre Code de 1808. C'est sans doute ce procureur du roi qui, trouvant vicieuse la procédure expéditive du *dja* lors du procès de sorcellerie, avait demandé la réunion d'un tribunal d'exception, en signalant, d'après les dossiers de l'affaire précédente, les noms des personnes sur lesquelles pesaient les soupçons et qu'il fallait y déférer. Le roi avait obtempéré à sa demande qui, dans le papyrus, précédait immédiatement le décret royal dont nous nous occupons.

Ce décret royal a un ton tout à fait remarquable, qui est à rapprocher de celui du testament de Ramsès III contenu dans le papyrus Harris. Il se termine par la déclaration suivante, paraissant également empreinte d'un grand sentiment d'équité philanthropique, si je puis m'exprimer ainsi, surtout quand on se rappelle qu'elle venait immédiatement après la phrase dans laquelle le Pharaon mettait pour ainsi dire en doute la culpabilité des accusés :

« Moi je protège, je saufgarde à jamais. Je remplace les rois justes qui sont devant Amonra, roi des dieux, devant l'examinateur (le grand juge) régent de l'Eternité. »

Le Pharaon veut ainsi assimiler sa justice à la justice même de Dieu — n'opérant qu'à regret à cause de la charité divine pour l'humaine nature et qu'aucune considération personnelle ne doit jamais atteindre.

En fut-il ainsi en réalité dans notre procès de lèse-majesté ? — C'est là ce qu'il serait bien difficile d'affirmer ou de nier, tant sont brefs les comptes rendus officiels.

Nous avons déjà expliqué depuis longtemps la cause de cette brièveté. C'est le secret qui présidait à l'instruction de tous les procès contre l'Etat. Il pouvait être dangereux du reste de divulguer les détails d'une conspiration qui était susceptible de se renouveler par des moyens analogues et en s'appuyant sur les mêmes personnes, restées, malgré leur crime, inviolables.

Il y a en effet une chose qui frappe dans cette affaire, c'est qu'en dépit de la belle déclaration d'impartialité que nous venons de lire et de commenter, le roi ne permet pas de poursuivre les principaux coupables.

Quand je me sers des mots « principaux coupables » l'expression est vicieuse ; car ces coupables là sont du genre féminin, puisqu'il s'agit des femmes du harem chez lesquelles s'était tramée toute la conspiration.

Cette inviolabilité des jolies dames en question tient-elle à la galanterie personnelle de Ramsès III, sur laquelle nous nous sommes peut-être trop étendu dans la dernière leçon ? C'est possible. Mais ce n'est sans doute pas là l'unique cause qui a fait écarter absolument du procès et de l'audience, même comme témoins, les femmes du palais. Il devait y avoir là dessous un principe de droit.

Ce principe de droit ne saurait être celui de l'incapacité des femmes d'ester en justice, car, au point de vue civil, les femmes jouissent en Egypte, dès le plus ancien empire, de droits égaux à ceux des hommes, nous l'avons démontré dans une note spéciale de nos « notices ».

Mais, au point de vue criminel, peut-être jouissaient-elles de privilèges particuliers. On sait que pratiquement, dans notre France, les femmes ne sont plus jamais guillotinées. En était-il de même dans l'ancienne Egypte et poussait-on la politesse jusqu'à les exempter de toute poursuite?

Là dessus les auteurs grecs qui nous ont tant vanté les avantages légaux dont jouissait la femme égyptienne — avantages légaux dont la réalité a été confirmée par les textes originaux de l'époque classique — semblent cependant être en désaccord avec les données qui résultent de notre papyrus de Turin. En effet, Diodore de Sicile nous dit expressément : « Les Egyptiens ne tuaient pas les femmes enceintes condamnées à mort avant leur accouchement. Beaucoup de Grecs adoptèrent cette loi en pensant inique de punir l'innocent avec le coupable, etc. ».

A cette époque, tout au moins, les femmes pouvaient donc être condamnées à mort. Mais comme toutes les lois visées par Diodore se rapportent au Code de Bocchoris avec les modifications qu'y avait apportées la jurisprudence jusqu'à l'époque des Lagides, ce renseignement ne trancherait pas du tout la question pour la période des Ramessides. En effet, plusieurs invasions successives de différents peuples avaient pu corrompre sur bien des points la législation égyptienne. Je citerai particulièrement l'invasion assyro-babylonienne, puisque, selon un contrat de mariage babylonien que mon frère a traduit, les habitants de la Chaldée punissaient de mort la femme adultère, en dépit du principe de Michelet, qui ferait de sa faute « un charme de plus ».

Et puis il y a encore, pour expliquer le fait que nous signalons, d'autres hypothèses possibles, par exemple celle d'un privilège s'appliquant, non plus aux femmes en général, mais aux femmes du gynécée royal, ou, d'une façon plus générale, aux membres de la famille du fils du soleil. Il est bien question dans l'histoire de meurtres de princes; mais ces meurtres étaient des crimes et non des exécutions. J'avoue cependant que j'inclinerais davantage vers un droit particulier au beau sexe seul ; car, il ne me viendra jamais à l'idée de penser — après les belles déclarations de Ramsès III surtout, — que les femmes royales coupables d'adultères et de conspirations, aient pu être exécutées sans forme de procès dans le harem : tandis qu'on jugeait si solennellement les coupables hommes.

Quoiqu'il en soit, ce sont les hommes seuls qui furent traduits en justice. Mais ils n'ont pas été condamnés tous ensemble dans une seule séance. Le procès semble, au contraire, avoir duré assez longtemps. Nous avons déjà dit que le tribunal avait été scindé en deux commissions : l'une chargée d'examiner les coupables proscrits à Thèbes ; et l'autre chargé d'aller rechercher et de punir les coupables éloignés de la capitale. A cette division des juges semblent se rattacher les sections diverses que nous constatons dans notre procès-verbal, si concis d'ailleurs par les raisons indiquées plus haut.

Ces sections, séparées chacune sur le papyrus par un large blanc et par un titre différent qui nous indiquent les sessions diverses de l'affaire, tant devant la première commission que devant la seconde, sont au nombre de cinq, après la copie de la mise en accusation et du prospagma royal instituant la cour. Nous allons les étudier successivement.

La première section a pour titre :

« Hommes amenés pour les grands crimes qui les ont fait livrer à la demeure d'examen judiciaire devant les grands *sar* de la maison de justice afin qu'ils soient examinés par le préfet du trésor Mentouemtoui, le préfet du trésor Paifroi, le Djai-xut (ou maréchal) Karo, l'officier Paibasa, le scribe Mai, de la demeure des livres, et le Djai-seri (porte-enseigne ou capitaine général) de la garde Hora ».

C'est, nous l'avons vu, la composition exacte de la première commission siégeant à Thèbes et comprenant les 4 premiers membres du tribunal institué par le Pharaon, avec l'adjonction du greffier et du chef de la force armée. Le procureur du roi, indiqué après les huit juges et avant les greffiers dans la Cour royale, ne figure jamais cependant parmi les juges, ni pour la première, ni pour la seconde commission. La raison en est toute naturelle. Ce procureur royal avait été chargé de l'instruction préparatoire. Il avait fait son réquisitoire pour les divers accusés. Son rôle apparent finissait là, et il n'avait plus qu'à assister à l'affaire comme spectateur muet : s'il lui plaisait d'être présent aux séances, comme nous le voyons dans les procès criminels ordinaires, par le papyrus Abboth. Il ne pouvait du reste être partout : à Thèbes avec la première commission, en Ethiopie avec la seconde. Il se bornait donc à s'occuper secrètement des dossiers des accusés, voire même de ceux des juges, dont quelques-uns furent, par son initiative, traduits eux-mêmes à la barre.

A ce dernier point de vue son rôle ressemblait fort à celui qu'eurent les procureurs de la République lors de l'épuration de la magistrature. On se rappelle que ce furent ces fonctionnaires judiciaires, toujours révocables, qui désignèrent alors ceux des juges, ordinairement inamovibles, qui devaient cette fois être cassés.

La phrase qui suit le titre de la première section, est, en ce qui concerne les accusés, fort concise :

« Ils les examinèrent. Ils les trouvèrent en faute. Ils leur firent appliquer leur correction, puisque leur crimes avaient été saisis (on les avaient fait prendre, si l'on comprend autrement le pronom de régime).

On ne saurait rien imaginer de plus bref que ce résumé de la première session. Pas un mot des interrogations et de la défense : de tout ce dont les autres procès criminels nous donnent un compte rendu détaillé. La solution seule est indiquée. On a déclaré coupables les accusés et on les a punis. Mais en quoi consistait cette punition ? On ne prend même pas le soin de nous le dire, comme on l'avait fait lors du procès de sorcellerie. Evidemment, cette punition — pour des crimes beaucoup plus graves, puisqu'il s'agissait de haute trahison — n'était pas moindre que la mort infligée pour le crime ordinaire de sorcellerie. Mais on aurait aimé à avoir plus de détails : et la curiosité est d'autant plus surexcitée que, sans cesse, le secret d'Etat s'interpose pour l'empêcher d'être satisfaite.

Cette même curiosité instinctive nous aurait fait désirer aussi d'en savoir davantage par l'examen judiciaire dont il est fait mention dans notre texte.

Cet examen est exprimé par le mot *smetre*, qui, dans le papyrus Amhurst et dans les papyrus Butler, etc., sert à désigner la question judiciaire, telle qu'elle était encore pratiquée chez nous jusqu'à la Révolution. Je sais bien que ce mot *smetre* est aussi susceptible d'une autre acception moins terrible, comme le mot *question* en français, que parfois il signifie simplement examiner par l'esprit, lorsqu'il s'agit de l'examen des crimes et non des criminels ou bien encore dans cette phrase du papyrus Abboth : « Tous les rois, leurs femmes royales, leurs mères royales, leurs enfants royaux qui reposent dans le Xer grand et vénérable, tous ceux qui reposent dans cette demeure des très bons sont intacts. Les protègent et les conservent à jamais les conseils excellents de leur fils (le roi régnant) les gardant et les examinant (*smetré*) tous ». Mais généralement quand les textes judiciaires nous disent : « les juges firent faire examen de tel accusé par examen très sérieux, » cela veut dire qu'on le soumet à une question rigoureuse, absolument comme lorsqu'après ce mot *smetre* vient l'énumération des tourments employés.

Tout nous porte donc à croire que, pour vérifier les charges du réquisitoire, les accusés dont on va nous transcrire la liste furent soumis aux deux questions de nos anciens Codes de procédure criminelle avant de subir le dernier supplice.

Le premier accusé que nous rencontrons est naturellement ce Kamen que le troisième prévenu du procès de sorcellerie, Paiasu, avait désigné comme complice principal lorsqu'on avait si rapidement jugé son affaire. Voici ce que porte à son sujet le procès-verbal :

« Ce grand coupable, l'esclave Kamen, qui était intendant du palais. Il fut amené pour son action de se joindre à Tai et aux femmes du gynécée. Faisant un avec elles, il fut à prendre (à porter) leurs paroles au dehors vers leurs mères et leurs frères qui y étaient — (au dehors) — pour dire à ces hommes d'appeler des rebelles afin de se révolter contre leur maître.

« Il fut placé devant les grands *sar* de la demeure de justice. Ayant examiné ses crimes, ils trouvèrent ceci à savoir : « il les a faits ! » Ses crimes donc le firent saisir. Les juges qui l'examinèrent lui firent appliquer sa correction ».

Nous apprenons par ce texte que Tai et les autres femmes du gynécée furent les âmes du complot et eurent pour principaux agents leurs mères et leurs frères habitant en dehors du palais et auxquels elles envoyèrent de nombreux messages. Cette correspondance active du dedans au dehors du harem et réciproquement, avait été signalée dès le début du procès précédent, à propos de l'inculpé Penhuiban dont on disait : « Il fut à exécuter des hommes de cire et des *amatoria*, les faisant prendre à l'intérieur en la main de l'agent Atiroma. Il fut à écarter l'une des servantes (ou ouvrières), à ensorceler les autres, à prendre quelques paroles à l'intérieur et à en emporter d'autres au dehors ».

Si le texte portait : « l'une des femmes » et non « l'une des *ouvrières* du harem » on aurait pu croire qu'il s'agissait alors de la femme Tai dont il est question dans notre texte actuel. Mais Tai était certainement l'une des reines, ainsi que le prouvent d'autres documents [1], et non l'une des personnes de la domesticité. C'est pour cela que nous avons considéré celle qui est nommée « l'une des ouvrières » comme quelque dègue revêche, écartée, non point du droit chemin, mais du harem où elle gênait les menées coupables.

Peut-être est-ce elle qui aura tout d'abord dénoncé les premiers accusés dont le procès avait compromis tant de gens et jusqu'à la reine Tai. Mais, je le répète, au moment de l'ins-

[1] Entre autres un tombeau de la vallée du Nil, remontant, ainsi que Bouriant l'a noté dans son livre des rois, à cette dynastie et qui a appartenu à une reine Tai, au nom entouré du cartouche, qui est intitulée royale fille, royale épouse, royale mère. Nous pensons qu'il s'agit d'un nom théophore apocopé se rapportant à la reine Tai merèse (Abydos II, 52) dont nous reparlerons plus loin. Le titre de royale mère que porte Tai semble prouver que cette reine, (qui aurait été en tous cas l'épouse de plusieurs rois s'il s'agit de Tai merèse) avait eu de Ramsès III l'un des fils qui lui succédèrent au trône. Tai paraît en effet, nous le verrons, n'avoir pas été inquiétée elle-même lors du procès. Elle a pu très bien survivre à Ramsès III, et voir ainsi l'un de leurs fils communs être roi — ce qu'auraient constaté ses inscriptions funèbres.

truction de l'affaire de Penhuiban, on avait vu dans la correspondance des femmes du harem une correspondance amoureuse, avec pratiques de sorcellerie, et non point encore, ainsi que maintenant, une correspondance relative au crime de haute trahison.

Ce fut l'interrogatoire du troisième des premiers accusés, Paiasu, qui fit soupçonner ce grand crime dont Ra avait empêché l'accomplissement et qui fit constater en même temps le rôle actif de l'intendant du palais Kamen. Maintenant Kamen était sous les verrous. Il avait dénoncé lui-même, non plus seulement des servantes, mais la reine Tai, de nombreuses femmes du harem, ainsi que leurs parents du dehors, dont on allait commencer le procès. Ce procès devait s'étendre comme une tache d'huile et compromettre un grand nombre des plus hauts personnages de l'Etat. Rien ne pouvait plus désormais en arrêter le cours.

Voici le dossier du second accusé de lèse-majesté :

« Le criminel grand Mestsura qui était en qualité d'officier (c'est-à-dire l'égal de ces officiers du palais qui étaient au nombre de cinq parmi les huit juges figurant dans le papyrus de Turin).

« Il fut amené pour l'action de le jeter que fit l'esclave Kamen — qui était comme intendant du palais avec les femmes — vers ces rebelles pour se révolter contre leur maître ».

Ainsi Mestsura n'est pas, comme Kamen et Tai, accusé d'avoir conçu le complot de haute trahison. C'était un homme faible qui s'était laissé entraîner dans la rebellion par Kamen. Il n'en méritait pas moins un sévère châtiment et le procès verbal le concernant se termine identiquement dans les mêmes termes que celui qui était relatif à Kamen.

On passe ensuite au troisième inculpé du nouveau procès, inculpé sur lequel on dit :

« Ce grand criminel Paianauk qui était préfet du harem royal et du gynécée pour services. Il fut amené (devant le tribunal) pour son action de faire un avec l'esclave Kamen et Mestsura afin de se rebeller contre leur maître ».

Paianauk, mot qui signifie littéralement « réprouvé » et est déterminé par le serpent et par l'homme se frappant, s'appelait de son véritable nom Paiki ou Pai(n)ki, ainsi que le prouve le paragraphe concernant le troisième inculpé. Il était « préposé aux royales favorites du harem pour service, » c'est-à-dire que, probablement sous l'inspection du royal officier Mestsura, il avait pour service de veiller aux intérêts, aux désirs et à l'approvisionnement de ces épouses du roi qui, nous le savons par de nombreux textes, possédaient d'ailleurs des douaires fort étendus et toute une administration en dépendant. C'est à cette administration très compliquée qu'appartenaient presque tous les accusés mis en cause dans cette session du procès. Ainsi, après le préposé au directeur du service des favorites royales du harem Painki ou Paianank, vient le scribe, agent comptable des mêmes favorites royales du harem Pentaun, puis successivement six agents du gynécée.

Aucun, du reste, ne paraît avoir été en rapports directs avec les épouses royales, bien que gérant leurs intérêts.

Ils étaient là pour service, ainsi qu'a soin de le répéter chaque fois le texte, tandis que c'était l'esclave probablement eunuque Kamen qui, en qualité de d'*aanpa*, grand de maison, ou intendant du palais, était (seul en fait d'hommes) avec les femmes du harem — notre texte nous l'a dit déjà non moins formellement.

Il en est de même encore actuellement chez le Grand Turc qui laisse seulement à des eunuques les rapports journaliers avec ses femmes. Les empereurs chrétiens d'époque bysantine paraissent du reste en avoir fait autant : et c'est pour cela que les eunuques devinrent souvent leurs ministres principaux. On se rappelle sans doute que, si l'Italie leur échappa, ce fut parce que l'impératrice trouva bon de faire une joyeuse plaisanterie en envoyant une quenouille à l'eunuque qui était alors le plus grand général de l'empire ayant cette province entre les mains. Furieux, l'eunuque en question livra l'Italie aux barbares, à peu près comme l'eunuque Kamen avait été sur le point de livrer le trône aux ennemis de Ramsès III.

Il paraît qu'il y avait pour cela peu de chose à faire. Il ne s'agissait pas de constituer un parti de gouvernement, de choisir un prétendant, etc. Tout cela était, semble-t-il, trouvé d'avance. Les rebelles existaient déjà. Il n'y avait qu'à leur faire un signe, qu'à les appeler pour se révolter contre leur seigneur, — nos textes nous l'indiquent expressément — et ce signe de ralliement devait être donné par les parents de ces femmes du harem dont plusieurs avaient peut-être déjà fait partie du harem du Pharaon syrien Arisu, auquel elles avaient donné, comme à Setnext et à Ramsès III, des droits sérieux à la couronne.

Presque toutes les usurpations se sont ainsi légitimées en Egypte ; et, au milieu des révolutions successives, le harem, malgré ses grossissements, subsistait toujours intact dans ses anciens éléments. On sait qu'il en fut de même chez les Hébreux, même lorsqu'il s'agissait d'un fils s'emparant du trône de son père, du vivant de celui-ci, comme Absalon, prenant pour prétextes de récentes injures, le fit pour David.

Rien n'empêche donc de croire que la reine Tai successivement épousée par Arisu, Setnext[1] et Ramsès III — nous avons la preuve directe pour Setnext — ait gardé pour le premier de ses époux une plus vive affection que pour le dernier, et ait en conséquence fait appel à des rebelles depuis longtemps bien connus d'elle. On comprendrait très bien dans cette hypothèse comment les femmes royales, sur les droits personnels desquelles le nouveau Pharaon s'appuyait, n'aient pas été inquiétées le moins du monde, bien qu'ayant organisé tout le complot avec les employés du harem qui étaient sous leur dépendance.

Il paraît du reste que de pareilles conspirations féminines n'étaient pas rares, puisque, sous la 21e dynastie des prêtres d'Amon, dynastie qui suivit immédiatement celle des seconds Ramessides dont nous nous occupons, on fait un grand mérite à la femme du grand prêtre Pinodjem, qui régnait effectivement alors à Thèbes, de n'avoir pas agi ainsi à l'égard de son mari, malgré la forte tentation qu'elle pouvait en avoir.

A ce point de vue, le dieu suprême Amonra, roi des dieux, prend soin de nous rassurer lui-même dans un papyrus religieux du Musée de Boulaq, dont, à l'opposite des décrets et des procès juridiques du même temps universellement incompris par lui, M. Maspero a donné cette fois une traduction véritablement très passable, traduction que je viens du reste de revoir et de corriger soigneusement — sans m'inquiéter d'ailleurs le moins du monde des répétitions de mots si fréquentes en égyptien :

« Dit Amonra roi des dieux, le dieu grand, aîné du début de l'Etre.

« J'ai visité le cœur de Nesichonsu, la fille Tahounthoti, et elle n'a rien fait de mal contre Pinodjem, le fils d'Isi em Kheb. J'ai visité son cœur (à elle) et je ne lui ai pas permis de faire

[1] Tai est sans doute le nom théophore apocopé tiré du nom de Tai mérèse, qui figure, en effet, comme épouse de Setnext et à côté de lui, dans une planchette de Mariette (Abydos II, 52) dont M. Bouriant n'a pas tenu compte dans son « Livre des rois. »

de diminution dans sa vie (à lui). Je ne lui ai pas permis de faire faire de diminution dans sa vie (par d'autres). J'ai visité son cœur et je ne lui ai pas permis de faire à son égard aucune de ces paroles qui mettent à mal le cœur d'un homme vivant. J'ai visité son cœur et je ne lui ai pas permis de faire faire par d'autres contre lui aucune de ces paroles qui terrifient le cœur d'un homme vivant.

« Dit Amonra roi des dieux, le dieu grand, l'aîné du début de l'Etre : J'ai fait être qu'elle ne cherchât aucune parole mauvaise contre Pinodjem, fils d'IsiemKheb, de ces paroles qui tuent. J'ai visité son cœur et elle n'a fait contre lui aucune de ces paroles, aucune de ces choses qui sont l'horreur des hommes. Elle n'en a pas fait faire par un dieu quelconque, une déesse quelconque qui ait été déifiée ou par aucun *xu* (esprit) d'homme, aucun *xu* (esprit) de femme déifiée. Elle n'a pas fait faire ces choses contre lui par ceux qui sont des êtres quelconques, des existences quelconques formant dessein quelconque pour faire entendre leurs voix (leurs invocations) par celui de qui est toute chose [1] (à qui tout appartient). J'ai visité son cœur afin de lui faire chercher pour Pinodjem tout bien pendant qu'il est sur terre et j'ai fait être qu'elle cherchât pour lui longue durée, alors qu'il est vivant sur terre, ainsi que la santé, la force, la puissance, la vaillance — ce qu'elle a fait pour lui. J'ai fait être qu'elle recherchât toute parole bonne — ce qu'elle a fait pour lui à toute place où l'on a entendu sa voix. J'ai fait être qu'elle ne cherchât pas toute parole mauvaise d'être quelconque qui fasse la honte des hommes, qui fasse la terreur du cœur contre Pinodjem, fils d'Isiem Kheb, ni aucune parole mauvaise qui tue, etc., etc. »

Evidemment, notre grand prêtre érudit Pinodjem, qui a rédigé pour sa femme cet éloge funèbre, avait toujours l'esprit préoccupé par ces intrigues qu'avait révélées dans le harem notre grand procès de lèse-majesté sous Ramsès III. Pourquoi sa femme n'aurait-elle pas imité dans ses trahisons la reine Tai, épouse de Ramsès III ? Ne pouvait-elle pas aussi appeler des sorciers, joignant d'ordinaire à cette fonction celle d'empoisonneurs, et se débarrasser d'un époux auquel, comme Tai, elle assurait des droits personnels à la couronne. Nous avons longuement expliqué, dans le chapitre de nos notices qui était relatif à la dynastie des prêtres d'Amon, quels étaient ces droits de la femme de Pinodjem. Nous ne pouvons être tout à fait aussi explicites pour Tai. Mais tout nous fait penser que si Ramsès III l'avait, aussi bien que Setnext et probablement qu'Arisu, conservée comme reine dans son harem, c'est qu'elle se rattachait à la dynastie précédente des vrais Ramessides dont — M. de Rougé l'avait déjà supposé — les Ramessides actuels n'étaient, pour ainsi dire, que la fausse monnaie.

Mais il est temps de clore cette beaucoup trop longue parenthèse et d'en revenir à ceux des coupables, qui, tout secondaires qu'ils fussent, ont été si réellement punis. Ce furent en effet les employés du harem, n'ayant fait qu'obéir à leurs maîtres, qui payèrent les frais de la guerre et c'est pourquoi une phrase monotone identique se répète pour chacun d'entre eux, indiquant à la fois leur culpabilité, le *constat* qui en avait été fait et la punition qui les avait frappés.

Pour le quatrième des principaux accusés de cette session nous lisons, par exemple, encore ceci :

---

[1] *Xermtot panti untuu nib*. Ce membre de phrase très important a été passé par M. Maspero (*Mtot* répond souvent à la particule copte du génitif *ntak*, *ntaf*, etc.).

« Le grand criminel Pentuau qui était en qualité de scribe du harem royal et des femmes du gynécée pour services. Il fut amené à cause de son action de faire un avec l'esclave Kamen et Mestsura et Paiki (ou Paanauk), le criminel qui était préfet du harem royal des femmes du gynécée, pour faire une grande association avec elles afin de se révolter contre leur seigneur. On le remit devant les *saru* de la demeure d'examen. Ils examinèrent ses crimes. Ils le trouvèrent en faute. Ils lui firent appliquer sa correction. »

C'est ce texte relatif à Pentuau qui est le plus détaillé relativement au gynécée. Il distingue en effet le harem royal (*suten apt*,) comprenant seulement les femmes et favorites du roi, « des femmes du gynécée » (*nahimtu paxent*), c'est-à-dire de toutes les autres femmes contenues dans le gynécée du palais. Ces femmes pouvaient être, d'une part, les princesses issues des épouses royales et, d'une autre part, le monde de femmes attachées au service des reines et des princesses.

L'expression *paxent* signifie littéralement la maison où l'on enferme (de *xen* ou *xena* renfermer). Ce mot s'applique d'une façon générale à toute espèce de gynécée, même au gynécée du dieu Amon, qui n'avait pas de *suten apt* ou de harem, mais seulement des collèges de prêtresses, qu'on a fort à tort, à mon avis, appelés pallacides.

Au contraire, le mot *suten apt* désigne, non seulement la maison du harem, mais parfois les favorites ou femmes royales qui y étaient contenues. Seulement alors *apt* n'a point le déterminatif de la maison. Dans l'inscription de Piankhi (l. 33 et 34) il est dit aussi que le roi Nimrod fit venir sa femme, royale épouse, royale fille, Nastentmeh, pour implorer les royales épouses (*suten himt*) les royales concubines (*suten apt*), les royales filles et les royales sœurs du conquérant Piankhi. Les épouses royales (*suten himt*) seules étaient honorées du cartouche chez les Egyptiens. Les royales concubines (*suten apt*) étaient les épouses de second rang — mais qui souvent n'en avaient pas moins d'influence sur l'esprit du souverain. On donnait le même nom de *suten apt* (avec le déterminatif de la maison) au palais du harem qui renfermait, en des appartements séparés, les reines et les concubines, palais dans lequel seul l'époux royal pouvait entrer.

Les reines avaient-elles le droit d'en sortir ? La question est contestable. En principe, l'épouse ne pouvait voir que des femmes. C'est pour cela que Nimrod envoya ses femmes supplier les épouses de Piankhi. Quand plus tard Piankhi arriva à la ville de Nimrod, il visita, il est vrai, dans le détail, son palais, et, par un caprice de vainqueur, se fit amener ses femmes royales et ses filles royales qui se mirent à le supplier à la façon des femmes, nous dit le texte. Mais le monarque éthiopien, pris aussitôt de repentir et de pudeur, détourna son visage, est-il ajouté, comme le fit Alexandre pour la femme de Darius. Cela ne l'empêcha pas du reste de conserver le souvenir de cet événement, en faisant représenter en haut de sa stèle, debout auprès de lui, l'épouse de Nimrod, Nastentmeh, ayant son mari également debout derrière elle, alors que tous les autres rois et princes étaient prosternés aux pieds du vainqueur.

Qu'on m'excuse d'être entré dans de tels détails. Mais ils m'ont paru nécessaires pour bien faire comprendre la manière dont la conspiration avait été secrètement ourdie par la reine Tai et par ses gens avec la complicité des autres femmes du harem.

Tai n'avait eu d'ailleurs, nous l'avons vu, qu'à s'assurer solidement le concours des quatre principaux fonctionnaires communs au harem et au gynécée : l'esclave Kamen, l'officier du palais inspecteur Mestsura, le préposé Paiki et le scribe comptable Pentuau. Pour tous ceux-là, il avait fallu une participation active, puisque rien ne pouvait se faire sans eux. Pour les employés inférieurs, au nombre de six, qui portent simplement le titre d'agents (*ret*) du gynécée, le silence suffisait.

Mais ce silence lui-même a été de tout temps un crime quand il s'agissait d'une affaire de haute trahison, nous l'avons dit déjà dans une de nos leçons antérieures. Il y avait, de plus, en Egypte, pour aggraver encore la punition de ce silence, une raison toute particulière, s'il en faut croire Diodore de Sicile. Même lorsqu'il s'agissait d'un meurtre ordinaire, la loi égyptienne punissait, selon lui, tous ceux qui avaient pu savoir et n'avaient rien dit — à peu près comme la loi romaine punissait tous les esclaves, quelques innocents qu'ils pussent être, d'un maître qu'on avait assassiné.

En cas pareil à Rome tous les esclaves devaient être mis à la torture la plus rigoureuse. Dans la vallée du Nil c'était la mort qui attendait souvent ces témoins muets.

« Si quelqu'un, dit Diodore, voyait tuer un homme dans le chemin, ou lui faire subir quelque violence, et ne l'aidait pas autant qu'il le pouvait, il était condamné au dernier supplice ; si cependant il ne pouvait pas prêter secours, à cause de quelque infirmité, il devait du moins indiquer les brigands et poursuivre le crime. S'il négligeait de le faire, il devait subir les mêmes peines que la victime et en plus l'interdiction de toute nourriture pendant trois jours. »

Aussi voyons-nous le papyrus de Turin répéter uniformément pour nos six agents du gynécée :

« Ce grand coupable *un tel* qui était en qualité d'agent du gynécée pour services. Amené pour l'audition qu'il fit des paroles que prononcèrent les gens qui conspiraient avec les femmes du gynécée. Il ne sortit pas (n'entra pas en lutte) contre eux (ou dans d'autres variantes : « il les entendit et il les cacha. ») On le mit devant les grands sars de la demeure d'examen. Ils examinèrent ses turpitudes. Ils le trouvèrent en faute. Ils lui firent appliquer sa correction. »

Ces six grands coupables, portant le même titre de *ret*, sont : 1° Panifimtotamen ; 2° Kairopusa ; 3° Khaemap ; 4° Khaemmanuro ; 5° Setiempathat ; 6° Setiempaamen.

Le mot *ret*, que nous traduisons par agent, a été longtemps discuté. M. Maspéro le rendait par maçon, ce qui faisait, dans tous les textes, un non sens évident. A nous il appartient d'avoir les premiers nettement établi sa signification précise, tant en hiéroglyphes qu'en démotique, et cela surtout à l'aide des contrats et des textes juridiques. Dans les contrats le *ret* est l'agent, le procureur, le représentant du créancier ou du propriétaire ayant le droit d'exiger le remboursement de la dette ou le paiement du fermage, bref, tout ce qui a été stipulé dans le traité originel : « ton *ret* prend puissance d'agir à mon égard selon toutes les paroles ci-dessus... Que je paie en la main de ton *ret*, etc., etc. ». Ce sont les *ret* ou agents du roi qui, lors du procès en violation de sépultures contenu dans le papyrus Abboth, vont vérifier officiellement l'état des tombes. Ce sont eux qui vont recueillir les tributs dûs au roi : et cela tant dans les documents démotiques que dans les documents hiéroglyphiques, par exemple dans la charte qui, en l'an XXII d'Osorkon, déclare Thèbes, comme ville sainte, exempte de tout impôt, de tout tribut, de toute intervention quelconque de ses agents ou procureurs : « Dit le roi par devant son père Amon : « Je protège Thèbes en sa hauteur et en sa largeur. Elle est sacrée, sanctifiée, donnée à son seigneur. Point n'ont à la parcourir les agents (*ret*) de la maison du roi. Ses gens sont protégés pour l'Eternité par le grand nom du dieu bon ». Du temps des campagnes triomphantes de Thoutmès III en Syrie, ce sont déjà les agents (*ret*) du roi qui vont percevoir les tributs en blé sur les peuples conquis, absolument comme dans les contrats démotiques, soit sous Darius, soit sous Evergite Ier, ce sont les *agents* (*ret*) de Thèbes qui touchent sur les ventes le droit de mutation du 10e, etc.

Aussi le qualificatif *ret suten*, agent du roi, représentant de ses intérêts, est-il un titre dont on se fait gloire depuis les plus anciens temps et jusqu'à l'époque romaine où nous le voyons encore figurer dans le papyrus bilingue Rhind. Mais quelle en était la valeur relative?

Dans le papyrus Wilbonr, successivement étudié par Brugsch et Maspero, papyrus sur lequel nous aurons à revenir plus longuement, le titre de *ret* se trouve immédiatement après la mention des *ha* ou maires des villes et bourgs et avant celle des *au n ketu hon/*, chef des travaux de Sa Majesté, c'est-à-dire à la place exacte que le papyrus Abboth semblait déjà leur assigner.

Le *ret* était en effet chargé de veiller aux intérêts du roi, quels qu'ils fussent : et nos documents judiciaires prouvent que cette représentation du procureur pouvait aussi bien s'appliquer à la surveillance des bâtiments sacrés ou des tombes, comme dans le papyrus Abboth, qu'à celle du harem royal, comme dans le papyrus de Turin.

On rencontre également le mot *ret* comme titre sacerdotal. Par exemple, dans le Sérapeum de Memphis, le procureur d'Apis, régissant tous ses intérêts financiers, surveillant et ordonnant tous les travaux du temple, celui que les textes grecs nomment son épimélète est appelé tant en démotique qu'en hiéroglyphes *ret Hapi*, comme, dans les sanctuaires d'Isis, le procureur d'Isis, régissant tous ses intérêts financiers, est appelé *ret ésé*.

Le *ret ésé* avait même pris dans les inscriptions de Nubie et d'Ethiopie une importance considérable. Alors qu'Isis de Phylée était la dame et la reine du pays, le *ret ésé* était devenu son principal ministre, chef de l'armée et du peuple, les inscriptions démotiques et bilingues de cette région, depuis longtemps publiées par moi, l'ont prouvé. C'est donc un gros contre sens de voir, ainsi que Brugsch, dans *ret ésé* le pied d'Isis et dans *ret hapi* l'ensevelisseur d'Apis.

Ne pouvait-on se souvenir qu'en Ethiopie le roi même prenait parfois le nom de *ret* ou *rut Amen*, agent d'Amon ou de *rut Maut*, agent de Maut? Le second de ces deux noms Rut Maut ou Mautrut est celui du réformateur du droit, collègue d'Amyrtée et contemporain d'Artaxercès dont je vous ai si souvent parlé. Le premier, *rut Amen* ou *Amen rut*, celui de neveu et successeur de Tahraka qu'Assurbanipal transcrit Urdamani dans ses cylindres assyriens.

Il faut remarquer en effet que le mot *ret*, souvent orthographié *rut* ou *retu*, se prononçait certainement aussi *urt*, ainsi que le prouvent les correspondants coptes de la racine *rut* dans ses diverses acceptions. Si donc dans le sens de *plantare*, *rut* est devenu ⲣⲱⲧ en copte, dans le sens d'*alucrès*, *rut* est devenu ⲟⲩⲣⲟⲧ en copte. De même le mot *rut* « agent » se retrouve aussi en copte, sous la forme ⲟⲩⲣⲓⲧ [1] au singulier et ⲟⲩⲣⲁⲧⲓ au pluriel. Les *agents* (ⲟⲩⲣⲁⲧⲓ), chargés de surveiller, au nom de l'Etat, les marais dans lesquels on receuillait le nitre, apportaient aux solitaires habitants, comme Saint-Macaire, dans ces parages, le pain dont ils avaient besoin et qu'ils payaient en menus ouvrages. La version copte de la Bible se sert du même mot jusque dans le chapitre IV de la Genèse alors que Caïn, interrogé par Dieu sur la destinée de son frère, répond qu'il n'est pas son surveillant, son gardien, son ⲟⲩⲣⲓⲧ.

C'est précisément le rôle de surveillant et de gardien qui convient, plus encore que celui du

[1] C'est à Tattam que revient l'honneur d'avoir réuni ces deux mots que Peyron avait divisés en voyant, comme Zœga, dans ⲟⲩⲣⲁⲧⲓ un nom de peuple. Peyron a corrigé depuis cette erreur dans sa grammaire.

procureur, aux *ret* ou agents du palais royal, ayant à surveiller les concubines du souverain tout autant qu'à fournir à leurs besoins. Mais nous avons vu précédemment qu'ils s'étaient fort mal acquittés de cet office et qu'ils furent, au nombre de six, traduits devant la Cour spéciale.

Pour tous également les chefs d'accusation étaient les mêmes. Ils avaient entendu et n'avaient rien dit.

Mais ils n'étaient pas les seuls qui en eussent fait autant. En dehors même du harem certains personnages avaient eu vent de la conspiration et avaient gardé le silence : la suite du procès-verbal de notre première session nous l'atteste.

« Le grand coupable Naromu qui était officier (du palais). Il fut amené (au tribunal) pour l'audition qu'il fit de leurs paroles par l'intermédiaire (mot à mot : par la main) de l'intendant du palais (c'est-à-dire de l'esclave intendant de palais Kamen) qu'il était à visiter. Il ne dit pas un mot d'elles. On le traduisit devant les juges de la demeure d'examen, etc. »

Le nouvel inculpé est un personnage considérable. Comme le premier des complices de Kamen, c'est un officier du palais du roi égal à ceux qui composèrent en entier la seconde commission de la Cour spéciale et à celui qui formait le quatrième juge, après les ministres et le maréchal, dans la première commission siégeant à Thèbes.

Cet officier était en relations d'amitié avec Kamen, le préfet du palais, personnage alors considérable et, dans le cours d'une visite, il avait reçu ses confidences; sans entrer autrement dans la conspiration, il n'avait pas voulu trahir la confiance de son ami en le dénonçant : et maintenant il payait de sa vie son respect des devoirs sociaux.

Toute autre et bien plus modeste était la situation de l'accusé suivant :

« Le grand coupable Axhebset était en qualité de cocher de l'esclave Kamen. Il fut amené pour l'audition qu'il fit de leurs paroles par l'intermédiaire (par la main) de l'esclave Kamen qu'il était en train de conduire. Il n'en dit pas un mot. »

Ce passage relatif aux relations cordiales du maître et du cocher a un caractère épisodique fort intéressant. Il nous montre la bonhomie des rapports qui existaient alors en Egypte entre les gens du beau monde et leurs domestiques. Ce n'est pas dans cette Rome aristocratique où le patricien faisait jeter ses esclaves vivants à ses poissons pour les nourrir qu'on aurait rien vu de pareil. Mais, nous vous l'avons répété sans cesse, les Egyptiens ne croyaient pas déroger en s'entretenant familièrement avec ceux qui étaient des hommes comme eux. De là à les prendre pour confidents, pour complices, il n'y avait pas loin. Il n'en est pas moins vrai que ce genre de confidents domestiques nous rappelle surtout les comiques et jette une note gaie dans ce sombre drame.

Les deux derniers accusés de cette session sont l'un et l'autre des officiers du palais du roi, comme l'avant-dernier de ceux dont nous venons de parler. Si l'on y joint le premier complice de Kamen cela porte à 4 le nombre des officiers qui comparurent alors devant la commission thébaine.

Pour l'un et l'autre d'ailleurs on trouve une formule identique :

« Le grand coupable Paloka qui était en qualité d'officier scribe du trésor. Amené pour son action de se joindre à l'esclave Kamen : entendant de lui les paroles et ne disant mot d'elles. »

« Le grand coupable Robuinini qui était en qualité d'officier. Amené pour son action de se joindre à l'esclave Kamen : entendant de lui les paroles et ne disant mot d'elles. »

Ainsi c'est bien Kamen qui, pour ces 4 derniers inculpés, a joué le rôle de tentateur. C'est lui qui a fait toute la propagande et qui a recueilli les adhésions. Les autres n'étaient par rapport à lui que des comparses dont il escomptait d'avance la faiblesse ou dans tous les cas le silence. Il ne fut pas trompé dans son attente. Aucun n'avait dit un mot, et il avait fallu la circonstance des écrits magiques découverts par quelque servante pour que toute l'affaire se trouvât peu à peu révélée à la police du Pharaon et surtout aux yeux de lynx du procureur du roi, dirigeant les poursuites.

La culpabilité de 14 accusés ayant été ainsi reconnue en présence des juges, tous ils subirent un châtiment exemplaire.

Mais pendant que la première commission du tribunal spécial procédait ainsi à Thèbes, de la façon la plus expéditive, que faisait la seconde commission ? C'est ce que nous apprend immédiatement après le papyrus de Turin. En effet, nous ne doutons pas, quant à nous, qu'il ne faille attribuer à cette seconde commission le jugement de tous les accusés qui sont mentionnés ensuite — après un blanc et sous un nouveau titre les englobant tous, — bien que l'énumération des juges de cette seconde commission ne soit faite qu'à propos du second accusé.

Voici en entier ce que porte le premier procès verbal, contenu dans la page 3 du papyrus :

« Des femmes et des hommes à la porte du gynécée s'étaient joints aux hommes qui avaient conspiré les paroles portées devant les magistrats de la demeure d'examen. Ils les trouvèrent en faute. Ils leur firent appliquer leur correction. »

« Le grand coupable Paiari, fils de Loma, qui était préfet du trésor. Amené pour son action de se joindre au grand coupable Penhuiban, faisant un avec lui pour appeler des rebelles à se révolter contre leur maître. On le fit comparaître devant les magistrats de la demeure d'examen, Ils le trouvèrent en faute. Ils lui firent appliquer sa correction.

« Le grand coupable Banemuas, qui était général des troupes d'Ethiopie. Amené pour le message que lui fit sa sœur, qui était dans le gynécée pour services, à savoir : « Ces hommes (tels et tels sans doute) font rébellion. Il faut que tu viennes aussi pour te révolter contre ton seigneur. »

« On le remit devant Ketenten, Bairomahairo, Paarusunnu, Thotrekhnefer (les 4 officiers qui sont mentionnés en dernier lieu parmi les juges de la magistrature assise dans le message royal et qui formèrent la seconde commission). Ils l'examinèrent. Ils le trouvèrent en faute. Ils lui firent appliquer sa correction. »

On remarquera dans le titre même du procès-verbal de cette première session de la seconde commission les mots : « Des femmes et des hommes à la porte du gynécée s'étaient joints aux hommes qui avaient conspiré les paroles portées devant les magistrats de la demeure d'examen. »

Ainsi, il ne s'agit plus ici de fonctionnaires du gynécée, mais d'inculpés, qui, à la porte du gynécée, c'est-à-dire en dehors du gynécée, s'étaient joints à ces premiers conspirateurs. De même d'ailleurs que dans l'affaire intérieure du gynécée il y avait eu des coupables hommes et des coupables femmes — principales instigatrices du complot — ici encore il y avait eu des coupables femmes et des coupables hommes. Et cependant, pas plus dans cette seconde affaire que dans la première, les femmes ne figurent, soit en qualité d'accusés, soit en qualité de témoins, dans le procès. Elles ne sont point personnellement mises en cause, bien qu'on ait reconnu en passant leur rôle néfaste. Encore une fois on ne saurait être plus galant ; car c'est aux hommes et aux hommes seulement que s'applique la formule : « ils les trouvèrent en faute. Ils leur firent appliquer leur correction. »

Ces coupables hommes sont cette fois au nombre de deux seulement. Mais la qualité remplace la qualité. Ce sont en effet des personnages beaucoup plus considérables que les accusés énumérés jusqu'ici.

Si le second est le général en chef des troupes d'Ethiopie, probablement égal au 3ᵉ juge militaire de la cour, le premier n'est rien moins qu'un ancien ministre, un *mer pahat* ou préfet du trésor, comme les deux premiers membres de cette même cour spéciale, dont l'un, au moins, l'avait remplacé dans cette haute dignité.

Il est probable en effet qu'au moment où le procureur du roi avait fait son rapport au souverain sur la conspiration qui se tramait, le préfet du trésor Paiari, fils de Loma, l'accusé actuel, s'étant trouvé compromis, avait quitté Thèbes pour rejoindre son complice, le général des troupes d'Ethiopie. Il espérait peut-être encore qu'on pourrait l'emporter par la force des armes ou du moins trouver quelque moyen d'échapper à la vengeance du roi. Mais Ramsès III avait pris aussitôt toutes les précautions nécessaires. Il avait immédiatement remplacé dans sa charge le préfet du trésor coupable et fait poursuivre en Ethiopie, par la seconde commission de sa cour spéciale, le susdit préfet du trésor, ainsi que le général des troupes d'Ethiopie, son complice.

Les *missi dominici* n'eurent pas le même sort que le ministre de la guerre de la Convention envoyé pour arrêter le général Dumouriez. Ils avaient montré le diplôme royal devant l'Etat-major — comme Hérodote nous raconte que faisaient procéder les rois de Perse quand ils accusaient de trahison un de leurs satrapes ou vice-rois, — et, à l'instant, les deux inculpés avaient été mis en état d'arrestation et traduits devant la commission royale. Là — le titre de ce chapitre a eu soin de nous le dire, — on les avait tous les deux trouvés en faute et on leur avait fait subir leur châtiment.

Vient ensuite le détail du dossier de chacun des accusés.

Comme à tout seigneur, tout honneur, on commence par l'ex-préfet du trésor.

En effet jusque dans le papyrus Wilbour, écrit, tout le monde est d'accord là-dessus, à une époque bien postérieure, non seulement aux Ramessides, mais même à l'invasion éthiopienne, le préfet du trésor (*mer pahat*) suivait immédiatement par ordre de dignité le préfet de la ville et du prétoire (*mer nut*). Seulement alors les chefs militaires, tels que le maréchal *djai-xut*, etc., précédaient les fonctionnaires civils, au lieu de les suivre, comme du temps de notre papyrus de Turin, et ils étaient eux-mêmes précédés par les intendants de la maison du roi. C'était là un usage particulier aux dynasties éthiopiennes, qui, dès les plus anciennes jusqu'aux plus basses époques, ont toujours donné la première place aux intendants de la maison du roi, véritables maires du palais, qui souvent élisaient le souverain.

Dans ce *manuel de hiérarchie égyptienne*, comparable sous ce rapport à la *notitia dignitatum utriusque imperii* du bas empire, l'ordre de préséance, au point de vue de ce qu'on nommerait maintenant la direction du protocole, comprenait après le roi : 1° le prince héritier portant réunis en sa personne les titres de *erpa*, de *dja*, de *smerua* (compagnon unique du roi) de *se sams* (ou d'héritier présomptif comme dans les textes d'Harem hebi, etc.), de commandant les gardes du corps et de secrétaire d'Etat ; 2° le préfet du palais du dieu bon, le roi ; 3° le procureur du roi, qui, dans tous nos procès criminels du temps des Ramessides, siège, comme représentant de la magistrature debout, après les juges de la magistrature assise, — ce qui n'empêchait peut-être pas un ordre de préséance beaucoup plus élevé quand il s'agissait de son rang à la cour ; 4° le grand architecte du roi ; 5° les sous-administrateurs et comptables de la maison du roi ; 6° le préfet de la ville et du prétoire (*mer nut nutu nu to mer*) auquel on avait alors enlevé le titre honorifique de *dja*, pour le donner au prince héritier, devant avoir alors en principe toutes les hautes juridictions du royaume ; 7° le préfet du trésor, avec l'addition, d'ailleurs fréquente, de la mention de l'or et de l'argent — qui empêche absolument de voir, comme M. Maspero, dans ce ministre des finances un préposé à la double maison blanche ; 8° le fonctionnaire chargé des messages en tout pays, c'est-à-dire celui que nous nommerions le ministre des affaires étrangères ; 9° le préposé aux esclaves du roi, qui était en même temps préposé à ses écuries (*comes stabularum* ou connétable) ; 10° le grand écuyer qui portait aussi le titre de *djai-seri* (traduit par M. de Rougé porte-ombrelle et comparé par lui au général, inférieur au *djai-xut* ou maréchal), — c'est-à-dire le successeur direct de cet Hora, commandant de la garde de la cour spéciale que nous voyons figurer sous Ramsès III après tous les juges dans le papyrus judiciaire de Turin ; 11° le *hir sax uthu na neteru nibu*, scribe en chef des offrandes de tous les dieux, — c'est-à-dire le successeur de ce scribe royal des offrandes Neferabu qui, sous Ramsès III, a eu avec la direction du temple de Maut le procès que nous avons étudié déjà et sur lequel nous reviendrons, successeur aussi de ce Bokenamen qui, également sous les Ramessides, a eu avec le grand prêtre Ramessou une correspondance si tendue relativement aux intérêts du temple de ce grand prêtre auxquels il était chargé de veiller[1]. Ce scribe royal des offrandes de tous les dieux que nous avons comparé déjà à l'επιστατης των ιερων de l'époque Lagide, — tout à fait différent des αρχιερεις ou grands-prêtres, — paraît déjà être, du temps du manuel de hiérarchie égyptienne, une sorte de ministre des cultes ; car, outre le titre de scribe en chef des offrandes ou des revenus de tous les dieux, il porte aussi le titre de « préposé au prophètes du midi et du nord » ; 12° les préfets (*ha*) des villes et des provinces, sur lesquels nous nous sommes si souvent et si longuement étendus à propos de Rekhmara, d'Horemhebi,[2] etc. ; 13° les agents (*retu*) du roi dont nous avons plus haut spécifié le rôle ; 14° les chefs des travaux, si souvent mentionnés aussi dans le même ordre hiérarchique par les documents des Ramessides, etc., Je m'arrête là dans cette liste déjà bien longue parce que là aussi s'arrêtent les renseignements dont nous avions besoin pour l'explication de nos papyrus judiciaires : et encore dois-je m'excuser d'avoir tant abusé de votre patience par une telle digression.

Ce que j'ai dit suffit pour vous faire voir l'importance du préfet du trésor dont on instruisait alors le procès.

Ce procès reposait sur l'exposé des motifs suivant :

« Le grand coupable Paiari, fils de Loma, qui était préfet du trésor. Amené pour son action de se joindre au grand coupable Penhuiban faisant un avec lui pour appeler des rebelles à se révolter contre leur maître. »

Depuis que Paiasu, le troisième inculpé du procès de sorcellerie, avait dénoncé l'esclave Kamen, tous les accusés qui avaient comparu devant la première commission de la cour spé-

---

[1] Voir mes « notices ».
[2] Voir mes « notices ».

ciale avaient été condamnés pour leur complicité avec ce Kamen. Il en est tout différemment pour notre préfet du trésor jugé par la seconde commission et qui ne paraît avoir en aucun rapport direct avec cet eunuque du palais, mais seulement avec le premier inculpé du procès de sorcellerie, le préposé aux bestiaux, Penhuiban. Il est vrai que ce préposé aux bestiaux était expressément désigné dans une partie actuellement très lacuneuse du message royal comme le principal coupable dont les nouveaux prévenus n'étaient que les complices. Mais cette complicité n'était vraiment évidente, d'après les procès verbaux, que pour Paiari, fils de Loma. On pourrait même peut-être retourner la proposition en disant que Penhuiban n'était en réalité lui-même que le complice de Paiari, dont la situation était infiniment plus élevée que la sienne.

C'est pour cela qu'on avait aussitôt divisé la cour en deux commissions: l'une chargée d'examiner à Thèbes les conjurés du harem ; l'autre ayant à punir les deux principaux personnages, actuellement en Ethiopie, qui avaient tout organisé et donné le mot d'ordre « pour appeler des rebelles à se révolter contre leur maître ».

Sur le second de ces personnages la mise en accusation est ainsi conçue:

« Le grand coupable Banemuas qui était général des troupes d'Ethiopie. Amené pour le message que lui fit sa sœur, qui était dans le gynécée pour services à savoir : « Ces hommes font rebellion. Il faut que tu viennes pour te révolter contre ton seigneur ».

Cette lettre est fort intéressante. Elle est tout à fait analogue à celle que, selon les cylindres d'Assurbanipal, les chefs des différents districts de l'Egypte adressèrent au roi éthiopien Tahraka pour lui dire de se joindre à eux lors de leur révolte contre leur seigneur effectif d'alors qui était le roi de Ninive.

Ici il ne s'agit pas d'un roi éthiopien, puisque l'Ethiopie, en partie du moins, reconnaissait encore pour monarque le Pharaon d'Egypte Ramsès III.

Je dis : « en partie du moins », car le grand papyrus Harris, précédemment cité par nous, nous a appris que, quand les nouveaux Ramessides s'emparèrent du trône, l'Ethiopie, — autrefois si soumise à la 17e et à la 18e dynastie, — était déjà, comme la Syrie, en luttes continuelles avec l'Egypte. Mais Ramsès III avait changé notablement tout cela : et son général occupait en son nom l'Ethiopie, soit en entier, soit en très grande partie. Le même état de choses subsista sous ses successeurs et l'Ethiopie ne fut de nouveau séparée de la couronne que lorsque les prêtres d'Amon, successeurs des Ramessides, s'y réfugièrent après l'accession au trône des sheshonkides.

Peut-être rêvait-on dès ce moment quelque chose du même genre dans le cas où la révolution ne réussirait pas à Thèbes. Aussi, à la première alarme, le préfet du trésor était-il allé rejoindre le général des troupes d'Ethiopie — démarche que la promptitude d'action du roi avait rendue inutile. On escomptait sans doute une invasion des troupes d'Ethiopie en Egypte, absolument comme aux temps d'Assurbanipal. La lettre de l'une des reines à son frère le général d'Ethiopie établit la chose d'une façon formelle.

Quelle était cette reine ? S'agit-il de la reine Tai, dont nous avons longuement parlé précédemment et qui avait été surtout, pour toute cette affaire, en rapports constants avec l'eunuque Kamen, etc., de cette reine Tai que nous verrons plus loin causer aussi la mort de son propre fils Pentaour ? S'agit-il, au contraire, d'une des autres femmes du harem qui avaient pris part à la conspiration ? C'est ce que nous ne savons pas et ce que probablement nous ne saurons jamais. Nous ne savons pas non plus, d'une façon précise, au bénéfice de quel prétendant le complot était ourdi. La lettre nous dit seulement : « ces hommes font rébellion ». Mais quels étaient « ces hommes » ? Ce ne pouvait être Pentaour, fils de Tai, puisqu'on ne l'accusera pas d'avoir conspiré lui-même et qu'on ne le tuera, nous le verrons, qu'à cause du crime de sa mère. Serait-ce le préfet du trésor Paiari, fils de Loma, nommé ici avant le général d'Ethiopie et qui, aidé par une reine éprise de lui, aurait rêvé de faire comme Ramsès Ier, ancien fonctionnaire d'Ai et d'Horemhebi, devenu plus tard leur successeur ? Je pencherais volontiers vers cette hypothèse qui donnerait leur raison d'être aux *amatoria* du premier procès de sorcellerie en même temps qu'elle expliquerait comment le préfet du trésor Paiari, fils de Loma, a été seul en rapports directs avec le sorcier Penhuiban, — le fabricateur de ces philtres amoureux introduits dans le harem ainsi que le messager pour la correspondance du dedans au dehors et du dehors au dedans, suivant les termes de l'acte d'accusation.

Quoi qu'il en soit, le général d'Ethiopie comparut, comme sans aucun doute Paiari, devant la seconde commission et fut puni par elle :

« On le traduisit devant Ketenten, Bairomahairo, Paarsunnu, Thotrexnefer. Ils l'examinèrent, ils le trouvèrent en faute. Ils lui firent appliquer sa correction ».

Là se bornèrent d'abord les opérations de cette seconde commission, qui n'eut à juger que beaucoup plus tard, dans une seconde session, le fils de la reine Tai et quelques autres complices récemment découverts. Cela nous prouve, d'ailleurs, combien le rôle de ce Pentaour, que M. Maspero considère comme prédominant, était au contraire effacé, en réalité, puisqu'on n'avait pas cru d'abord devoir le comprendre dans les poursuites.

Nous en venons maintenant à une seconde session de la première commission thébaine.

Cette session, après un nouveau blanc, est annoncée en ces termes :

« Hommes amenés pour leurs crimes et pour l'action de se joindre à l'esclave Kamen et à Paiasu et à Pentauru. On les mit devant les magistrats de la demeure d'examen. Ils les examinèrent. Ils les trouvèrent en faute. Ils les placèrent (ou les laissèrent) en leurs mains dans la demeure d'examen. Ils (les coupables) se tuèrent eux-mêmes. Ils (les juges) ne les firent pas prendre (officiellement arrêter et punir). »

Il est bien certain qu'il s'agit ici de la première commission, établie dans le palais de justice de Thèbes où elle assigne les coupables en ses mains, et non point de la seconde commission, n'ayant aucun domicile fixe, mais se transportant elle-même au lieu où se trouvent les coudables. Nous avons du reste une seconde preuve de ce fait dans la manière dont tous les nouveaux accusés sont encore saisis en qualité de complices de Kamen — absolument comme dans la première session de cette même commission. Mais on remarquera aussi que, cette fois, Kamen n'est plus le seul coupable principal. Les bases du procès sont encore élargies. Kamen n'a-t-il pas été lui-même mis en cause par Paiasu ? Pourquoi ne rappellerait-on pas cela ? — En réalité, Paiasu et Kamen ne sont eux-mêmes que des comparses. Les vrais coupables sont ailleurs. Nous avons déjà dit que l'instigatrice de tout était la reine Tai. On ne pouvait l'accuser elle-même, directement, nous l'avons vu. Mais il fallait la punir, et, pour cela, il ne suffisait pas de mettre à mort son amant, comme la seconde commission avait été, tout d'abord, expressément chargée de le faire. Un amant pouvait être remplacé. Mais quoi de plus douloureux pour le cœur d'une mère que de frapper son fils ? C'est ce que pensèrent à

Thèbes les deux ministres et le maréchal : et voilà pourquoi, ne pouvant atteindre eux-mêmes le fils de Tai, qui avait accompagné son futur beau-père et peut-être aussi son oncle en Ethiopie, ne virent-ils rien de mieux que de faire figurer quelques nouveaux prévenus thébains comme complices de ce Pentaour, que personne n'avait songé d'abord à accuser.

La ruse était bonne et elle réussit ; car, nous le verrons, la seconde commission d'Ethiopie se vit aussi obligée à mettre en accusation Pentaour, fils de Tai.

Venons-en, maintenant, à la liste des nouveaux coupables arrêtés par la première commission thébaine dans sa seconde session :

« 1° Le grand criminel Asu, qui était général de troupes.

« 2° Le grand criminel Messui, qui était hiérogrammate.

« 3° Le grand criminel Parakamenf, qui était *hirtep* (commandant en chef) d'un nome, ou nomarque.

« 4° Le grand criminel Iiroï, qui était grand-prêtre (ἀρχιερευς) de Sekhet.

« 5° Le grand criminel Nebt'efau qui était officier (du palais).

« 6° Le grand criminel Shatm'astdjer, qui était hiérogrammate.

« Total 6. »

Un général, un officier du palais, un grand-prêtre, deux hiérogrammates : voilà certes, une société distinguée, mais très mélangée, qui n'a plus rien de commun avec les gens du harem condamnés dans la première session.

Il semble qu'on ait pris, du reste, ces noms un peu au hasard, simplement pour les faire figurer comme complices de Pentaour.

Avait-on, dans l'ancienne Egypte, un journal officiel destiné aux fonctionnaires, comme dans la Rome de Cicéron ? C'est possible, ou, dans tous les cas, on eut soin de faire connaître le procès-verbal de la nouvelle session de la commission thébaine à la commission siégeant en Ethiopie.

Celle-ci fut aussitôt convoquée d'urgence et le compte-rendu de ses actes suit immédiatement, sur le papyrus de Turin, celui des actes thébains dont nous venons de parler. En voici le titre :

« Hommes amenés pour leurs crimes vers la demeure d'examen en présence de Ketenten, de Bairomahairo, de Paarsunnu, de Thotrexenefer, de Mertuusiamen. Ils les examinèrent sur leurs crimes. Ils les trouvèrent en faute. Ils les laissèrent dans leurs maisons. Ils se tuèrent eux-mêmes. »

Les juges Ketenten, Bairomahairo, Paarsunnu, Thotrexnefer, qui sont indiqués ici, sont les quatre derniers des huit juges composant, dans la cour spéciale, la magistrature assise : c'est-à-dire les membres de la seconde commission, qui a déjà jugé en Ethiopie Paiari et Banemuas. Seulement, ici, à ces quatre juges s'en adjoint un cinquième nommé Mertuusiamen. Quel était ce personnage qui ne figure en aucune façon parmi les juges indiqués par le roi dans son message ?

Pour moi, j'aurais grande tendace à croire qu'il s'agit du successeur du général des troupes d'Ethiopie, Banemuas. Il était, en effet, tout naturel de ne remplacer celui-ci dans son grade que s'il avait été reconnu coupable. On sait que Ramsès III, indiquant aux juges leurs devoirs, insiste lui-même sur une grande prudence et une grande impartialité. Or, si l'on avait contre Paiari, le préfet du trésor transfuge et complice du sorcier Penhuiban, des preuves absolument convaincantes, qui avaient permis de le casser tout d'abord, il n'en avait pas été de même, semble-t-il, pour le général Banemuas. Ce qui avait emporté la conviction des juges, c'était la lettre, retrouvée dans ses papiers, que lui avait adressée sa sœur pour le presser d'entrer dans la conspiration. On l'avait donc condamné, exécuté, et, une fois la chose faite, on avait dû songer à nommer un autre général des troupes d'Ethiopie. Ce général fut sans doute Mertuusiamen, qui, en cette qualité, avait pris place désormais parmi les juges.

Est-ce à lui qu'on doit la nouvelle jurisprudence plus bienveillante de la cour spéciale ? — Dans tous les cas, l'arrestation des prévenus ne fut pas cette fois opérée. Ce ne fut pas dans la prison ou dans l'enceinte du tribunal que les coupables se firent justice, ainsi que nous en avons eu des exemples dans le compte-rendu précédent. Non ! la chose se fit secrètement, sans scandale, et ce fut, dans leurs propres maisons, où on les avait laissés, qu'ils se tuèrent.

On devait, du reste, quelques égards au fils d'une reine, dont on n'avait même pu constater la culpabilité personnelle, soit à cause de l'innocence absolue et bien établie de sa vie privée, éloignée de tout complot, soit peut-être à cause de son âge trop tendre [1]. La seconde hypothèse, est d'autant plus plausible que Pentaour a subi le dernier supplice avec trois fonctionnaires du gynécée qui paraissent l'avoir accompagné. Or, chez tous les peuples orientaux anciens et modernes, l'enfant mâle est gardé dans le gynécée sous la direction de sa mère jusqu'à l'âge de sept ans environ. Quand il voyage il le fait donc avec les agents du gynécée, absolument comme s'il s'agissait d'une princesse.

Voici, du reste, la partie du procès-verbal qui concerne Pentaour : On y verra qu'il n'est nullement qualifié de « grand coupable », comme tous les autres de ceux qui ont comparu ou qui comparaîtront devant le tribunal : et que le crime de sa mère est seul en cause :

« Pentaour, lequel était dit Paiki comme nom. Il fut amené pour son action de se joindre à Tai, sa mère, parce qu'elle (sa mère) avait conspiré les paroles avec les femmes du gynécée pour faire rébellion contre son seigneur. »

Les autres condamnés, qui se tuèrent dans leurs maisons et sont tous appelés « grands coupables », ne sont pas condamnés, comme celui-ci, pour le crime d'un autre. Pour chacun d'entre eux on a soin de nous dire : « Il fut amené pour les crimes des femmes du gynécée au milieu desquelles il était. Il entendit et n'en dit pas un mot. » Ce sont : 1° l'officier du palais préposé au gynécée, Hanutenamen, égal en rang à cet officier Mestsura, également préposé au harem, qui fut le premier des complices de l'esclave intendant du palais Kamen ; 2° *l'adon* (ou officier des gardes) du gynécée Amenxau — probablement envoyé par la reine Tai pour protéger le vogage de l'enfant ; 3° le scribe du gynécée Paiari, égal au troisième accusé de la première session de la première commission, le scribe du gynécée Pentauu.

On le voit, l'état-major présidant au gynécée avait été séparé en deux.

On avait laissé à Thèbes un des deux officiers du palais président au gynécée et l'un des scribes. Ce furent ceux que la première mise en accusation considère commé les principaux coupables dont les autres agents du gynécée n'ont été que les complices.

---

[1] Dans la cachette de Deir et Bahari on a trouvé, parmi les momies royales, celle d'un enfant qui avait été certainement assassiné. S'agirait -il de Pentaour ? C'est possible. Mais il faut bien dire que sa destinée fut la même que celle de bien d'autres enfants royaux dont la présence gênait.

On avait, d'une autre part, envoyé avec le jeune prince un des officiers du palais présidant au gynécée, le commandant de la garde du gynécée et l'un des scribes. Ce furent ceux qui, cette fois, énumérés après Pentaour, sont cependant considérés comme les seuls vrais coupables pour le crime qui entraînait celui-ci à la mort.

Revenons maintenant à Thèbes et aux agissements de la première commission.

Désormais, tous les conspirateurs avaient été punis. Il ne restait plus à punir que les juges dont la conduite avait paru louche.

Or, tel était le cas pour un des juges proprement dits de la première commission : l'officier du palais Paibasa, nommé immédiatement après les deux ministres et le maréchal dans le message où le roi désignait les membres du tribunal.

Cet officier, qui était sans doute un des plus anciens de la cour, si l'on en croit l'ordre de préséance qu'il occupe par rapport à tous les autres, cet officier, dis-je, avait cru pouvoir, grâce à son âge et à l'autorité que lui donnait son caractère, exprimer librement son opinion — d'autant plus que le roi avait fort insisté lui-même sur le devoir d'impartialité des juges. Il avait donc formé la minorité de la commission en se montrant disposé à l'indulgence.

Ce fut assez pour le rendre suspect. Les mauvaises langues prétendirent qu'il s'était laissé gagner.

On l'avait vu, disait-on, dans une brasserie, en compagnie de femmes du harem. Il aurait même causé avec Paiasu, le misérable inculpé du procès de sorcellerie qui avait dévoilé le pot aux roses.

Enfin, dans cette voie mauvaise d'amitié pour les prévenus, il aurait eu pour compagnons : 1° le scribe Mai, l'un des deux greffiers nommés par le roi pour la cour speciale, greffier qui avait été adjoint à la commission thébinae ; 2° le commandant de la garde de la cour spéciale, Hora, qui s'était enfui au premier soupçon ; 3° deux des subordonnés de ce haut personnage militaire qu'on avait pu saisir aussitôt. Tous avaient été condamnés par les deux ministres et par le maréchal à l'ablation du nez et des oreilles. Mais l'officier royal n'avait pu survivre à une pareille honte, et il s'était tué.

Voici ce que porte à ce sujet le procès-verbal de cette session de la première commission :

« Hommes auxquels on fit correction par ablation de leurs nez et de leurs oreilles, à cause de l'abandon qu'ils firent des témoignages (à la charge des accusés), quand les femmes (du gynécée) allèrent les trouver, parvinrent à l'endroit où ils étaient et firent maison de bière avec eux, (c'est-à-dire se rendirent avec eux à une brasserie) en compagnie de Paiasu : et qu'ainsi ils (les juges et leurs complices) reçurent (ou acceptèrent) leur honte :

« 1° Le grand coupable Paibasat, qui était officier royal. On lui fit ce châtiment (l'ablation du nez et des oreilles). On le laissa. Il se tua lui-même.

« 2° Le grand coupable Mai, qui était scribe de la demeure des livres.

« 3° Le grand coupable Taianexta, qui était capitaine de la garde.

« 4° Le grand coupable Nanaiu, qui était chef des gardiens ou surveillants, (*hir saxtu*).

« Homme qui faisait un avec eux et par la main (par l'intermédiaire) duquel on luttait pour mauvaises choses (dans un mauvais but).

« Il fut laissé : car on ne fut point (on ne réussit point) à le prendre.

« C'est le criminel Hora, qui était *djai séri*, (porte-ombrelle ou porte-drapeau et commandant de la garde de la cour spéciale) ».

Ainsi l'accusation principale qui est faite contre ces hommes, c'est d'avoir laissé de côté les témoignages à charge contre les accusés et d'avoir accepté leur honte, c'est-à-dire de les avoir innocentés autant que possible. Ceci concerne surtout le 4e juge proprement dit, l'officier Paibasat, et peut-être subsidiairement le greffier de la cour, Mai. Mais il est ajouté aussi à propos du commandant de la garde (qui réussit à faire défaut et se sauver), qu'on s'appuyait surtout sur lui pour la lutte qu'on avait entreprise dans un but mauvais. Comment pouvait-on compter sur lui? La chose est facile à comprendre. En qualité de commandant de la garde spéciale, il était à la tête du service d'ordre et il avait sous sa main tous les prisonniers. Taianext, qui était capitaine (*aiau*) de la même garde (*wuait*) que lui, n'était que son second, et d'ailleurs il était son complice. Quant à Nanaiu, qu'on nomme dans le papyrus *hir saxtu*, c'est-à-dire chef des gardiens ou surveillants, son rang était encore plus inférieur.

En effet, le grand papyrus Harris nous apprend que les *saxtu* étaient des surveillants de bas étage, — souvent esclaves (*hon*), — qui servaient de gardes, soit pour les propriétés des dieux, soit pour les citadelles destinées à protéger les temples contre les incursions des barbares. La racine *saxt*, qui a été conservée dans le copte *soht*, signifie, en effet, ανεχειν *impedire prohibere*. Aussi à Abydos les *saxtu* sont-ils représentés un simple bâton à la main, comme nos gardiens de la paix ou les constables anglais.

Ici les *saxtu* semblent nous représenter les geôliers et le *hir saxtu* le chef des geôliers. Tous ces gens dépendaient également de Hora.

Ne pouvait-il, dans de telles conditions, songer à faire pour ces prisonniers ce qu'il fit bientôt pour lui-même, c'est-à-dire leur fournir les moyens de s'échapper, — comme songeait à le tenter, à la fin du siècle dernier, pour d'illustres victimes, certain conventionnel en ayant la garde et qui avait le cœur doucement épris par l'amour de la reine?

Ici aussi, il y avait une reine en jeu : et les femmes du harem avaient — notre texte nous le dit expressément — très activement agi pour faire pencher la balance en leur faveur. Elles étaient même allées un peu loin — s'il faut en croire l'acte d'accusation. — Mais n'en a-t-il pas été à peu près ainsi pour la belle reine Marie Stuart quand elle songeait à s'échapper à la prison où l'avaient mise ses vassaux — pour bientôt la livrer à la cruelle Elisabeth d'Angleterre?

Ici, je le sais bien, les reines pouvaient dormir tranquilles. Elles ne seraient pas exécutées — ainsi que Marie Stuart et Marie-Antoinette. Mais cette dernière n'aurait-elle pas donné volontiers sa vie pour la vie de son fils et pour celle des siens? Il en était de même pour la reine Tai.

Malheureusement, de même qu'en 1793, tous ces projets de fuite furent vains : et Hora fut bientôt obligé de pourvoir à sa propre sûreté.

Ainsi se termina cet horrible drame, commencé sous de si brillants auspices d'impartialité et de clémence. Mais il y a toujours ainsi bien loin de la coupe aux lèvres et des principes à la pratique. La conscience guide les premiers et l'égoïsme la seconde. Ramsès III n'était pas, sous ce rapport, inférieur à beaucoup d'autres, qui, dans toute une moitié de leur vie, ont crié contre le despotisme et pour la liberté, et qui, dans l'autre moitié, ont agi bien différemment,

Quoi qu'il en soit, notre document est, au point de vue juridique et historique, des plus intéressants. Il nous offre un ensemble très satisfaisant et admirablement classé.

On y voyait d'abord :

1° Le rapport au roi contenant la mise en accusation ; 2° le message du roi nommant le tribunal, divisé aussitôt en deux commissions d'égal nombre : 3° le procès-verbal abrégé de ce ce que fit d'abord la première commission ; 4° le procès-verbal de ce que fit en même temps la seconde commission ; 5° le procès-verbal de la seconde session de la première commission : 6° le procès-verbal de la seconde session de la seconde commission ; 7° le procès spécial de deux des juges de la première commission condamnés par leurs collègues dans une troisième session. 8° Enfin la mention d'un troisième personnage adjoint aussi par le roi à la première commission et qui se voyant également compromis se sauva.

Mais que de sang, dans ces quelques pages !

CINQUIÈME LEÇON

Messieurs,

Après vous avoir donné une idée générale des juridictions de l'ancienne Egypte, tant en matière civile qu'en matière criminelle, après vous avoir aussi expliqué la distinction fondamentale qui sépare en matière criminelle les procès jugés par la cour spéciale de ceux qui étaient jugés par les tribunaux ordinaires, nous avons étudié jusqu'ici, d'une façon détaillée, le grand procès de *lèse-majesté* que la cour spéciale eut à examiner sous Ramsès III. Nous avons maintenant à en venir aux autres procès criminels, c'est-à-dire à ceux pour lesquels le roi n'avait pas cru devoir nommer un tribunal d'exception.

Parmi ces procès se trouvent même ceux qui concernaient, non plus la sécurité personnelle d'un roi vivant, mais la tranquillité éternelle d'un roi décédé. La Majesté morte n'était pas en effet tout à fait aussi sacrée que la Majesté vivante. N'en a-t-il pas été ainsi en tout temps? Dans notre droit actuel les insultes envers le Président de la République peuvent être encore poursuivies d'une façon spéciale. Mais qui s'aviserait de faire défendre de la même façon ses prédécesseurs?

La violation de sépulture n'en était pas moins chez les Egyptiens un crime réputé plus grave quand il concernait un roi que quand il concernait un particulier. Ainsi que nous le verrons dans un passage que nous aurons bientôt l'occasion de vous citer, le souverain, actuellement régnant, était censé veiller personnellement au maintien des monuments et des fondations de ses prédécesseurs. Cela n'empêchait pas, bien entendu, de nombreux abus de se produire et, vers la fin des derniers Ramessides ou vers le commencement de leurs successeurs les grands prêtres de Thèbes, rien n'était plus fréquent que le pillage de ces tombes des rois, si riches en or, en argent, etc., ou de ces palais et de ces sanctuaires fondés en leur mémoire et qui joignaient à des trésors pécuniaires bien garnis de nombreux revenus en céréales tirés annuellement de leurs domaines, sans compter les étoffes, les riches vêtements, etc. Tout cela était bien séduisant pour de malheureux fellahs mourant de faim et de soif et qui vendaient parfois les plus riches trésors pour un peu de bière, nos procès en font foi. Ajoutons que, le plus ordinairement, ces voleurs grossiers n'étaient pas seuls en cause et que de hauts fonctionnaires, souvent chargés eux-mêmes de la conservation des objets ainsi mis au pillage, trouvaient bonne l'occasion qui leur permettait de grossir leurs revenus par un Panama lucratif.

Aussi les documents relatifs à l'instruction judiciaire de ce genre de délits sont-ils des plus nombreux dans les papyrus égyptiens. Mon cher ami, le Professeur Eisenlohr, de l'Université de Heidelberg, en a dressé la liste dans un petit travail qu'il a lu au congrès de Vienne et, sur ma demande, il a bien voulu me confier la copie qu'il avait faite — un peu hâtivement il est vrai, comme il l'a lui-même remarqué, — de tous ces textes hiératiques pour la plupart entièrement inédits et dont quelques-uns sont actuellement introuvables, soit à cause d'un accident qui les a détruits depuis la copie, comme le grand papyrus Harris n° 1 (qu'il ne faut pas confondre avec le testament de Ramsès III), soit parce que les originaux, un instant confiés à M. Birch, qui les a communiqués à M. Eisenlohr, ont été ensuite rendus à leurs propriétaires, dont la trace a été perdue, comme me l'écrivait récemment le si aimable directeur du British Museum, M. Thompson, à propos des papyrus de Burgh, Vassali, etc. Le même M. Thompson a bien voulu aussi, de son propre mouvement, faire des démarches pour m'obtenir le prêt de plusieurs autres des papyrus actuellement en Angleterre et dont M. Eisenlohr m'avait remis une copie incomplète et trop hâtive d'après son propre témoignage. Ses démarches avaient d'abord paru être couronnées de succès et j'attendais avec une joie infinie ces documents au Louvre quand la direction du Musée de Liverpool s'est ravisée en mettant à son prêt de telles conditions que j'ai dû refuser.

D'une autre part, la photographie était, pensait-on, impossible, vu l'état des papyrus : et le prix qu'on me faisait pour la tenter était véritablement exhorbitant. J'en dirai autant du prix des photographies d'abord demandées par moi pour certains papyrus actuellement au British Museum. Il m'aurait fallu être beaucoup plus riche que je ne suis pour me payer de semblables fantaisies et, puisque ma situation et mes cours me clouent à mon poste, j'ai dû me borner pour le moment à faire photographier un seul des papyrus du Bristish Museum et à me contenter pour le reste des copies de mon cher ami Eisenlohr, auquel je ne saurais trop exprimer ma reconnaissance.

Les papyrus judiciaires relatifs aux vols commis dans les sépultures des rois et dans les monuments consacrés à leur mémoire se divisent en plusieurs procès distincts.

Le papyrus Harris n° 1 de l'an 17 de Ramsès IX, le papyrus Harris n° 498 de l'an 18 de Ramsès IX et le papyrus de Burgh de l'an 2 de Ramsès X se rapportent ainsi à l'or volé dans le sanctuaire funéraire de Ramsès III.

Le papyrus Vassali dont les premières dates, fort nettes pour le souverain régnant, qui est Ramsès IX, le sont peu pour les chiffres d'années dans la copie que nous en possédons et dont la dernière date se réfère à l'an 17, concerne les vols commis au préjudice du roi défunt Ramsès II, ainsi que les deux papyrus Mayer de l'an Ier de Ramsès X.

Le papyrus Amhurst de l'an 13 de Ramsès IX et le papyrus Abboth contenant plusieurs des instructions faites soit en l'an 16 de Ramsès IX, soit en l'an 19 de Ramsès IX répondant à l'an 1 de Ramsès X concernent les vols commis au préjudice du roi défunt Sebekemsaf de la XIIIe dynastie.

Enfin d'autres documents datés également de Ramsès IX ou de Ramsès X et parmi lesquels je citerai le papyrus Harris 499, etc., tout en ayant aussi pour objet les vols faits dans les demeures funéraires des rois sont plus difficiles à classer parce qu'ils se rapportent à des constatations et à des interrogatoires sur des délits commis dans des lieux moins précisément spécifiés. — Sans doute ce ne sont que des actions secondaires de procès dont les premiers comptes rendus plus explicites nous manquent.

Il faut remarquer en effet que, dans tous les documents énumérés ici par nous, si nous possédons certains jugements de détail relatifs à la mise ou non en accusation de certaines personnes et à l'acquittement isolé de certains prévenus, nous n'avons pas cependant un seul procès complet, une seule affaire dont nous puissions constater la terminaison définitive, comme dans le jugement de haute trahison précédemment examiné par nous. Cela tient à ce que l'on n'a pas trouvé les régistres même du greffe, mais seulement des *membra disjecta* de la procédure et des dossiers, par exemple les expéditions faites pour certaines expertises et pour certains procès-verbaux des questions exercées sur les malheureux accusés qu'on avait confiés aux tourmenteurs.

Ce sont précisément ces procès-verbaux des interrogatoires des accusés qui nous ont fait complètement défaut dans les papyrus Lee, Rollin et de Turin — probablement à cause du secret que nécessitait le crime de haute trahison. Il y a donc à ce point de vue divergence complète entre notre première affaire, dont l'instruction détaillée nous manque, et celles que nous allons étudier et dont nous ne possédons justement que cette instruction préliminaire.

Une autre différence, fort importante, parce qu'elle se rapporte à la manière même dont on comprenait, d'une façon générale, la mise en accusation des criminels, est aussi à remarquer entre nos deux groupes de documents.

Dans le procès de *lèse-majesté* instruit sous Ramsès III les femmes sont systématiquement écartées de la prévention et nous avons vu que cette mesure avait été prise, non seulement par rapport aux reines et aux femmes du harem qui avaient été les principales instigatrices de toute la conspiration, mais par rapport aux femmes qui avaient été leurs complices en dehors même du harem et qui, par conséquent, n'étaient pas couvertes pas l'immunité qui aurait pu s'appliquer aux épouses et aux filles des rois, en un mot aux membres de la famille royale appartenant au sexe féminin.

Sous Ramsès IX et sous Ramsès X, au contraire, on voit des femmes être arrêtées, amenées devant les juges et même soumises à une question atroce dans les tourments.

A quoi tient une manière si différente de comprendre les choses?

Est-ce au tribunal qui avait à juger : et les cours d'exception auraient-elles été à ce point de vue beaucoup plus humaines que les tribunaux ordinaires ? Cela paraît bien peu probable.

Est-ce au contraire à une question de date ? Entre Ramsès III et Ramsès IX y aurait-il eu, à ce point de vue, un changement complet dans la législation : et les nouvelles lois, beaucoup plus sévères pour les femmes, se seraient-elles maintenues jusqu'à l'époque classique de la législation analysée par Diodore de Sicile alors qu'on se bornait à attendre l'accouchement des femmes enceintes condamnées à mort?

C'est ce dont je vous laisse les juges. Pour moi, il me suffit de constater le fait, fait absolument indéniable.

En ce qui touche les formes de procédure, je vous en ai déjà suffisamment parlé pour n'avoir pas besoin de m'y appesantir beaucoup.

Le tribunal ordinaire des crimes et délits était, je vous l'ai dit, celui du *Dja*, préfet de la ville et du prétoire, assisté d'un conseil, comme cela se pratiquait aussi à Rome.

Le procureur du roi figure toujours en dernier lieu dans ce conseil, ainsi que, nous l'avons déja remarqué, il figurait en dernier lieu après les juges de la magistrature assise de la Cour spéciale, dans le procès de haute trahison. C'est certainement lui qui remplit également alors le rôle de la magistrature debout, qui dirige l'instruction et fait les réquisitoires, plusieurs documents le prouvent expressément. Aussi le papyrus Harris 499 lui attribue-t-il, dans son titre même, l'examen des grands criminels (*Smetre n na Xeriu aau*) et ne fait-il même pas figurer dans cet entête le préfet de la ville *Dja,* bien que la suite du même document nous montre le *dja* faisant lui-même souvent les interrogations aux prévenus.

Toutes les fois du reste que ces interrogations sont faites par le *Dja* on a soin de le dire. Quand elles sont faites par le procureur du roi on écrit ordinairement dans les diverses procès verbaux : « Il lui fut dit (au prévenu) telle et telle chose ».

Dans le papyrus Harris 498 après ce titre : « examen ou interrogatoire (*smetre*) des voleurs » il est dit de la sorte expressément que le *Dja* fit comparaître tel ou tel prévenu et lui adressa en personne la parole. Il en est de même dans le papyrus Vassali portant qu'après l'accusation intentée devant lui par l'épistate de la partie occidentale de Thèbes contre les ouvriers de la nécropole, le *Dja* fit saisir lui-même les coupables ayant encore entre les mains l'or et l'argent qu'ils avaient volés dans la bonne demeure et dont on indique soigneusement la part attribuée à chacun.

Le titre du papyrus Harris n° 1 est, de son côté, ainsi conçu, immédiatement après le protocole : « copie des paroles ou dires des voleurs qui ont été trouvés volant dans la bonne demeure, voleurs dont le *Dja* Xaemuas et le premier prophète d'Amon Amenhotep firent l'examen judiciaire. Cette (copie des dires des voleurs) a été remise par écrit — pour la punition qu'Amon doit en tirer — entre les mains du chef (*ha*) ou maire de la nécropole, portant le titre de Pauraa, du scribe de la nécropole Ounnefer, du chef ouvrier Ouserxopes du scribe Ka — du portier du *xer* Choummes ».

Vient après cela le détail des déclarations de chacun des voleurs indiquant leurs complices et la somme reçue par chacun.

Dans ces deux documents nous voyons le *ha* ou épistate ou maire de l'occident de la ville jouer un rôle tout particulier, absolument parallèle à celui que nous lui voyons jouer dans le papyrus Abboth dont nous aurons bientôt à vous parler. Ce n'est pas lui qui fait les réquisitoires et l'instruction. Mais c'est à lui qu'on confie l'examen détaillé des prisonniers et c'est lui qui souvent les a d'abord accusés. Dans le papyrus Abboth il dispute cette fonction au maire de Thèbes, qui s'était vanté de cette prérogative d'accusateur comme lui appartenant en propre ; et en effet une liste de voleurs, postérieure en date et qui est donnée par le même document, lui est formellement attribuée.

Il ne serait pas impossible qu'il en soit ainsi dans le papyrus Mayer, dont nous n'avons malheureusement qu'une copie peu nette, et que ce soit là le titre que porte, à deux reprises, l'accusateur de certains prévenus, titre que mon ancien élève Spiegelberg a deux fois aussi traduit bien audacieusement par « préfet de police ».

Tout ce que nous pouvons dire, c'est que, dans le papyrus Abboth, celui qui en était revêtu, en conflit d'attributions avec le maire de Thèbes, était en même temps chef des Madjau ou de la gendarmerie, archiphylacite, aurait-on dit à l'époque Ptolémaïque. C'est à l'archiphylacite également qu'à ce moment on s'adressait pour dénoncer certains vols, le papyrus grec contenant la plainte du choachyte Osoroer en fait foi. Mais encore maintenant, dans les cas de flagrant délit analogues, ne s'adresse-t-on pas directement à la gendarmerie pour sévir contre les coupables et n'est-ce pas aussi à la gendarmerie qu'appartient souvent le vrai mérite des accusations officiellement faites par le parquet ?

La seule chose qu'on puisse se demander — et cela en vain — c'est pourquoi l'épistote de la rive occidentale du Nil et de la nécropole était en même temps à Thèbes l'archiphylacite chargé de la police, parfois de l'accusation, et presque toujours de l'arrestation et de la garde des prévenus. Mais peut-être, après tout, cette fonction ne lui était-elle confiée que sur cette rive occidentale de Thèbes, dont il était l'épistate, et pour des délits commis dans ce quartier, qui était celui de la nécropole et des monuments funéraires récemment pillés. Les articles 9 et 11 du Code d'instruction criminelle ne confient-ils pas aux maires des fonctions analogues de police judiciaire ?

Revenons-en maintenant aux autres membres de la Cour criminelle dont le *Dja*, préfet de la ville et du prétoire, était le chef.

En laissant de côté le procureur du roi représentant la magistrature debout, le conseil, complétant avec le *Dja* la magistrature assise, se compose foncièrement de deux assesseurs. Tout est donc réglé par l'axiome romain qu'il faut trois personnes pour faire un conseil ou un collège — axiome qui a passé jusque dans le droit religieux ou ritualistique des chrétiens exigeant trois personnes pour composer un chœur.

Dans le droit de notre Code d'instruction criminelle, au contraire, le président de la Cour d'assise ou celui de la Cour spéciale, doit avoir quatre juges pour assesseurs.

En ce qui concerne la composition normale de la cour du *Dja*, nous citerons, à titre d'exemple, celle que nous donne le papyrus Abboth :

1° Le préfet de la ville et *Dja* Xaemuas.

2° Le royal officier Nesamen.

3° Le royal officier Ranofrekaempaamen.

Le tout sans compter le procureur du roi indiqué, comme dans le papyrus de Turin, après les juges proprements dits.

Dans le papyrus Mayer on trouve de même :

1° Le préfet de la ville *Dja* Ramanebnextu.

2° L'intendant du trésor et du grenier Ramenmanext.

3° Le royal officier Inua — toujours avant le procureur du roi Mériamen.

Dans le papyrus de Burgh, la composition du tribunal est identique à celle que nous avait donnée le papyrus Mayer, sauf que le document, relatif à une poursuite intentée par initiative privée, ne fait figurer que les juges de la magistrature assise, ayant seule voix délibérative dans le jugement à intervenir et omet de nommer à ce titre le procureur du roi qui n'a pas fait les réquisitions[1].

Le procureur du roi Mériamen joue, au contraire, le rôle principal, nous l'avons dit, dans le papyrus Harris, 499 parce qu'il s'agit alors, suivant le titre, d'un *smetre-n-na xerui-aau*, c'est-à-dire d'un examen judiciaire préalable des criminels, examen destiné à cette instruction de la cause à laquelle présidait le procureur du roi, dans le droit égyptien aussi bien que dans le système du Code civil.

Il faut en effet bien distinguer :

1° Les séances solennelles de la cour, séances dans lesquelles seules un jugement propre-

---

[1] Voir ce que nous avons dit à propos de l'*actio sacramenti*, dans une des notes de notre première leçon.

ment dit, sur tout ou partie d'un procès, pouvait être rendu, et pour lesquelles le préfet de la ville, *Dja*, devait siéger avec son conseil — ainsi que le prescrit le droit romain — et ne pouvait rien décider sans lui.

2° Les séances préparatoires tenues pour l'instruction de l'affaire, soit par le procureur — nous en avons cité déjà un exemple — soit par le *Dja*, agissant provisionnellement en matière criminelle, comme le font en matière civile et en *référé* les présidents actuels de nos tribunaux — nous pourrions en citer aussi de nombreux exemples dans le papyrus Harris 498, dans le papyrus Vassali, dans le papyrus Harris n° 1, etc. Notons du reste qu'en cela le droit égyptien se rapproche singulièrement du nôtre, qui, d'une part, charge le procureur de faire toutes les instructions nécessaires et d'en dresser procès-verbal (art. 33 et suiv.) et, d'une autre part, impose au président d'assises[1] le devoir de visiter les prisonniers (article 611) en lui reconnaissant le droit « de donner tous les ordres qui devront être exécutés dans les maisons d'arrêt et de justice et qu'il croira nécessaires, soit pour l'instruction, soit pour le jugement (article 613). Les articles 268 et 269 disaient de même : « Le président est investi d'un pouvoir discrétionnaire, en vertu duquel il pourra prendre sur lui tout ce qu'il croira utile pour découvrir la vérité : et la loi charge son honneur et sa conscience d'employer tous ses efforts pour en favoriser la manifestation. Il pourra dans le cours des débats appeler même par mandat d'amener et entendre toutes personnes, ou se faire apporter toutes nouvelles pièces, etc. »

Tout cela est continuellement pratique dans nos procès datés des Ramessides.

Dans le papyrus Harris n° 1 recto, dont nous vous avons déjà cité l'entête, on voit même le *Dja* se faire assister d'un haut personnage ordinairement étranger à son tribunal, c'est-à-dire de ce premier prophète d'Amon, dont les successeurs remplaceront bientôt le roi en s'emparant eux-mêmes du pouvoir suprême.

A quel titre ce premier prophète d'Amon figure-t-il ici comme assistant le *Dja*, président de la cour criminelle, dans une de ses séances privées?

Serait-ce en sa qualité de président du tribunal civil, particulièrement compétent dans ces questions d'argent? Serait-ce en vertu du principe romain qui, sous l'empire, permettait à un honorable quelconque, c'est-à-dire à un personnage revêtu ou ayant été revêtu de hautes fonctions — comme par exemple à quelque chef de bureau ayant reçu à la retraite le titre de *comes* — de venir prendre part aux délibérations du *praeses* de la province en s'assoyant sans façon à son tribunal? Les deux solutions sont possibles. Mais on peut aussi songer à une autre interprétation, que semble nous fournir le *verso* du premier papyrus.

Dans ce verso, en effet, il est dit que c'est le premier prophète qui fit lui-même la vérification, le *smetre* des sommes : — 300 outen d'or et 89 outen d'argent, en tout 389 outen — dérobées dans ces lieux funéraires, qui, chez les Egyptiens et chez les Romains, empruntaient à cette circonstance un caractère sacré.

N'était-ce pas au premier prophète, à la tête de tout le sacerdoce et de tout le droit sacré, qu'il appartenait plus qu'à tout autre de faire lui-même l'examen de ce qui avait été pris à son

[1] Il donne au juge d'instruction le même droit ou le même devoir. Mais le juge d'instruction, que le procureur désigne et met en exercice, n'est, quoique *juge assis*, qu'une émanation de ce procureur, qui, en droit égyptien, en avait aussi toutes les fonctions.

préjudice? Pourquoi donc s'étonner de ce que, dès avant cette constatation finale, il se soit joint au *Dja* en qualité d'intéressé pour recevoir en détail les aveux et les renseignements pécuniaires des coupables?

Le même motif de compétence spéciale, bien qu'à un degré fort inférieur, fit que certains aveux de même nature furent aussi recueillis par les scribes chargés en Egypte de la comptabilité et qu'on pourrait, à ce point de vue, comparer à nos experts en écriture commerciale. C'est ce que nous voyons par exemple à plusieurs reprises dans le papyrus Vassali.

En effet, après avoir indiqué l'arrestation, déjà décrite par nous, des voleurs pris en flagrant délit, arrestation ordonnée par le *Dja*, sur la dénonciation de l'épistate de la partie occidentale de Thèbes, le papyrus Vassali ne se borne pas à nous énumérer longuement les parts proportionnelles dont chaque voleur avait été trouvé détenteur, mais il en vient immédiatement, après cette première séance, à une séance postérieure privée, dans laquelle les scribes Thotmès et Chonsumès prennent possession (*shep*) de l'or, de l'argent, de l'airain et des vêtements volés, séance toute de comptabilité, avec les chiffres soigneusement indiqués. Puis plus loin vient un autre compte-rendu rédigé par un autre scribe, le scribe des soldats Ka... et portant cette fois sur les maisons de Thèbes dans lesquelles on avait fait perquisition. C'est seulement après cela que le *Dja* Xaemuas intervient encore pour présider à de nouveaux comptes d'argent : et le procès se poursuit ainsi, toujours entremêlé d'expertises, de séances judiciaires non publiques, d'interrogatoires des prévenus par la question, etc., — tout cela pour préparer l'audience solennelle que nous n'avons pas et dans laquelle on devait définitivement juger toute l'affaire.

Ce que nous venons de dire d'ailleurs des expertises en matière d'argent, conduites par les scribes, agents comptables, préparant sous ce rapport le travail du *Dja* est également vrai pour les expertises en matière de police, conduites par les chefs de *madjau* ou gendarmes, et par leurs hommes — toujours pour éclairer la conscience du *Dja*.

Le papyrus Abboth est sous ce rapport très intéressant à consulter; car tout entier relatif à la querelle de compétence soulevée entre l'épistote de Thèbes et l'épistote de la nécropole, il est rempli par des constatations et par des expertises ayant pour but de montrer qui, *in facto*, avait raison de ces deux fonctionnaires. Or, dans le fait, il s'agissait de voir s'il était vrai que les tombeaux royaux signalés par l'épistote de la ville avaient bien été violés, comme il le prétendait : et l'on avait naturellement confié, non pas aux scribes, mais aux gendarmes l'examen de ces questions d'effraction, pour lesquelles ils étaient plus spécialement compétents. Non moins naturellement aussi le *Dja* donna malheureusement raison à ces experts, qui, cependant, dans l'espèce, l'avaient trompé pour complaire à un de leurs chefs.

Mais je m'aperçois, Messieurs, que j'anticipe beaucoup trop sur l'étude détaillée de nos divers procès, étude qui devra remplir les séances suivantes.

Ce que j'ai dit suffit d'ailleurs pour vous faire bien apprécier la méthode de constatations scrupuleuses qui présidait en Egypte à tout le droit criminel.

Cette morale admirable, qui, dans la vallée du Nil, prescrit à l'homme la charité la plus générale et la plus relevée envers le prochain, ne défendait-elle pas en effet de lui faire tort de quelque manière que ce soit, même dans l'exercice de la justice? La vérité, la vérité absolue devait toujours décider de tout, puisque c'était à la déesse vérité que, selon Diodore de Sicile, les juges avaient à jurer obéissance avant de remplir leurs fonctions augustes.

SIXIÈME LEÇON

Messieurs,

Le procès en violation des sépultures royales dont nous avons à nous occuper aujourd'hui et qui, pour nous servir d'une expression moderne, a rempli tant de *rôles*, non pas de papier timbré mais de papyrus, débute par une déposition actuellement très fragmentée du papyrus Amhurst.

Quand je dis qu'il débute par cette déposition, je me réfère seulement aux pièces subsistantes ; car évidemment le voleur qui s'accuse ici lui-même, ainsi que ses complices, n'a pas dû le faire pour son simple plaisir personnel. S'il le fait, c'est qu'il y a eu pour lui nécessité ou intérêt à le faire. Je croirais plutôt pour ma part à une nécessité, telle que celle qui résulte, soit d'une imprudence commise, soit de quelque chose d'analogue à cette dénonciation précise avec preuves à l'appui que nous a conservées le papyrus Salt, n° 124.

Dans le papyrus Salt, dont je vous ai déjà parlé en passant et sur lequel j'aurai à revenir longuement, un plaignant contemporain du roi Menephta signale à la fois des brigandages commis à son préjudice, et des brigandages commis au préjudice du roi par un seul et même coupable qui, pendant longtemps, avait acheté ses juges pour éviter les poursuites. Ce coquin fut-il alors arrêté ? Nous l'ignorons. Mais, s'il le fut, on le soumit probablement à une cruelle question du genre de celle qui arracha sans doute à notre voleur contemporain de Ramsès IX les aveux judiciaires que voici :

« Il dit : A volé celui que je t'ai dit, le *neter xerti* (ζωγλυφος sacré) — qui était avec moi... et avec ce *neter xerti* volait aussi Hapiur, fils de Ptah, l'employé du temple d'Amon qui était sous la direction du 1er prophète. Il pénétra dans la demeure du roi Ra Sekhem Sebekemsaf et pilla cette demeure le 15 du mois de... de l'an XIII du Pharaon à vie éternelle (Ramsès IX) avec un certain nombre de compagnons qui faisaient un avec lui et parmi lesquels étaient aussi Setnext, fils de Pen (hau)...

Ici une page entière nous manque.

Evidemment dans cette page, comme dans les autres interrogatoires qui nous sont parvenus, il devait être fait mention de la question appliquée à plusieurs reprises à l'accusé pour le rendre plus explicite. Une nouvelle page mieux conservée du papyrus Amhurst nous amène, en effet, à un récit mieux détaillé du crime en question, c'est-à-dire du pillage de la tombe du roi

Sebekemsaf de la 13e dynastie auquel se réfèrent également les papyrus Amhurst et Abboth. Birch et Chabas qui avaient négligé les premiers fragments ont, en somme, très bien compris le nouveau passage, que nous avons cependant soigneusement revu :

« Nous nous sommes introduits dans le tombeau du roi Sebekemsaf et de la royale épouse la reine Nubxaas sa femme, par l'endroit de son couloir. Ce lieu était protégé et garni par de la maçonnerie et couvert de dalles. Nous le démolîmes dans le fait et nous les trouvâmes (le roi et la reine) reposant semblablement. Nous ouvrîmes leurs caisses extérieures et leurs cercueils dans lesquels ils étaient. Nous trouvâmes la momie auguste du roi qui était près de son *Xopèsh*. Il y avait un grand nombre d'*ut'a* et d'ornements d'or à son cou. Sa tête était couverte d'un masque d'or travaillé et la momie vénérable du roi était revêtue d'or en son entier. Toutes les enveloppes funéraires qui la couvraient étaient garnies d'or et d'argent à l'intérieur et à l'extérieur et revêtues de pierres précieuses. Nous enlevâmes l'or que nous trouvâmes dans la momie vénérable du dieu ainsi que dans ses *ut'a,* dans les ornements qui étaient à son cou et aux cercueils dans lesquels il reposait.

« Ayant aussi trouvé la royale épouse, nous enlevâmes également tout ce que nous trouvâmes sur elle et nous mîmes le feu à leurs cercueils en enlevant leur mobilier funéraire qui était avec eux et qui consistait en vases d'or, d'argent et de bronze. Nous les partageâmes entre nous et nous divisâmes en 8 parts l'or que nous avions trouvé sur le dieu, sur leurs momies (du roi et de la reine) leurs *ut'a*, leurs ornements et leurs cercueils. »

Ici encore nous manque une page complétant sans doute le récit circoustancié du vol. Mais à cet instant les juges intervinrent de nouveau pour demander à l'accusé une liste plus complète de ses complices dont il n'avait, dans sa première déclaration, indiqué que quelques-uns. Ces deux listes se complètent d'ailleurs l'une l'autre ; car sur les 8 coupables co-partageants, la première partie de l'interrogatoire nous avait révélé deux noms qui ont disparu dans la seconde liste par suite de la lacune qui nous en a enlevé le commencement. Ces 2 noms étaient : Hapiur, fils de Ptah, et Setuext, fils de Penhau. Un nom (que nous retrouverons plus loin) nous manque encore ici pour compléter le nombre de 8 : car voici les 5 derniers :

4° « Nextpehhapi, fils de..... du temple d'Amonrasonter, sous la direction du 1er prophète.

5° « L'ouvrier Aarunamea, fils du chef des voyantes Nesisamen, du temple d'Amonrasonter.

6° « Le fermier Amenemheb, du temple d'Aménapi, qui administre sa (ferme) avec les gens d'Amenapi sous la direction du 1er prophète d'Amon.

7° « Le choachyte Khaemuas, de la chapelle du roi Ramen Xeperu (Thoutmès IV) à lui vie, santé, force : sous la direction du 1er prophète d'Amon.

8° « Le soldat Nefer, fils de Nexouemmet, qui est sous la direction de Tanuro, l'esclave nègre du 1er prophète d'Amon.

« Total des hommes qui ont été dans la pyramide du dieu : 8 hommes.

On le questionna (*smetre*) par la torture du *bat'ana* et en comprimant ses pieds et ses mains. Ses paroles furent semblables.

« Le préfet de la ville *dja* Xaemnas, le royal officier Nessiamen, le scribe du Pharaon firent prendre les voleurs devant eux (et les enmener) à l'occident de la ville.

« En l'an XVI, le... les voleurs posèrent la main sur la pyramide du dieu dont ils avaient osé toucher le mobilier funéraire.

« On fit leur examen (*smetre*). Leur affaire fut mise par écrit et il en fut référé devant le Pharaon à lui vie, santé, force ! — par le *dja*, le royal officier, procureur (du roi) l'épistote de la ville. »

J'ai laissé en blanc le mois et le quantième suivant la notation de l'an XVI, mois et quantième que Birch et Chabas avaient cru devoir restituer par la date du 19 athyr. Pour cela j'ai eu deux raisons : 1° dans le fac-simile même que Chabas a consulté, ce mois et ce quantième ne sont indiqués que par un pointillé comme pour toutes les restitutions ; 2° cette date du 19 athyr est celle que nous trouvons dans le papyrus Abboth pour deux séances tenues par le même *dja* et ses assesseurs pour une toute autre partie du procès paraissant notablement postérieure à celle-ci — comme du reste tout le contenu du papyrus Abboth. Le 18 athyr de l'an XVI, d'après ce même papyrus Abboth, lors de la vérification générale des tombes royales que le *dja* fit faire, on a bien constaté une fois de plus que la tombe du roi Sebekemsaf et de la reine Nubxas avait été violée tandis que d'autres tombes étaient trouvées intactes. Mais c'était de ces autres tombes dont on s'occupait surtout en ce moment, parce que 2 d'entre elles avaient été signalées par un des 4 voleurs pris sur le fait, que le *dja* précédent, Ranebmauext, avait fait arrêter en l'an XIV (c'est-à-dire l'année suivant cet an XIII, qui, selon notre papyrus Amhurst, fut la date de la violation du tombeau de Sebekemsaf). C'est précisément dans une des séances tenues par le *dja* Xaemuas, le 19 athyr de l'an XVI, que l'on rappela toutes ces choses, ainsi que les constatations infructueuses dont nous parlons.

Il faut donc nécessairement admettre que l'instruction contenue dans le papyrus Amhurst a notablement précédé celle qui est contenue dans le papyrus Abboth. Dans le papyrus Amhurst, on faisait l'examen direct du sacrilège commis contre Sebekemsaf qui n'est plus rappelé qu'en passant par le papyrus Abboth.

Dans le papyrus Abboth, au contraire, on examinait, le 18 et le 19 athyr de l'an XVI, les autres tombes que le voleur Paixar, arrêté en l'an XIV, devait avoir violées et dont il n'était encore nullement question dans le papyrus Amhurst.

Mais reprenons la suite de notre examen de ce dernier document.

Cet examen sera court, car nous en sommes restés à une forte lacune du texte, lacune après laquelle nous ne trouvons plus que quelques mots.

Il s'agit alors d'une récapitulation des hommes arrêtés. Ces hommes ne sont plus au nombre de 8, comme dans la déposition que nous venons de lire, mais au nombre de 4 seulement. Nous voyons, en effet, après la grande lacune d'une ou deux pages, les mots :

« Hommes 3 et voleur des mobiliers, homme 1 : total : 4 voleurs de la pyramide du dieu, qui lors de son effraction avaient été remis en présence du 1er propriétaire d'Amonrasonter pour les faire emmener et les faire mettre parmi les hommes gardés dans les *Sha aaro* du temple d'Amonrasonter : lesquels parlèrent avec leurs compagnons du vol et dont leur seigneur — à lui vie ! santé ! force ! — fit décider leur correction (*séba*) :

« 1° L'ouvrier Setnext, fils de Penhau, du sanctuaire de Rausermameriamen dans la demeure d'Amon, sous la direction du 1er prophète d'Amonrasonter.

« 2° Le scribe Nesiamen, du sanctuaire de Rausermameriamen dans le temple d'Amon. »

La suite nous fait défaut.

Le 1er des personnages ici nommés, Setnext, fils de Penhau, avait été déjà désigné dans la première déposition du voleur. Mais on n'avait pas encore entendu parler jusqu'ici de Nesiamen, le scribe du sanctuaire du roi Rausermameriamen. S'agirait-il du voleur dont le nom nous manquait jusqu'ici parmi les 8 individus qui se sont partagés les 8 parts, produit du vol ?

Cela paraît assez probable. Mais comme il faut bien admettre que le voleur qui a fait tous les aveux avait aussi reçu sa part et qu'il était, par conséquent, compris parmi les 8 voleurs, et non pas compté en dehors, nous sommes amenés à penser que c'est ce scribe Nesiamen dont le nom nous manquait jusqu'à présent, je le répète, qui a fait les dépositions si graves précédemment reproduites par nous.

S'il faut en croire le dernier paragraphe que nous venons de traduire, 4 des coupables, soit sur un simple soupçon, soit sur une dénonciation précise, avaient été arrêtés au moment de l'effraction du tombeau de Sebekemsaf, c'est-à-dire en l'an XIII. Ils avaient été aussitôt amenés au 1er prophète qui les avait fait enfermer de sa propre autorité dans la prison particulière du temple, en se réservant de les livrer à la justice du roi quand il aurait acquis des preuves suffisantes. Ces preuves lui furent, assez longtemps après, fournies par les prisonniers qu'on avait fait observer dans leurs cachots et qui se trahirent eux-mêmes en causant entre eux. Ce fut alors seulement qu'on les livra au roi, qui ordonna, nous l'avons vu, de les faire corriger (*séba*).

Ce mot *seba* peut laisser place au doute. Dans les papyrus Lee, Rollin et de Turin précédemment étudiés par nous, il désigne la correction ou le châtiment définitif du coupable. Dans un autre document dont nous aurons plus tard à parler, cette correction (*seba*) paraît être un synonyme de la question dans les tourments que nos documents et le papyrus Amhurst lui-même nomment le plus habituellement *smetre* et qui était, dans la vieille Egypte, comme chez nous avant 1789, le grand moyen employé dans l'instruction criminelle.

Nous avons vu que la question exercée sur le scribe Nesiamen avait ainsi abouti à un récit complet de toute cette ténébreuse affaire et à une solution définitive.

Pour nous résumer et quelle que soit l'hypothèse adoptée pour le mot *seba*, le papyrus Amhurst contient donc, actuellement encore : 1° les aveux obtenus par la question de l'accusé Nesiamen ; 2° une sorte de résumé du procès, extrait sans doute de l'acte d'accusation et qui nous apprend l'arrestation de quatre des coupables (sur les six indiqués par l'accusé Nesiamen) et qui sans doute poursuivait par des détails sur les quatre autres (arrêtés ou en fuite), absolument comme nous le voyons dans les réquisitoires du procès de haute trahison. Tout nous fait donc penser qu'à la différence de presque tous les autres papyrus relatifs aux vols commis dans la nécropole, le papyrus Amhurst nous donnait la fin complète de l'action relative de Sebekemsauf, fin exprimée soit par la phrase contenant le mot *seba*, comme dans le papyrus de Turin, soit, si l'on assimile ici *seba* à *smetre* dans le sens de « question », par une phrase postérieure.

Notons, en passant, que, comme dans le procès de lèse-majesté, le procureur du roi, chargé sans doute de toute l'instruction, joue un très grand rôle à côté du *dja* préfet de la ville et dioecète et de son assesseur le royal officier.

Il est temps, maintenant, d'en venir au papyrus Abboth, qui, pour ainsi dire, fait suite au papyrus Amhurst pour l'histoire de notre procès en violation de sépulture. Mais, avant d'entrer dans les détails, il faut d'abord que nous rendions justice complète à la pénétration dont Chabas a également fait preuve pour ce document important, que, seul, il a parfaitement traduit, sauf quelques détails de minime importance. Aussi, ne saurait-on assez s'étonner de voir M. Maspero qui, quelques années après, publiait le même document, ne tenir aucun compte de l'admirable version de Chabas, qu'il ne cite jamais, et nous fournir à sa place une traduction informe, pleine de contre sens grossiers et de véritables non sens. Mais, en voilà assez sur ce sujet. Abordons maintenant l'examen du papyrus même.

Si le papyrus Amhurst se divise en au moins deux sessions distinctes, le papyrus Abboth se divise en trois sessions, sans compter deux appendices, notablement postérieurs, auxquels fait suite directement un long papyrus inédit que nous aurons à vous traduire.

La première session du papyrus Abboth est consacrée entièrement à des expertises. Elle débute ainsi :

« L'an 16, le 18 athyr, sous la majesté du roi du sud et du nord, seigneur des deux régions Neferkarasetepnra, fils du Soleil, seigneur du diadème Ramessoùmerramen, l'aimé d'Amonrasonter et d'Harmachis qui donne la vie pour l'éternité.

« Ce jour là furent mandés les agents du grand Xer, le scribe du *dja*, le scribe du préfet du trésor du Pharaon, aux monuments et aux chapelles funéraires des rois anciens ainsi qu'aux tombes et aux lieux de repos des *hesi* (des morts distingués et divinisés) à l'occident de la ville, par le préfet de la ville *dja* Xaemuss, par le royal officier Nesamen, scribe du Pharaon, à qui vie, santé, force ! par le majordome du palais de la divine adoratrice d'Amonra, roi des dieux, et par le royal officier Raneferkaempaamen, procureur du roi, pour examiner les dégâts commis par les voleurs à l'occident de la ville, dégâts au sujet desquels l'epistate (*ha*), chef (*her*) des Madjaou (ou gendarmes) *Pauraa* du Xer grand et vénérable de la nécropole des millions d'années du roi à l'occident de Thèbes a fait rapport au *dja* et aux magistrats officiers du Pharaon. »

Ce titre, assez long et alambiqué, est cependant très clair.

Le *dja*, assisté de ses deux assesseurs et du procureur représentant la magistrature debout — comme cela avait lieu dans toutes les séances solennelles — convoque les *agents* du *Xer* ou de la nécropole, avec son propre scribe et le scribe du trésor, pour examiner les tombeaux au sujet desquels le chef de la gendarmerie, epistate du Xer, remplissant le rôle d'accusateur, lui avait fait un rapport.

Vient ensuite la liste des agents du Xer, des gendarmes et des scribes en question, auxquels on avait joint, paraît-il, deux prophètes :

« Fonctionnaires envoyés ce jour là :

1° L'épistate (*ha*), chef (*her*) des Madjaou (ou gendarmes) commandant *Pauraa* du Xer.

2° Le chef (her) des Madjaou Bokurnufo, dépendant du palais.

3° Le chef des Madjaou Mentuxepèsf, dépendant du palais.

4° Le chef des Madjaou *un tel* du Xer.

5° Le chef des Madjaou *un tel* du palais.

6° Le chef des Madjaou *un tel* du palais.

7° Le chef des Madjaou *un tel* du temple d'Amon.

8° Le chef des Madjaou Mentuxepèsf du palais.

9° Le scribe du *dja* Paiabok.

10° Le grand scribe du magasin Paianeferu, dépendant du préfet du trésor.

11° Le prophète Paanxau, du temple du roi Amenophis.

12° Le prophète du temple d'Amon Saramen, qui est préposé au cellier des vins.

13° Les Madjaou (ou gendarmes) du Xer qui les accompagnaient. »

Cette liste offre surtout une particularité intéressante, c'est qu'elle assimile aux *retu* ou agents royaux, sur lesquels nous nous sommes longuement étendus à propos du papyrus de Turin, ces chefs (*hiru*) des Madjaou qui étaient à la tête de la force armée.

Est-ce à dire que les *retu* ou agents étaient toujours et partout des gendarmes ? Ce que nous avons dit précédemment suffit à prouver le contraire. Il est certain que, du temps de Touthmès III, comme du temps de Ramsès III, comme dans des temps bien postérieurs aux derniers des Ramessides, les *agents* en question n'avaient, d'ordinaire, rien de commun avec les archiphylacites. Ils étaient, le plus souvent, avec ces derniers dans les mêmes rapports où se trouvent encore actuellement les percepteurs et administrateurs du domaine avec les brigadiers de gendarmerie. Ils pouvaient les requérir, sans doute, en cas de besoin, mais ils ne se confondaient point avec eux.

D'où vient donc que les archiphylacites sont appelés dans le titre *agents du Xer* ?

Il me semble qu'on peut expliquer la chose en disant que, pour l'administration spéciale du Xer, on procédait, sous Ramsès IX, et Ramsès X, de la même façon qu'on procédait encore naguère pour certains districts éloignés d'Algérie. Les chefs de bureaux arabes étaient en effet des officiers auxquels on confiait l'administration civile et militaire du pays entourant leur fort, comme aux *castellani* du bas empire. Evidemment, l'administration supérieure de la nécropole ne devait pas être très laborieuse, puisque presque tous les subordonnés de ces administrateurs étaient des morts, dont les biens funéraires étaient régis, soit par des choachytes, soit, s'il s'agissait de rois, par des prêtres spéciaux, comme ce prophète du roi Amenhotep que nous voyons figurer dans notre liste même. C'était donc du dehors, c'est-à-dire des voleurs, que pouvaient venir surtout les tracas des *retu* du *Xer* : et c'est pour cela qu'on avait confié cette charge à des officiers (*hiru*) de gendarmerie, à la tête desquels était placé l'épistate (*ha*) du *xer* (appelé ailleurs épistate de l'occident de la ville) chef (*her*) des Madjaou, *Pauraa*, ou commandant supérieur du *Xer*.

Notons, d'ailleurs, que tous ces *hiru* de Madjaou, qui sont nommés dans notre liste, n'avaient pas leurs cantonnements ordinaires dans le *Xer*. Un seul y demeurait avec l'épistate du *Xer*. Tous les autres, qui peut-être n'étaient ici *retu* ou agents que par occasion, avaient leur service dans le palais du roi. Mais ils étaient alors accompagnés des *Madjaou* ou gendarmes qui avaient réellement le *Xer* pour garnison. Il est très probable qu'on avait voulu obtenir ainsi une impartialité plus grande, en ne pas donnant, parmi les experts, la majorité aux officiers résidant dans la nécropole qu'il s'agissait de visiter. Nous avons déjà dit que, sans doute pour la même raison, on avait adjoint à ces officiers le scribe du *dja* et le scribe de l'intendant du trésor, ainsi que deux prophètes représentant, pour ainsi dire, l'élément civil dans cette commission mixte.

Après ces détails consacrés aux experts, notre papyrus en vient aux résultats de l'expertise provoquée ainsi par le chef de la gendarmerie devenu, en quelque sorte, à la fois juge et partie par suite de ses fonctions d'accusateur plaignant et de président de la commission d'examen.

Le titre de cette seconde partie est ainsi conçu :

« Pyramides, syringes et tombeaux vérifiés en ce jour par les agents (*retu*). »

Le premier des monuments que visita la commission fut naturellement celui du roi Amenophis auquel présidait un des membres de la commission, « le prophète Paanxau, du temple du roi Amenophis. » Ce prophète avait été fort ému par le rapport de l'épistate (*ha*) de la ville prétendant que le tombeau royal dont il avait la garde et qui touchait à son sanctuaire, l'Amenopheium, avait été violé. Aussi, fut-il heureux de constater que ce bruit était mensonger. Voici comment notre texte s'exprime à ce sujet :

« L'horizon éternel du roi Serka, fils de soleil Amenhotep — à lui vie ! santé ! force ! — qui fait 120 coudées de profondeur dans sa chambre principale et dont le long προαυλιον qui en dépend est au nord du jardin de l'Amenopheium — duquel l'épistate (*ha*) Pasar de la ville avait dit son rapport au préfet de la ville, *dja* Xaemuas, au royal officier, Nesiamen, scribe du Pharaon, au majordome du palais de la divine adoratrice d'Amon, roi des dieux, au royal officier Raneferkaempaamen, procureur du roi — à qui vie, santé, force ! — les grands magistrats, en disant : « l'ont violé les voleurs. »

« Ce monument fut vérifié en ce jour et les agents le trouvèrent intact. »

Dans ce paragraphe il faut surtout remarquer un point capital. L'épistate (*ha*) qui a fait le rapport (*sma*) trouvé mensonger n'est point l'épistate (*ha*) qui, dès le début de notre papyrus, prend, par son rapport (*sma*), adressé aux mêmes magistrats l'initiative du procès dont nous allons rendre compte. Il y a en effet un conflit de juridictions fort curieux.

Thèbes, tout le monde le sait, occupait les deux rives du fleuve. Sur la rive orientale était placée la ville proprement dite, avec les sanctuaires de Louxor et de Karnak. Sur la rive occidentale et dans le nome Pathyrite le quartier du *xer* ou de la nécropole, avec le Ramesseum, le temple de Djème ou Medinet abu, le sanctuaire et le colosse encore subsistant d'Aménophis ou Memnon. A ces deux divisions géographiques répondaient deux divisions administratives, avec deux *praesides* différents : 1° l'épistate (*ha*) ou maire de la ville ; 2° l'épistate (*ha*) ou maire de l'occident de la ville et par conséquent aussi du *xer* ou de la nécropole. Ces deux épistates étaient d'ailleurs sous les ordres directs du préfet de la ville (*mer nut*) et *dja* dioecète ou préfet du prétoire auxquels ils adressaient leurs rapports.

Or, ces deux épistates ou maires, — dont le titre et le rôle se retrouvent en dessous du stratège ou de l'archistratège de Thébaïde (comme d'ailleurs ceux des épistates de bourgades) dans les papyrus grecs d'époque ptolémaïque et qui souvent alors jugeaient en premier ressort, avec leur propre conseil, certaines affaires dont la juridiction supérieure pouvait toujours connaître après cela, — ces deux épistates, dis-je, étaient souvent en rivalité.

Celui de la ville de Thèbes croyait avoir le pas sur celui de l'occident de la ville, qu'il considérait comme son subordonné. Dans l'affaire en question, il avait donc appelé à sa barre ceux qu'on soupçonnait de vol et il avait fait en conséquence rapport au *dja*. De son côté, le préfet de l'occident de la ville, considérant que le délit avait été commis dans son ressort, avait protesté contre cette ingérence et avait fait aussi au *dja* un rapport contradictoire.

Au fond, tout le papyrus Abboth a surtout pour objet cet incident judiciaire qui s'était greffé sur le procès principal.

L'incident avait du reste d'autant plus sa raison d'être que, dans le papyrus Amhurst relatif à l'affaire du sacrilège commis contre le tombeau de Sebekemsauf, l'épistate de la ville est indiqué formellement après le *dja*, le royal officier et le procureur du roi, comme étant un des magistrats auxquels le premier prophète d'Amon avait fait remettre les accusés, emprisonnés par lui, et le dossier contenant les pièces relatives à leurs aveux dans la prison.

La chose se comprend à merveille, puisque le premier prophète, résidant dans la ville, devait nécessairement s'adresser à l'épistate ou maire de la ville plutôt qu'à l'épistateou, maire du quartier des faubourgs. Mais le maire de la ville, une fois saisi de l'affaire, sur laquelle il avait dû nécessairement faire rapport au *dja*, avait assez naturellement pensé qu'il lui appartenait aussi d'en examiner tous les développements : et il avait procédé à des interrogatoires dans la juridiction même de son collègue, qu'il regardait d'ailleurs, nous l'avons dit, comme son subordonné.

L'épistate de l'occident de la ville ou du *Xer* avait aussitôt réclamé vivement et avait pris, de son côté, l'initiative judiciaire, en adressant, nous l'avons indiqué aussi, en même temps que l'épistate de la ville, son rapport au *dja*.

Celui-ci donna tout d'abord, en principe et au seul point de vue administratif, raison à l'épistate du *Xer* ; car dès le début de notre papyrus, il est dit, d'une part, que c'est sur le rapport de ce fonctionnaire que la cour présidée par le *dja* envoya des *agents* pour faire les expertises dans le *Xer*, et, d'une autre part, qu'elle le désigna comme président de cette commission d'examen, en n'y faisant pas même figurer en qualité de membre l'épistate de la ville.

Cependant, au point de vue du fait, c'est-à-dire du détail des mises en accusation proposées par chacun d'eux, il s'agissait de savoir lequel des deux épistates avait raison : et c'est à cela que tendaient les expertises, aussi bien que les séances de la cour qui en furent la conséquence.

En ce qui touche le tombeau du roi Aménophis, les experts ou agents, parmi lesquels siégeait le prophète du sanctuaire d'Aménophis, *trouvèrent* — pour me servir du terme consacré — que l'épistate de la ville s'était trompé, puisque ce tombeau était parfaitement intact.

Il restait maintenant à voir ce qu'il en était pour les autres sépultures royales, en poursuivant géographiquement l'examen à partir du sanctuaire et du colosse d'Aménophis ou Memnon qui en avait été le point de départ.

Le texte continue :

« La pyramide du roi Seraanaa (Antef) qui est au nord de la plateforme du temple d'Aménophis. Cette pyramide est endommagée (ou ruinée) sur la face vis-à-vis de laquelle est sa stèle avec l'image du roi placée sur la stèle et ayant son chien nommé Behuka entre ses pieds.

« Vérifiée en ce jour elle fut trouvée sauve ».

Comme le rappelle assez justement ici M. Maspero — et c'est peut-être la seule notion utile et personnelle de son travail — « la découverte de la stèle du roi Antuw a prouvé d'une façon péremptoire que l'animal placé entre les jambes de la figure était un chien », — ainsi du reste, notons-le, que l'avait dit Chabas — « et non un chat », comme l'avait d'abord pensé Birch. Quant au cercueil même du roi Antef, vous pouvez encore l'admirer au Musée du Louvre et par conséquent il n'a pas été brûlé par les voleurs, comme celui de Sebekemsauf. Tout nous prouve donc que les experts avaient raison dans une certaine limite en dépit des apparences et de l'état de démolition d'une des façades du monument. Il en était de même selon eux pour les tombes voisines de deux autre autres Antef, pour piller lesquelles les voleurs auraient fait d'inutiles efforts :

« La pyramide du roi Ranoubxeper, fils du soleil, Antef. On la trouva en voie de percement par les voleurs, qui avaient fait des brèches de deux coudées et demie dans son couloir extérieur et d'une coudée sur la salle extérieure du tombeau (voisin) du chef des transports du temple d'Amon Auroi, tombeau qui est en ruines. Lui (le tombeau du roi Antef) est sauf. Les voleurs n'ont pu y parvenir.

« La pyramide du roi Sekhemraemapuma fils du soleil Antefaa. Elle fut trouvée en voie de percement par les voleurs dans la place où était établie sa stèle. Sa pyramide vérifiée en ce jour fut trouvée sauve. Les voleurs n'avaient pu y pénétrer ».

On en arriva enfin au monument du roi Sebekemsauf sur la violation duquel les voleurs avaient précédemment donné des détails si précis. Avec la meilleure volonté du monde on ne pouvait pas la trouver intacte, comme — peut être un peu bénévolement — on l'avait fait pour tous les autres monuments royaux, plus ou moins endommagés par les voleurs — et cela même quand le couloir extérieur percé dans l'intérieur des murs[1] avait eu, nous l'avons vu pour le tombeau d'un des Antéf, une brèche de 4 coudées et demie, très suffisante pour laisser passer un homme et tout à fait comparable à la brèche du couloir extérieur par laquelle, selon leur propre témoignage, étaient pénétrés les sacrilèges dans la sépulture de Sebekemsauf.

Voici ce qui concerne l'expertise de ce dernier monument :

« La pyramide du roi Sekhemraeri shet toui, fils du soleil Sobekemsauf. On trouva que l'avaient violée les voleurs par travail de *Kherti* (ζωγλυφος ou tailleur de pierre) dans la bonne demeure de sa pyramide, par l'intermédiaire de la salle extérieure du tombeau (voisin) de Nebament, l'intendant des greniers de Toutmès III. La place d'ensevelissement du roi fut trouvée vide de son maître, ainsi que la place d'ensevelissement de la reine Noubxas, sa femme (nous avons vu en effet précédemment que les voleurs avaient brûlé même leurs cercueils). Les voleurs portèrent violemment leurs mains sur eux — violences qu'avait examinées et constatées le *dja* et les magistrats officiers royaux comme bien réellement effectuées par les voleurs ».

Toute cette dernière incise n'est qu'une parenthèse se rapportant à un fait antérieur ; car, — le titre et tout l'ensemble de notre document actuel nous le prouvent — les experts avaient été envoyés par les magistrats, mais non accompagnés par eux. Les magistrats eux-mêmes n'intervinrent dans cette affaire après cet envoi que quand les experts leur eurent présenté un rapport complet sur l'état actuel des lieux.

Ajoutons que ce rapport, toujours négatif au sujet de toute violence vraiment effective exercée par les sépultures royales — en dehors de la seule exception du tombeau de Sebekemsauf — est, à partir de ce point de plus en plus abrégé :

« La pyramide du roi Raskenen, fils du soleil Tauaa (le premier roi qui osa se mesurer avec les Hyksos et dont on a depuis peu découvert à Deirelbahari la momie, portant les traces évidentes de sa mort sanglante dans une dernière bataille). Les agents la vérifièrent en ce jour : elle fut trouvée intacte.

« La pyramide du roi Raskenen, fils du soleil Tauaa, le 2e roi nommé Tauaa. Les agents la vérifièrent en ce jour. Elle fut trouvée intacte.

« La pyramide du roi Rant'xeper, fils du soleil Kames (l'un des successeurs immédiats des deux Tauaa). Vérifiée en ce jour, elle fut trouvée intacte.

« La pyramide du roi Ahmessipairi (gendre et successeur de Kamès). Vérifiée, trouvée intacte.

« La pyramide du roi Ranebxeru, fils du soleil Mentuhotep (XIe dynastie) qui est dans la région Ser — elle est intacte.

[1] Voir à ce sujet une bonne note de Chabas dans sa publication du papyrus Amhurst.

« Total des pyramides des rois anciens que vérifièrent en ce jour les agents :

« Trouvées intactes, 9 pyramides ;

« Trouvée violée, une ;

« Total 10 ».

Nous le verrons, ce rapport était aussi contraire que possible à celui de l'épistate de la ville, qui devait — un peu trop violemment peut-être — protester contre son contenu en l'arguant de faux ou du moins en prétendant que les auteurs avaient sciemment évité d'examiner toutes les tombes suspectes, toutes celles, où, d'après les dépositions qu'il avait recueillies, de notables dommages avaient été faits. Suffisait-il de constater une seule erreur commise par lui, prétendait-on, au sujet de tombeau d'Amenophis, et de visiter un certain nombre de monuments trillés avec soin pour prétendre qu'il en avait menti et qu'en dehors de ce que les coupables avaient avoué pour Sebekemsauf aucun dégât n'avait été commis dans les tombes royales ? Evidemment non ! et nous verrons bientôt que la suite des procès dont les rôles nous sont parvenus et qui remplirent les années suivantes lui donnèrent raison.

Mais je m'aperçois que j'anticipe beaucoup trop sur la suite des événements et j'en reviens à notre expertise actuelle.

Il était difficile d'être parti en chasse pour revenir absolument bredouille, — si l'on me permet de me servir de l'expression actuelle de nos Nimrod modernes. — En laissant de côté les pyramides royales, qu'on déclarait absolument intactes, il fallait trouver quelque chose : et c'est ce qu'eut bien soin de faire faire l'épistate de l'occident ou du *Xer*.

De là, dans le rapport qu'il fit avec ses associés, une seconde partie, d'aspect toujours impartial, mais dans laquelle on constaterait les vols commis au détriment de personnes tout à fait étrangères aux familles royales :

« Les tombeaux (*merhau* copte *mhau* — mot employé pour les gens ordinaires et tout différent des mots *smer*, pyramide, employé pour les rois et les reines) les tombeaux des chanteurs de la maison de la divine adoratrice d'Amonra, roi des dieux :

« Trouvés intacts, 2 ;

« Trouvés violés par les voleurs, 2 ;

« Total, 4.

« Les tombeaux (*merhau*) et les syringes, ou chapelles funéraires (*asiu*) dans lesquels les *hesiu* (c'est-à-dire les bienheureux de rang distingué, comme le prouve l'inscription sémitique de Carpentras, rapprochée des papyrus bilingues démotico-grecs qui les opposent aux hommes d'Egypte ou du commun) tant pleureuses (au service du temple) qu'habitants de la ville ou gens du pays, reposant à l'occident de la ville :

« Les ont tous violés les voleurs, qui ont recherché leurs maîtres dans leurs cercueils et leurs coffres, les laissant dans la poussière et prenant leurs biens mobiliers qu'on leur avait donnés, ainsi que l'or, l'argent et les ornements qui étaient dans leurs cercueils. »

Evidemment ce rapport est une œuvre de parti ; car, si les documents entre nos mains ne nous permettent pas d'admettre que ces tombes royales aient été toutes (moins une) épargnées par suite d'une providence spéciale du pharaon dieu — ainsi que nous verrons bientôt qu'on le prétendait, — si, à ce point de vue, les dires de l'épistate de la ville sont remarquablement plus exacts que ceux du préfet de la nécropole et de ses associés, — en revanche, le simple bon sens suffit pour nous prévenir qu'en laissant de côté 4 tombes appartenant à l'aristocratie sacerdotale des chanteuses de la divine adoratrice dont deux seulement auraient été violées, toutes les tombes sans exception des habitants de Thèbes ne peuvent pas avoir été également violées.

Evidemment tout ceci est une affirmation de cabinet, qui n'a rien de commun avec la constatation sérieuse des choses.

Mais ce qu'il s'agissait avant tout d'obtenir c'était le rejet pur et simple du rapport du préfet de la ville, qu'on remplacerait ensuite, si le besoin s'en faisait absolument sentir, par un rapport également terrible — ce qui, nous le verrons, se produisit.

Tout était donc ici question de personnes et cette lutte entre deux fonctionnaires remplira toute la fin du papyrus Abboth, que nous étudierons dans la prochaine leçon. Donnons seulement, avant de finir celle-ci, le *desinit* du rapport, *desinit* ainsi conçu ;

« Direnl l'*épistate* (*ha*) chef (*hir*) des Madjau, *pauraa* (ou commandant supérieur) du *Xer*, les chefs(*hiru*) des *Madjau* les simples Madjau agents du Xer, ainsi que le scribe du *dja*, le scribe de l'intendant du trésor, qui étaient avec eux, rapport de ces choses au préfet de la ville, *dja*, au royal officier Nessuamen, scribe (ou secrétaire) du Pharaon, à l'intendant du palais de la divine adoratrice d'Amonra roi des dieux, au royal officier Raneferkaempaamen, procureur du roi, les grands magistrats.

« L'épistate, chef des Madjan, *pauraa* du *Xer* donna aussi par écrit les noms des voleurs par devant le *dja*. Les officiers magistrats s'en emparèrent, les mirent en prison, les firent questionner et ils dirent ce qu'il en était ».

Ce sont toujours les mêmes procédés d'affirmation sans preuve ; car, en réalité, si le papyrus Abboth contient une liste de voleurs dressée par l'épistate du *Xer* ou de l'occident de Thèbes, cette liste est datée de deux ans plus tard, c'est-à-dire du 2 de thot de l'an XVIII. Encore cette première liste n'est-elle pas adressée au *dja*, mais au roi, et la liste définitive envoyée, selon l'ordre régulier, au *dja*, n'est-elle que du 25 thot du même an XVIII.

Si donc l'épistate de l'occident « a dit rapport », pour nous servir de ses expressions mêmes, au *dja* non seulement sur l'objet spécial de son expertise, mais sur les noms des voleurs, le 18 athyr de l'an XVI, ce rapport devait être un rapport verbal très en l'air et non, comme il le prétend, un rapport écrit, dont nous trouverions quelque trace.

Pour moi, j'aurais grande tendance à croire que le paragraphe relatif aux noms des voleurs, à leur arrestation et à leurs témoignages a été ajouté après coup dans quelque blanc du papyrus laissé d'abord après la phrase de clôture véritable : « Direnl l'épistate chef des Madjau, *pauraa* du *Xer*, les chefs des Madjau les simples Madjau, agents du *Xer* ; ainsi que le scribe du *dja*, le scribe de l'intendant du trésor, rapport de ces choses au *dja*, au royal officier Nessuamen, secrétaire du Pharaon, à l'intendant du palais de la divine adoratrice d'Amonra, roi des dieux, au royal officier Raneferkaempaamen, procureur du roi, les grands magistrats.

Tout le reste paraît être un faux en écriture publique.

SEPTIÈME LEÇON

MESSIEURS,

Immédiatement après l'expertise, faite sur les lieux par ordre des magistrats et ayant pour but de constater les violations des sépultures royales qui avaient été réellement produites, on en vient dans notre procès à une expertise d'un autre genre, faite cette fois sur les personnes.

En effet, en supprimant la question, par une raison d'humanité facile à comprendre, on a réellement perdu un des moyens les plus efficaces pour éclairer la justice. Je ne veux pas dire qu'en laissant même de côté les nécessités de la philanthropie, ce moyen n'ait pas eu souvent de graves inconvénients. Quand il s'agissait, par exemple, d'obtenir d'un accusé l'aveu d'un crime par un simple *oui*, ce *oui* pouvait facilement lui être arraché par l'angoisse des tortures, sans qu'en réalité le crime ait été le moins du monde commis par lui. Ainsi, très souvent, ces prétendus aveux étaient-ils rétractés immédiatement après. Je citerai, par exemple, le procès des Templiers, dont le grand Maître, qui avait d'abord confessé son prétendu crime, mourut ensuite d'une façon si héroïque en protestant de son innocence et en assignant ses juges — le roi et le pape — à 40 jours devant le tribunal de Dieu, — près duquel ils comparurent, en effet, au terme fixé.

Les faits de ce genre sont continuels dans les annales de la justice. Notre immortelle Jeanne d'Arc elle-même eut, en cas pareil, ses moments de faiblesse : et il n'est pas un homme — si saint et si grand qu'il soit : — qui ne puisse, à un moment donné, succomber à cet excès de souffrance torturant l'âme en même temps que le corps.

Mais, justement, par cette raison même, à cause de cette quasi-infaillibilité de la douleur sur le cœur de l'homme dont elle sait ordinairement tout arracher — il est certain que la question obtenait souvent du coupable certains détails précis qu'on n'aurait pu avoir autrement. C'est donc à une véritable expertise qu'on avait affaire dans les interrogatoires par les supplices, tandis que rien de pareil n'existe maintenant dans les interrogatoires ordinaires des criminels.

En effet, l'aveu d'un crime n'est pas, de soi, chose agréable et, quand il se complique par la perspective peu rassurante du dernier supplice, on comprend à merveille comment le culte de la vérité pure — en dépit de tous les serments du monde — subit bien des atteintes et comment le coupable nie presque toujours.

Les très nombreux procès-verbaux détaillés relatifs à des criminels soumis à la question que nous venons d'étudier dans des papyrus inédits nous montrent en effet qu'avant cette épreuve du sang — même après avoir prêté, comme c'est la règle à cette époque, les serments les plus redoutables, sous les sanctions les plus terribles — l'accusé commence par dire qu'il n'a rien vu et n'entre dans la voie des aveux, plus ou moins complets, qu'après l'application du *batána*, du *manini* et des autres supplices égyptiens.

A la différence du papyrus Amhurst, concernant la même affaire, le papyrus Abboth ne nous donne aucun de ces procès-verbaux détaillés de questions. Mais, dans le paragraphe que nous allons traduire et commenter en premier lieu, il se réfère à un de ces procès-verbaux, dont il analyse seulement les principaux résultats, pour nous permettre de bien saisir la suite générale de l'incident judiciaire qu'il veut surtout mettre en lumière.

Ainsi que nous vous l'avons dit déjà, Messieurs, le papyrus Abboth a trait, non pas au fond même du procès de violation de sépulture, c'est-à-dire à la punition des voleurs, mais à la question de savoir si c'est l'épistate ou maire de la ville, ou l'épistate ou maire du *Xer* qui a raison dans le rapport que chacun d'eux a fait au *dja*.

Evidemment le préfet de la ville avait invoqué dans le sien, au moins en passant, l'instruction faite au sujet d'un forgeron du temple qu'on avait arrêté deux ans auparavant. Ce qu'il importe donc d'examiner d'abord à nouveau c'est ce point spécial, pour voir si ici encore, comme on a pu le constater par l'état des lieux précédents, l'épistate de la ville s'est trompé ou a menti, ainsi que le prétend l'épistate du *Xer*.

Laissons maintenant la parole au scribe de notre document, c'est-à-dire au greffier de la Cour.

On remarquera que ce document est daté du même jour que le précédent, jour, où, selon l'entête, on était allé déjà vérifier les tombes royales.

« L'an 16, 19 athyr, jour où on alla pour vérifier les grandes tombes des enfants royaux, des femmes royales, des mères royales qui sont dans la bonne demeure, (vérification ordonnée) par le préfet de la ville et *dja* Xaemuas et le royal officier Nessuamen, scribe du Pharaon.

« Après que leur eut parlé le forgeron Paixar, fils de Xarai, dont la mère est Maisherau[1], de l'occident de la ville, homme de peine du sanctuaire de Rauserma Meriamen (Ramsès III), dans la demeure d'Amon, qui est sous la direction du premier prophète d'Amon ra sonter Amenhotep, — homme qui fut trouvé sur les lieux et qu'on saisit, qui avait été — parmi trois hommes de ce sanctuaire — auprès de ces tombeaux et que le préfet de la ville *dja* Ranebmanextu avait fait examiner par la question (*smetre*) en l'an 14.

« Après donc qu'il leur eut parlé (à Xaemuas et à Nessuamen) en disant : « J'ai été dans le *Xer* de la reine Isis, l'épouse du roi Rauserma Meriamen (Ramsès III). J'en emportai quelques objets. J'en fis mon affaire, » — alors le *dja* et le royal officier firent prendre ce forgeron et le firent conduire devant eux aux grandes demeures, encapuchonné comme un homme gardé étroitement. »

Cette phrase, très longue et un peu embarrassée, est cependant fort claire. Il s'agit d'un accusé qui avait été déjà en l'an 14 saisi en flagrant délit avec 2 compagnons — appartenant

[1] La petite chatte.

comme lui au Ramesséum — au moment où il pillait une des tombes royales, dépendant de ce même Ramesséum.

Le préfet de la ville *dja* qui était alors en fonctions et qui s'appelait Ramaneb nextu (la force du roi Ramaneb) avait alors fait subir à ce misérable la question dans les tourments et il en avait obtenu certains aveux. Mais l'épistate ou maire de la ville prétendait maintenant, paraît-il, que ces aveux n'étaient point complets. Les magistrats de l'an XVI, c'est-à-dire le nouveau *dja* Xaemuas, assisté de son premier assesseur Nessuamen, voulurent aussitôt s'assurer par eux mêmes de la chose. Ils firent donc comparaître devant eux le forgeron du temple en question et celui-ci ne fit aucune difficulté de reconnaître ce qu'il avait déjà avoué deux ans auparavant — mais rien de plus. Il dit donc qu'il était bien entré dans le monument d'Isis, femme de Ramsès III, — ce qui aurait été pour lui difficile à nier, puisqu'on l'y avait saisi avec ses deux compagnons — et que là il avait pris certains objets dont il avait fait son profit. Ce fut là tout ce qu'on put obtenir de lui.

En conséquence, on l'avait saisi, on l'avait ligoté, comme on avait l'habitude de le faire pour les hommes qu'on conduisait sous bonne garde, et les magistrats l'avaient mené devant eux à la nécropole.

Le texte continue :

« On lui rendit son œil (on lui ôta les bandeaux qui couvraient ses yeux) lorsqu'il fut parvenu à ces demeures et les magistrats lui dirent : « Va devant nous vers le *Xer* dont a parlé ta bouche en disant : « J'en ai emporté des objets ».

Le forgeron alla devant les magistrats vers un *Xer* qui servait de dépôt pour les enfants royaux de Rausermasetepenra (Ramsès II), le dieu grand, lieu dans lequel il n'y avait plus de sépulture et qu'on avait laissé ouvert, ainsi que vers la maison de l'ouvrier Ameneman, fils de Hui, du *Xer*, qui était en cette place, en disant : « Voyez les places dans lesquelles j'ai été. »

Voilà une affirmation bien précise. Le forgeron, usant sans doute des moyens spéciaux que les serruriers ont encore en leur pouvoir, a forcé les lieux susdits, mais il n'en a forcé nul autre.

On peut bien se demander comment la momie de la reine Isis, femme de Ramsès III, se trouvait dans un *Xer* servant de dépôt aux enfants du roi bien antérieur Ramsès II. On peut se demander aussi si la maison (*at* = ηι) de l'ouvrier du *Xer* Ameneman est une maison habitée actuellement par cet ouvrier encore vivant, maison qui aurait touché au *Xer* contenant Isis, ou si cette maison était une tombe de particulier touchant à une tombe royale, comme la précédente expertise nous a montré le tombeau du particulier Nebament, préfet des greniers de Thoutmès III (18e dynastie) touchant au tombeau du roi Sebekemsaf de la 13e dynastie.

Mais tous ces doutes — que n'avaient point les contemporains — ont, même pour nous, peu d'importance. Ce qui en a seulement c'est le témoignage de cet homme prétendant n'avoir violé que ces deux lieux seulement.

Ce témoignage, il fallait du reste en vérifier la justesse : et c'est ce que firent les magistrats, en ayant recours à leur grand procédé : la question judiciaire. Le texte poursuit :

« Les magistrats firent questionner (*smetre*) le forgeron, par une question (*smetre*) rigoureuse dans la grande nécropole même. Ils ne trouvèrent pas qu'il connût de place quelconque à l'exception de ce *Xer* et de cette maison funéraire sur lesquels il avait posé la main. »

A cette constatation d'ailleurs vint bientôt se joindre une revue rapide des tombes royales, tout à fait analogue à celle qu'avaient exécutée les agents des magistrats dans la session précédente, mais qui, cette fois, est faite par les magistrats eux-mêmes :

« Les magistrats, continue le texte, vérifièrent les *Xer* et les grandes demeures qui sont dans la place des très bons (des morts) et dans lesquels reposent les enfants royaux, les femmes royales, les ancêtres royaux, pères et mères excellents du Pharaon, — à lui vie! santé! force! Ils furent trouvés intacts. »

Dans ces conditions il ne restait plus qu'à clore la séance et qu'à renvoyer à la ville les agents du *Xer* et les gendarmes pour avertir la cour de ce qui s'était passé :

« Les grands magistrats firent s'en retourner les agents, les brigadiers et les travailleurs du *Xer*, les chefs des Madjaous, les Madjaous, et tous les employés du *Xer* de l'occident de la ville, comme grands messagers, jusqu'à la ville. »

Alors même qu'on n'admettrait pas — comme nous l'avons fait d'ailleurs — que la séance relative à l'interrogatoire des voleurs du tombeau de Sebekemsauf, que nous a conservé le papyrus Amhurst, ait eu lieu le 19 athyr de cette même année XVI, selon une restitution qui m'a paru appartenir à Chabas — il semble que cette journée du 19 athyr ait dû être suffisamment remplie par les deux premières sessions contenues dans le papyrus Abboth et que nous avons commentées tant dans cette leçon que dans la précédente.

Tout n'était cependant pas encore fini et de nouveaux événements, assez graves, allaient avoir lieu à la fin de cette même journée.

Nous venons de dire que les magistrats avaient envoyé comme messagers à la ville les gendarmes, les agents et les employés du *Xer*. Ce message avait pour but, pensons-nous, de prévenir la cour. Mais il avait aussi pour but de prévenir l'épistate (*ha*) ou maire de la ville dont le rapport avait été ainsi vérifié — peu à son avantage.

Bien entendu, l'épistate (*ha*) ou maire du *Xer* n'avait pas voulu triompher lui-même de son succès. Mais ses subordonnés expédiés par lui avaient des instructions suffisantes pour troubler le repos de son adversaire et porter au *summum* son irritabilité bien connue.

L'agacement qu'on voulait produire fut produit et l'on obtint, sous ce rapport, le résultat désiré. Ecoutons notre document :

« L'an XVI, le 19 athyr. En ce jour, au temps du soir et au lieu du temple de Ptah, seigneur de Thèbes, vinrent (chacun de son côté) le royal officier Nesiamen, scribe du Pharaon — à lui vie, santé! force! et l'épistate (*ha*) Pasar de la ville. Ils trouvèrent (là) le chef ouvrier Usersopès, le scribe Amennextu et l'homme ouvrier Amenhotepu du *Xer*. »

Evidemment, cette coïncidence avait été calculée d'avance. On comprend très bien comment le royal officier Nesiamen, scribe du Pharaon, avait pu donner rendez-vous dans le temple de Ptah au maire de la ville, qu'il avait à tenir au courant d'événements le concernant. Mais on ne voit pas très bien ce que vient faire, à côté de ces hauts personnages officiels, un simple brigadier des gardiens du *Xer*, escorté d'un de ses hommes et d'un scribe du *Xer*. Evidemment ce dernier était chargé de prendre note d'un scandale que les deux premiers devaient produire, — le tout en présence d'un haut fonctionnaire faisant partie du tribunal qui aurait à juger la chose.

On a bien soin, d'ailleurs, de ne pas nous entretenir des paroles acerbes et railleuses qui avaient poussé à bout le pauvre maire. Le procès-verbal, artistement rédigé, commence *ex-abrupto*, après ce court prologue, au moment seulement où sa bile, suffisamment échauffée, lui fait perdre toute mesure.

« Dit l'épistate (*ha*), de la ville aux gens du *Xer*, devant l'officier du Pharaon :

« L'expertise que vous avez faite en ce jour n'est point sincère [1]. Ce sera votre ruine ce que vous avez fait. »

« Voilà ce qu'il dit. »

C'était déjà chose grave, que de traiter de la sorte une expertise officielle, acceptée par la cour du *dja*, dont faisait partie l'officier royal devant lequel il parlait. Mais il ne se borna pas là. Surexcité sans doute par les réponses qu'on lui fit encore (et dont on ne nous transcrit aucune) à cette première sortie, le maire de Thèbes en joignit bientôt une seconde — encore plus violente — et qui contenait d'ailleurs des allégations peut-être difficiles à prouver immédiatement d'une façon authentique — surtout après que le *dja* semblait avoir pris parti et dans le sens contraire — alors même qu'elles auraient été, dans le fond, entièrement vraies.

« Il fit serment, par le Maître, — à lui vie ! santé ! force ! — en présence de l'officier du Pharaon en disant :

« Le scribe Horsherau, fils d'Amennextu, du *Xer* de l'intérieur du Xena [2], m'a dit, ainsi que le scribe Paibasa, du *Xer*, cinq réponses (contenant des) paroles très graves et mortelles pour vous. Or, j'envoie un message à leur sujet devant le Pharaon, mon maître — à lui vie, santé ! force ! — pour qu'il expédie des gens du Pharaon afin de faire votre affaire à vous tous ! »

« Ainsi dit-il. »

C'était là un véritable appel à César. Mais l'appel à César, — excepté peut-être dans le temps où les empereurs romains de race phénicienne, tels que ce Caracalla, appelé encore par les jurisconsultes, longtemps après sa mort, le grand Antonin, examinaient personnellement avec soin, dans leur *prétoire*, toutes les affaires et tous les procès de l'empire — l'appel à César, dis-je, en tout moment et en tout pays, est ordinairement chose fort inutile. Saint Paul lui-même a, en sa qualité de citoyen romain, appelé à César — ce qui lui a procuré le plaisir d'être décapité à Rome. A notre époque, où l'on ne peut, il est vrai, songer à en appeler au chef de l'Etat, puisque celui-ci se désintéresse complètement du gouvernement, en ayant pour unique fonction de nommer les ministres, l'appel au ministre ne produira jamais rien. Ce sera toujours le chef de service — quels que soient ses torts et quelle que soit aussi son intelligence plus ou moins grande — qui aura administrativement raison, jusqu'au jour où il sera remplacé par d'autres.

Mais laissons cette parenthèse — qui n'est point d'ailleurs tout à fait inutile — et revenons-en à la suite de notre affaire.

Cette suite ne se fit pas attendre longtemps. Dès le lendemain même, l'épistate de l'occident de la ville ou maire du *Xer* rédigeait une plainte en règle contre son adversaire le maire de la ville.

Cette plainte, assez modérée dans la forme, paraissait accablante. Les événements de la veille étaient racontés avec une très grande adresse, bien que d'une façon sensiblement différente de celle du premier compte rendu, que le scribe du *Xer*, présent à la dispute, avait écrit le soir de cette dispute.

---

[1] Authentique ou vraie.
[2] Ce mot signifie d'ordinaire *harem*.

Evidemment le maire du *Xer*, prévenu, était allé aux informations. Il avait pensé utile de rédiger un récit plus complet de toute la conversation, avec les demandes et les réponses (au lieu de se borner, ainsi que le scribe, aux exclamations les plus violentes de celui qu'il s'agissait d'accuser). Il avait pensé utile aussi de compléter la liste des personnes présentes qui pouvaient servir de témoins et parmi ces personnes de ne pas oublier, comme on l'avait fait, le scribe de l'intendant du trésor du Pharaon Painet'em qui accompagnait l'officier royal Nesiamen. C'était, lui aussi, un très gros personnage, dont j'ai longuement spécifié le rôle à propos de ses prédécesseurs Ameneman et Kakabu. L'avoir omis paraissait donc une grosse faute, qu'il fallait au plus tôt réparer.

Un autre détail bon à relever, c'est qu'au moment où le maire de la ville s'était laissé emporter par la colère, il aurait dû tenir compte de la politesse qu'avaient eue à son égard l'officier royal Nesiamen et le scribe de l'intendant du trésor Painet'em en venant le trouver pour le prévenir à son domicile. C'est en effet à la porte de sa maison, située près du temple de Ptah et dont il venait de sortir pour aller au devant de cette honorable visite, qu'au mépris de ses hotes il couvrit d'injures les employés du *Xer*.

Quant aux termes mêmes dont il se servit, ils varient beaucoup dans les deux versions du scribe et du maire du *Xer*. Mais le sens en est bien le même et ces variantes importent peu. Donnons ici en son entier la plainte en question, qui ne manque pas d'une certaine éloquence ou du moins d'une certaine vigueur de style :

« L'an 16, le 20 athyr.

« Copie de l'écrit qu'a remis l'épistate de l'occident de la ville, chef des Madjau Pauraa du *Xer*, devant le *dja*, sur les paroles prononcées par l'épistate, Pasar, de la ville aux hommes du *Xer*, devant l'officier du Pharaon (Nesiamen) et le scribe de l'intendant du trésor Painet'em :

« Dit l'épistate Pauraa de l'occident de la ville :

« Il est arrivé que se trouvait auprès du temple de Ptah, seigneur de Thèbes, le royal officier Nesiamen, scribe du Pharaaon, ayant avec lui l'épistate Pasar, de la ville, qui était debout à converser avec les gens du *Xer*.

« L'épistate de la ville disait aux gens du *Xer* à savoir :

« Pourquoi poussez-vous des cris de joie à la porte de ma maison ? C'est moi l'épistate qui dit ses rapports au Souverain ! Allons ! Faites vos réjouissances chez vous ! En le bien vérifiant vous le trouverez intact le tombeau violé du roi Sebekemsauf, et de Nubxas sa femme ! Par l'unique grand souverain !... » ... Et il fit dix jurons « par le jugement de la colère [1] d'Amonra sonter dont les colosses (ou les monuments) reposent (ou demeurent) dans son dromos en ce jour ! »

« Alors l'homme travailleur Userxopès, qui est sous la main (sous les ordres) du chef ouvrier Nextuemmautf, du *Xer*, dit ceci à savoir :

« Tous les rois, ainsi que leurs femmes royales, leurs mères royales, leurs enfants royaux qui reposent dans le *Xer* grand et vénérable avec ceux qui reposent dans cette demeure des très bons

[1] Dans les décrets d'Amon relatifs à des procès sous la 21e dynastie, cette expression *tensmen amonra* « l'appesantissement (de la colère) d'Amonra » ou de « ses esprits » est le châtiment annoncé pour tous ceux qui n'obéiront pas à ses ordres.

sont intacts. Les protègent et les conservent jusqu'à l'éternité les plans excellents de leur fils qui les garde et les examine tous ! »

« L'épistate de la ville dit :

« Tu fais à merveille tes dires. Mais ce n'est point un dire de mince authenticité qu'a dit l'épistate de la ville. »

« Et l'épistate de la ville reitera à parler une seconde fois en disant :

« Le scribe Hor Sherau, fils d'Ameunextu, du *Xer* de l'intérieur du *Xena* est venu au grand hôtel de ville, lieu dans lequel j'étais, et m'a dit trois réponses de paroles très graves qu'ont écrites mon scribe et le scribe des deux régions de la ville. De plus, le scribe Paibasa du *Xer* m'a dit aussi deux autres paroles (deux autres dépositions) : ce qui fait en tout 5. On les a écrites semblablement et relativement à elles il n'y a pas eu de réclamation (des intéréssés). Elles ont authenticité et elles concernent des crimes dignes du billot ou du lit de torture, pour lesquels on doit exercer toute espèce de châtiments ! Or, j'enverrai mon rapport à ce sujet devant le Pharon, mon seigneur, — à qui vie ! santé ! force ! — pour qu'il fasse envoyer des gens du Pharaon afin de faire votre affaire ! »

Voilà ce qu'il leur dit, le maire de la ville. Il fit 10 serments par le maître — à qui vie ! santé ! force ! — en disant : « J'agirai ainsi ».

« Or, — continue après ce récit la plainte de l'épistate du *Xer* — voilà que j'ai appris les paroles qu'a dites l'épistate de la ville aux hommes du *Xer* grand et vénérable des millions d'années du Pharaon qui est à l'occident de Thèbes. J'en viens faire rapport devant mon maître ; car ce serait une honte et un crime pour un homme de ma sorte que d'entendre de telles paroles et de les céler ! Mais je ne puis parvenir aux paroles très graves qu'a dites l'épistate de la ville (— c'est-à-dire à en trouver le bien fondé). Me les ont dites les scribes du *Xer* de l'intérieur qui se tiennent debout parmi les hommes. Est-ce que (c'est moi qui) n'ai pas fait mon pied parvenir a elles ? J'en dis rapport devant mon seigneur. Que mon seigneur fasse apporter tout ce qui lui est parvenu sur les paroles dont a dit l'épistate de la ville : « les scribes du *Xer* me les ont dites. J'en ferai message devant le Pharaon. » C'est ce qu'il a dit. Mais n'est-ce pas une honte pour ces deux scribes du *Xer* que d'être allé trouver, pour lui dire leur rapport, l'épistate de la ville et non point leurs pères (leurs chefs hiérarchiques) ? Ils lui dirent rapport Mais pourquoi plutôt n'avaient-ils pas dit rapport au *dja*, alors qu'il était dans le sud et que lui (l'épistate de la ville), était dans le nord — alors que les Madjaou accompagnaient sa Majesté — à elle vie ! santé ! force ! — se dirigeant vers le *Xer* et naviguant vers le lieu ou était le *dja* ?

« Avec (le rappel formel de) leur mention, dont on a fait témoignage ce 20 athyr de l'an XVI, parmi les paroles qui ont été entendues et qui proviennent de l'épistate de la ville — j'ai remis ces choses par écrit devant mon seigneur, afin qu'il fasse comparaître ceux qui y ont assisté demain matin. »

On le voit, l'épistate du *Xer* ou de la nécropole — qui sur tous les points prend ici l'offensive — termine sa plainte — de plus en plus transformée en rapport officiel — par une véritable mise en accusation des deux scribes du *Xer* invoqués par l'épistate de la ville.

Ces deux scribes, prétendait-il, avaient commis la faute très grave de ne pas suivre l'ordre hiérarchique. Ils auraient pu régulièrement s'adresser à leur chef, l'épistate de la nécropole, ou, tout au plus, au chef de leur chef le *dja*, — s'ils croyaient avoir des motifs suffisants pour se défier de l'impartialité de leur chef et s'ils voulaient agir ainsi contre lui. Mais il n'avaient rien à dire à l'épistate de la ville, qui était complètement étranger à leur administration.

C'était justement là le point litigieux.

L'épistate de la ville prétendait en effet être le maire des deux parties de la ville, — de l'occident et de l'orient — et par conséquent le chef hiérarchique du petit epistate du faubourg occidental de cette même ville. A son avis, rien de ce qui concernait la nécropole de la cité dont il avait l'administration comme maire ne lui était étranger. Il avait donc, très légitimement, croyait-il, fait prendre sur ses registres les cinq dépositions testimoniales qu'avaient déjà recueillies les deux scribes du *Xer* — (comme nous voyons plusieurs scribes du *Xer* en receuillir et en dresser procès-verbal dans les papyrus que nous avons entre les mains) — et il avait chargé son secrétaire particulier et le greffier officiel des deux quartiers de la ville (c'est-à-dire de la rive occidentale et de la rive orientale du Nil) d'en donner acte.

Cette prétention était, en somme, fort admissible, et elle avait été pratiquement admise cette même année par le même *dja* quand il s'était agi, d'après le compte rendu officiel du Papyrus Amhurst, de faire juridiquement examiner et questionner les voleurs du tombeau du roi Sebekemsauf. Nous voyons, en effet, dans ce compte rendu que toutes ces opérations judiciaires furent faites non seulement en présence du *dja*, de son assesseur le royal officier et du procureur du roi, mais aussi en présence de l'épistate de la ville. Cet épistate de la ville paraît donc bien avoir joué alors pour le *Xer* ce rôle d'accusateur que réclame en ce moment l'épistate du *Xer* et dont, dans un passage, nous vous avons signalé la fausseté, passage qui est annexé au procès-verbal de la vérification des tombes royales du papyrus Abboth, il semble avoir voulu s'attribuer après coup le mérite — même pour cette instruction [1] — à laquelle il fut cependant complétement étranger — concernant les voleurs du tombeau du Sebekemsaf.

Quel est donc, au fond, le principal motif qui fît changer, nous le verrons, cette jurisprudence par le *dja* ? Quel est le principal motif — plus ou moins habilement déguisé — qui fait espérer en ce moment à l'épistate du *Xer* ce succès complet ?

Ce motif c'est celui qui a, dit-on, si longtemps retardé chez nous l'arrestation d'Arton. C'est le scandale.

Il n'est pas agréable pour un gouvernement de constater l'état de corruption profonde de ses représentants, de ses agents, et surtout de toute une branche de son administration. Or, le rapport que l'épistate ou maire de la ville voulait envoyer au roi, avec preuves à l'appui, ne tendait à rien moins qu'à cela. Ne valait il pas mieux étouffer l'affaire et, sous prétexte d'un combat de pouvoirs administratifs, déclarer irrecevables les dépositions qu'on apportait ?.

C'est ce que pensa le ministre annuel alors aux affaires, c'est-à-dire le *dja* Xaemuas et c'est ce que l'épistate du *Xer* savait partaitement qu'il pensait.

---

[1] Si donc on admettait pour cette instruction la date du 19 athyr, que nous avons considérée dans le papyrus Amhust comme une restitution de Chabas, si l'on admettait de plus que la note finale du compte rendu de la session relative, dans le papyrus Abboth — à la vérification des tombes n'a pas été ajoutée après coup, mais bien écrite en même temps que le reste, il n'en faudrait pas moins admettre la fausseté de cette allégation de l'épistate du *Xer*. Tout au plus a-t-il pu redonner alors au *dja* une liste identique à celle qu'avait déjà fournie l'épistate de la ville et qui avait été, *ce même jour*, la base des poursuites dont le compte rendu officiel (papyrus Amhurst) avait été accepté par le *dja*. Ainsi s'expliquerait, même sur le papyrus Abboth, l'absence complète de cette prétendue liste.

De là, son audace et sa morgue. De là sa confiance superbe.

Cette confiance est telle que, dans le dernier paragraphe de sa lettre, il semble dicter au *dja* ce qu'il a à faire, non seulement en ce qui concerne la nouvelle session de la cour de justice, mais en ce qui concerne sa date. C'est le lendemain matin même que tout doit être décidé, sans doute pour éviter quelque surprise désagréable causée par les démarches actuelles de l'épistate de la ville auprès du souverain.

Mais évidemment si l'épistate du *Xer* parlait de la sorte et fixait de tels rendez-vous, c'est parce que tout était convenu d'avance avec le *dja*.

En ce qui concerne le fond de l'affaire, la question est bien nettement établie des deux parts.

D'un côté, nous voyons l'épistate de la ville affirmer qu'il avait entre les mains cinq dépositions authentiques très graves qui établissaient la réalité de vols importants commis dans la nécropole royale (en dehors de celui dont le roi Sebekemsaf avait été victime) et qui compromettaient gravement les employés du *Xer*.

D'un autre côté, l'épistate du *Xer*, défendant ses subordonnés, répondait que rien de tout cela ne lui était parvenu et que les deux scribes du *Xer* qui avaient reçu d'abord les cinq dépositions compromettant leurs collègues et les avaient ensuite apportées à l'épistate de la ville avaient mal agi et devaient être poursuivis pour cela.

Ce n'était pas là une réponse nette — bien que suffisante pour les besoins actuels de la politique — et nous devons dire que la suite des événements prouva avec évidence le bien fondé des allégations du maire de la ville. Certains comptes-rendus officiels des sessions judiciaires des années suivantes, c'est-à-dire de l'an 17, de l'an 18, et de l'an 19 de Ramsès IX correspondant à l'an Ier de Ramsès X, de l'an 2 et 3 de Ramsès X, etc., nous apprenons, en effet, que les employés du *Xer* accusés ici par le maire de la ville furent les principaux instigateurs ou auteurs de vols montant à des sommes considérables.

Il est vrai que, si le *dja* Xaemuas, encore en fonctions le 1er mois de la 2e tetraménie de l'an 17, fut obligé alors de reconnaître certains de ces pillages et d'en faire l'instruction, seul avec le 1er prophète d'Amon Amenhotep, qui les lui avait sans doute signalés cette fois, la plupart furent poursuivis par les *dja*, ses successeurs, qui paraissent n'avoir pas eu un parti pris aussi décidé que lui-même.

Pour le moment le *dja* Xaemuas paraît bien résolu à étouffer l'affaire. Nous allons du reste le voir, en assistant à la séance solennelle qu'il présida le lendemain matin de la requête de l'épistate du *Xer*, c'est-à-dire à la date précise que celui-ci avait indiquée d'avance.

Donnons d'abord le protocole :

« L'an 16, le 21 athyr. En ce jour, aux grandes assises (*tau*) de la ville, près des deux stèles de la plate-forme d'Amon, à la porte d'adoration des *rexi*.

« Magistrats qui siègeaient dans les grandes assises ce jour-là :

« Le préfet de la ville *dja* Xaemuas.

« Le 1er prophète d'Amonra sonter Amenhotep.

« Un prophète d'Amonra sonter.

« Le scribe Nessuamen, du sanctuaire des millions d'années du roi Ranofirka setepenra (Ramsès IX, le roi régnant).

« Le royal officier Nessuamen, scribe du Pharaon, à qui vie ! santé ! force !

« Le majordome du palais de la divine adoratrice d'Amonra sonter.

« Le royal officier Ranoferkaempaamen, procureur du Pharaon.

« L'*adon* (lieutenant militaire) Hora, de la cavalerie.

« Le T'*ai seri* Hora, de la marine ».

« L'épistate Pasar, de la ville ».

Nous voyons que la cour ordinaire du *dja*, telle que nous la rencontrons jusque dans les séances solennelles, a été ici doublée.

Cette cour ordinaire se composait : 1° du *dja* ; 2° de ses assesseurs complétant la magistrature assise et qui comprenaient ici, comme dans la 1re session analysée dans le papyrus Abboth, le royal officier Nessuamen, scribe du Pharaon et le majordome du palais de celle qu'on nomme la divine adoratrice (titre entouré du cartouche et que portaient alors les reines, comme d'ailleurs sous la 21e dynastie et sous les dynasties ammoniennes consécutives) ; 3° du procureur du roi Ranoferkaempaamen, représentant la magistrature debout.

Mais ici aux trois magistrats assis de la cour criminelle du *dja*, se joignent trois autres magistrats appartenant à la juridiction religieuse et qui auraient pu, en cette qualité, siéger pour les affaires purement civiles, puisque, — nous vous l'avons dit déjà — c'était aux prêtres seuls qu'il appartenait de juger les procès civils.

La raison de cette adjonction est ici facile à comprendre.

Il ne s'agissait pas seulement en effet de décider une affaire criminelle du genre de celles qui se présentaient d'ordinaire devant le tribunal du *dja* à propos des vols de la nécropole, etc., mais, dans ce procès relatif aux vols de la nécropole, d'examiner un incident tout civil : celui qui avait été soulevé par le conflit entre l'épistate de la ville et l'épistate de la nécropole.

Au fond, le véritable accusé ici c'était le maire de la ville — qu'on faisait cependant figurer par honneur parmi les juges — et c'est pour cela qu'on avait convoqué trois des juges civils : trois prêtres conduits par le plus important d'entre eux, le premier prophète d'Amon Amenhotep, — et aussi deux importants personnages militaires : l'*adon* de la cavalerie et le T'*ai seri* de la marine.

Le parlement était ainsi composé — pour délibérer sur une cause administrative — à peu près comme étaient composés primitivement, dans les grandes causes, nos parlements de l'ancien régime, par des fonctionnaires — ou si l'on préfère des lords — civils, militaires et ecclésiastiques.

Venons-en maintenant à la suite de notre curieux document :

« Voici que le préfet de la ville *dja* Xaemuas fit amener le forgeron Paxar, fils de Xarai, le forgeron Djaroi, fils de Xaemap, le forgeron Pakamen, fils de Djarai, tous trois dépendant du sanctuaire de Rauserma meri amen (Ramsès III) sous la direction du premier prophète ».

Quels sont ces gens là et que viennent-ils faire ici ?

Pour répondre à cette question nous n'avons qu'à nous référer à la seconde séance tenue par les juges, selon le papyrus Abboth, le 19 athyr de l'an 16 et portant :

« Après que leur eut parlé le forgeron Paxar, fils de Xarai, dont la mère est Mai Sherau, de l'occident de la ville, homme de peine du sanctuaire de Ramsès III, dans la demeure d'Amon, sous la direction du 1er prophète, homme qui fut trouvé et qu'on saisit, qui avait été parmi trois hommes de ce sanctuaire auprès de ce tombeau et que le préfet de la ville *dja* Ramanebnextu avait fait examiner par la question en l'an 14, etc. »

Evidemment. le forgeron Paxar, fils de Xarai, et le forgeron Djaroi, fils de Xaemap, et le forgeron Pakamen, fils de Djaroi, qui sont nommés dans notre session actuelle, doivent être identifiés (la chose est certaine pour le premier) avec les trois hommes qui étaient indiqués d'une façon plus abrégée dans la seconde session. Ce sont donc toujours les mêmes gens qu'avait arrêtés son prédécesseur en l'an 14 que fait comparaître en l'an 16 le *dja* Xaemuas — sans tenir aucun compte des développements qu'avait pris l'instruction, grâce au maire de la ville, et par conséquent, ainsi que nous l'avons fait prévoir, en considérant comme irrécevables par vice de forme les témoignages qu'il avait recueillis. De ces témoignages il n'est nullement question. Comme dans l'expertise du 19 athyr on ne veut s'occuper que des vieux prisonniers et ne tenir compte que de leurs assertions — peut-être achetées — pour rejeter d'urgence celles du maire, quelque bien appuyées qu'elles soient.

Continuons notre texte : et d'abord écoutons le discours ministre du *dja* :

« Le *dja* dit aux grands magistrats des grandes assises de la ville :

« L'épistate de la ville a dit quelques paroles aux agents et aux hommes travailleurs du *Xer*, en l'an 16, le 19 athyr, en présence du royal officier Nessuamen, scribe du Pharaon. Il a laissé aller sa bouche au sujet des lieux grands qui sont dans la demeure des très bons. Or j'étais là, moi, en qualité du *dja* de la terre (entière), avec le royal officier Nessuamen, scribe du Pharaon. Nous avons vérifié les demeures au sujet desquelles l'épistate de la ville a dit qu'y étaient parvenus les forgerons du temple de Ramsès III dans la demeure d'Amon. Nous les avons trouvées intactes. On a trouvé que tout était mensonge dans tout son dire. Or voyez ! les forgerons sont là debout devant vous. Qu'ils disent ce qu'il en est ! »

Que son Excellence Monseigneur le Ministre Xaemuas veuille bien nous excuser ! Mais ce qu'il nous dit là n'est point exact.

Et d'abord, si ce jour-là il est bien vrai qu'il siégeait avec son assesseur l'officier royal Nessuamen, s'il est vrai qu'ils ont fait vérifier les tombes royales, il n'est pas vrai qu'ils les aient vérifiées eux-mêmes. Cette vérification, qui eut lieu par leurs ordres et dont nous avons le procès-verbal, fut effectuée par les employés du *Xer* dont on nous a donné la liste — et à Dieu ne plaise que nous laissions aux magistrats eux-mêmes la responsabilité de cette expertise très sommaire et un peu fantaisiste !

En second lieu, jamais, dans les documents qui nous sont parvenus et qui émanent cependant des adversaires du maire de la ville, de ceux-là même qu'il avait si rudement menacés, jamais, dis-je, cet épistate dans son algarade du 19 athyr, n'avait nommé les forgerons du sanctuaire de Ramsès III, quand il parlait des cinq dépositions qu'il avait reçues au sujet des vols commis dans le *Xer*.

La bonne foi la plus élémentaire aurait donc exigé qu'on lut devant la cour les dépositions en question, au lieu de se contenter d'assertions vagues et inexactes.

On eut bien soin de ne pas le faire : et, pour donner aux conclusions fixées d'avance un semblant de vraisemblance, on se borna à faire parler les forgerons du sanctuaire de Ramsès III, afin d'en arriver à déclarer que le maire avait menti.

« Ils parlèrent, continue le texte, et les hommes (les juges) ne trouvèrent point qu'ils connaissaient de place quelconque dans la nécropole du Pharaon, places au sujet desquelles l'épistate (de la ville) avait dit ces paroles. Celui-ci avait donc été dans le faux sur cela. Ces grands magistrats donnèrent leurs souffles (accordèrent leurs vies) aux forgerons du sanctuaire de Ramsès III. Ils furent remis au 1er prophète d'Amonrasonter en ce jour, et on écrivit pour eux leur sentence, qui fut délivrée dans le palais du *dja* ».

Ainsi se termina cette affaire, sans que l'épistate de la ville, présent parmi les juges, fut même interrogé, et sans que — bien entendu — il osât protester, à cause des accidents graves qui auraient certainement résulté pour lui de cette nouvelle audace,

L'avenir se réservait du reste de le justifier à bref délai et de donner tort à son adversaire l'épistate du *Xer*.

Mais celui-ci était un homme habile, qui savait se plier à toutes les circonstances. Il sut aussi bien, quand l'autorité le voulut, donner tout son concours aux mesures de rigueur, sous les *dja* rigoureux, qu'il avait su prêter son concours aux mesures de pacification sous l'opportuniste Xaemuas.

Le principal pour lui, c'était de faire ressortir en toutes choses son importance. C'est ce que nous voyons dans le papyrus Abboth (rédigé certainement par ses soins ou sous son influence), papyrus qui se termine par une double liste de criminels — dont beaucoup appartenaient au *Xer* — et qui sont désignés par lui à la vindicte publique pour les vols qu'ils avaient commis dans la nécropole

Cette liste — datée de l'an Ier de Ramsès X correspondent à l'an 19 de Ramsès IX — est-il est vrai, postérieure de trois ans au corps même du papyrus Abboth, c'est-à-dire aux sessions de l'an 16, et quand l'épistate du *Xer* la rédigeait il y avait longtemps que les poursuites avaient été reprises — nous l'avons dit déjà.

Mais qu'importait aussi ce détail? En définitive, l'épistate du *Xer* était arrivé à ses fins. Pour la rive occidentale du fleuve, tout au moins, il était bien chargé de la police. C'était là l'essentiel : et, après bien des changements de bords, il s'acquittait aussi bien de son nouveau rôle que Foucher, l'ancien conventionnel devenu successivement ministre de la police de Napoléon Ier et de Louis XVIII.

Ceci n'est point une pure supposition ; car nous venons de traduire un papyrus inédit qui fait suite directe à cette liste du papyrus Abboth et qui prouve les bons résultats de cette mise en accusation.

La plupart des coupables désignés dans la liste ont été, en effet, soumis à la question et ont fait des aveux complets. Rien de plus intéressant que la manière dont ils ont raconté leurs vols.

Mais ceci nous entraînerait trop loin du sujet immédiat de la leçon actuelle et nous remettrons à la prochaine leçon tous les détails — fort longs du reste.

HUITIÈME LEÇON

Messieurs,

Dans la dernière leçon, je vous ai annoncé que je vous donnerais aujourd'hui le post-scriptum du papyrus Abboth, si je puis m'exprimer ainsi. Il est temps d'accomplir ma promesse.

Et cependant je dois vous dire que, par ce plan, je ne suis pas l'ordre purement chronologique. En effet, le corps même du papyrus Abboth est daté de l'an 16 de Ramsès IX, et le post-scriptum dont il s'agit se réfère à l'an 19 de Ramsès IX correspondant à l'an Ier de Ramsès X. Or, dans l'intervalle, il y avait eu, contre les voleurs du quartier de la nécropole, d'autres poursuites judiciaires, que nous ont conservées certains papyrus inédits. Je citerai : 1° le papyrus Harris n° 1 qui est daté de l'an 17 de Ramsès IX, c'est-à-dire de l'année qui a suivi celle dans laquelle se sont passés les événements que je vous ai racontés; 2° le papyrus Harris 498, qui est daté de l'année qui suivit encore, c'est-à-dire de l'an 18. Mais ces deux documents, ainsi du reste, que le papyrus de Burgh, daté de l'an 12, de Ramsès X, concernent surtout une affaire particulière, celle des vols de l'or de Ramsès III, pour nous servir de l'expression même des textes, or qui paraît avoir été en très grande partie volé dans le trésor du Ramesseum, et non dans des tombes. C'est au contraire bien à des vols commis dans des tombes royales que nous avons affaire, d'une part, dans le papyrus Vassali daté de l'an 2 et de l'an 3 de Ramsès XI, d'une autre part, dans le papyrus Mayer, daté de l'an Ier de Ramsès X, tous les deux relatifs à des pillages faits au préjudice de Ramsès II — tout aussi bien que les papyrus Amhurst, Abboth et celui dont nous allons vous parler longuement aujourd'hui. Mais le sujet en est considéré d'une façon qui paraît plus large.

Nous avons d'ailleurs un autre motif pour suivre cet ordre d'exposition : c'est celui que nous vous avons développé déjà à la fin de la leçon précédente.

Le post-scriptum dont il s'agit commence au revers même du papyrus Abboth — pour se continuer, il est vrai, dans un autre document inédit — et il vient terminer *in facto* la longue querelle de juridiction qu'avaient eue ensemble les maires de la ville et de la partie occidentale de Thèbes. C'est ce dernier fonctionnaire qui l'emporte en définitive et qui prend ici l'initiative de la poursuite des accusés.

Le verso du papyrus Abboth a en effet ce titre :

« L'an Ier, répondant à l'an 19, le 2 du mois de thot, copie de la liste des voleurs du

Xer, ayant volé dans les tombes — liste qu'a replacée devant ce Pharaon l'épistate Pauraa de l'occident de la ville ».

Cette première liste d'accusés remise, le 2 thot, au roi ne compte encore que 16 noms. Mais, le 25 du même mois, le maire du *Xer* rédigeait une nouvelle liste plus complète de 30 noms, y compris ceux qu'il avait déjà signalés — liste, qu'il se voyait forcé de présenter non point au roi, mais au *dja*, son supérieur hiérarchique direct. Cette seconde liste est intitulée :

« L'an Ier, répondant à l'an 19, le 25 thot, copie de la liste des voleurs du *Xer* qu'a remise au *dja* Ramaneb nextu l'épistate Pauraa de l'occident de la ville ».

Nous ne reproduirons pas en entier ces listes, qui sont pour nous d'un intérêt médiocre. Il nous suffira de dire ici qu'on y voyait figurer, entre autres, le gardien du temple d'Amon Buxaf, le scribe du temple d'Amon Toui Shérau ; le nommé Shanba, fils de Perpauifemap ; le prêtre des encensements du temple d'Amon Shétisu Xousu ; le *dennu* du temple d'Amon Tomani, le *setemi* du temple d'Amon Bat'aro ; le scribe Paamtoumet : le mesureur (*Xai*) du temple d'Amon (titre qui s'échange parfois pour le même individu avec celui de scribe) Pauraa se Ka ; le nommé Userhat, etc. Tous ces personnages comparurent effectivement en justice le 5 et les jours suivants du mois de mesoré de la même année, 1re de Ramsès X, pour être soumis à la question ordinaire et extraordinaire, avec d'autres accusés, que l'instruction avait révélés. C'est ce que nous apprend le document inédit que j'ai maintenant à vous expliquer.

On y lit d'abord le titre suivant :

« L'an Ier de Ramsès X, le 5 mésoré. En ce jour, firent l'examen des grands criminels — voleurs qui penétrèrent dans les grandes demeures, en laissant leurs traces dans la *Xanxa*, — à savoir : Anoua, le chef des recettes en nature du Pharaon et le grand officier royal Pameriamen, le procureur du roi ».

J'ai peu de choses à faire remarquer sur cet entête, si ce n'est qu'il ne s'agit point ici d'une séance solennelle et publique de la cour du *dja*, mais d'une séance privée tenue par deux de ses magistrats subordonnés : 1° l'officier royal Anoua qui était, comme juge de la magistrature assise, un des assesseurs du *dja*, d'après notre document actuel, le papyrus Mayer et le papyrus de Burgh ; 2° l'officier royal Pameriamen, qui, en qualité de procureur du roi, représentait la magistrature debout, dans notre document actuel et dans le papyrus Mayer.

Quant au *dja* lui-même, il était censé absent. Je dis : censé absent, car dans plusieurs procès-verbaux du genre de celui que nous allons vous lire aujourd'hui, et alors que, comme dans celui-ci, un des assesseurs où le procureur est censé présider seul à la question des accusés, le *dja* intervient parfois dans l'interrogatoire, ce qui prouve qu'il avait fait au moins une rapide apparition dans la salle pour voir si tout s'y passait convenablement.

Ajoutons d'ailleurs que souvent aussi tout magistrat proprement dit faisait défaut en cas pareil — peut-être pour éviter le spectacle répugnant des supplices infligés aux prisonniers par le bourreau — et que de simples scribes dirigeaient tout et faisaient les interrogations auxquelles les malheureux devaient répondre. Mais, même s'il y avait un magistrat présent, le rôle actif du scribe ou greffier ne disparaissait pas complètement, et on le voyait prendre une part directe aux débats — comme nous allons en avoir la preuve dans la première séance par laquelle débute notre papyrus.

« Fut soumis à l'examen judiciaire le prisonnier gardien du temple d'Amon Bukhaf.

« Lui dit le *dja* : « tu étais avec ceux qui y sont allés. Tu étais avec le criminel que Dieu a saisi avec toi, et m'a livré, c'est-à-dire Ama, l'officier du temple d'Amou et l'habitant de la ville — dans les grandes demeures. »

Lui dit le (procureur) de Pharaon : « Dis-moi les hommes qui étaient avec toi. Barukh, celui que j'ai saisi, m'a dit ceci (devant toi) : « Ont trouvé moyen quelques hommes de la nécropole de prendre des pains. — Ils sont entrés — et toi, Bukhaf, tu les as mangés avec eux qui les avaient trouvés — le nommé Shauba, fils de Pirpanif, l'homme en fuite (ou faisant défaut) Userhat, du *Xer* de la ville, le prêtre des encensements Shetsukhonsu, le prêtre des encensements Nesamen, du temple d'Amon, le prêtre des encensements Ankhkhonsu, du temple d'Amon, Amenkhau, fils de Hatiamendjet, en tout six, qui ont divisé l'argent : 10 outen : entre les mains de chacun. Ils m'ont donné à moi en tout 2 outen ».

Dans la première partie de cet interrogatoire, l'accusé, — un gardien du temple d'Amon nommé Bukhaf, que le maire du *Xer*, avait signalé dans ses deux listes — ne dit absolument rien. Les juges seuls parlent pour lui opposer les témoignages de ses complices qui l'accablent.

Ces complices sont au nombre de deux : 1° un nommé Ama, officier du temple d'Amon et habitant de la ville, qui avait été saisi, grâce à l'intervention divine, par la police du *dja*, et dont celui-ci rappelle d'abord lui-même au prévenu les déclarations ; 2° un nommé Barekh ou Barukh d'origine certainement sémitique — nous en avons la preuve dans son nom signifiant en hébreu « *béni* » — homme dont on ne donne pas la fonction, parce que sans doute il n'en avait aucune, mais était seulement un de ces esclaves étrangers dont les Egyptiens se servaient pour tous les travaux publics. Le nom de cet esclave — qui appartenait à l'officier Ama, — n'est point indiqué comme celui-ci par le *dja*. C'est le procureur du roi, qui trouve bon de citer en entier sa déposition — faite d'ailleurs précédemment en présence de l'accusé lui-même. D'après cette déposition, Bukhaf et six autres personnages soigneusement énumérés avaient trouvé moyen de pénétrer dans les tombes en question, tombes toujours composées de deux salles principales : 1° Le *Hatsih* ou *Hatbeta* ; 2° le *Hat noub*. Dans le *Hatsih* ou lieu de réunion consacré aux offices funéraires, on plaçait toujours, sur les tables destinées à cet effet, des offrandes en nature, tels que pains de propitiation, etc. Le couvert étant ainsi mis, les voleurs s'étaient attablés, et ils avaient réparé leurs forces par un bon repas. Cela fait, ils étaient pénétrés dans le *hat noub* ou chambre de l'or contenant, selon la coutume, la momie du mort, ainsi que les trésors qu'on avait mis autour de lui. Un pillage en règle eut alors lieu et chacun des accusés avait pris un premier acompte de dix outen, en donnant à l'esclave Barukh deux outen, pour acheter son silence.

Nous avons dit précédemment que ces voleurs était au nombre de sept.

Il y avait d'abord le gardien du temple d'Amon, Bukhaf, dont son collègue Ama — précédemment arrêté et puni — avait dénoncé la culpabilité, ce qu'avaient ensuite confirmé les dépositions de ce Barukh, saisi par l'initiative du procureur du roi. Mais, à ce premier inculpé Barukh en avait joint six autres : le nommé Shanba, fils de Pirpanif, l'homme en fuite ou faisant défaut Userhat, appartenant au *Xer* de la ville, trois prêtres des encensements du temple d'Amon, nommés Shetsukhonsu, Nesamen et Ankhkhonsu, et un certain Amenkhau, fils de Hatiamendjet. Sur ces six nouveaux prévenus trois, Userhat, Shanba, fils de Pirpanif, et Shetisukhonsu, figuraient déjà, comme Bukhaf, sur la liste d'accusés dressée au mois de thot de l'an Ier par le maire du *Xer*. Mais parmi ces trois l'un, Userhat, était en fuite, et c'est pour cela qu'on le déduit de la liste placée ici en marge du texte et qui, au lieu de six noms, en comprend cinq : « le nommé Shanba, fils de Pirpauif, Shetiskhounsu, Nesuamen, Ankhfkhonsu, et Amenkhau, fils de Hatiamendjet. » Quant à Ankhkhonsu, Nesamen et Amenkhau, ils ne furent accusés que sur la dénonciation de Barukh, confirmée ensuite par Bukhaf.

Mais il est temps d'en revenir à la suite de l'interrogatoire de ce Bukhaf, qui jouera le rôle de principal accusé et de chef de bande.

Ce ne fut pas sa faute, car, à en croire ses premiers dires, il aurait été le plus innocent de tous : et le chef aurait été un anonyme tout différent de lui. Ecoutons en effet :

« On le questionna par le *badjana*. Il dit : Laissez-moi, je parlerai ».

« Lui dit le *dja* : « Dis la façon d'aller que tu as faite pour parvenir aux grandes demeures ! »

« Il lui dit : « c'est Paur, l'officier du *Xer*, qui m'a donné. Moi, je n'ai pas vu le *Xer* des rois ».

« On le questionna par le *badjana*. Lui dit Anoua : « tu caches ce que tu as trouvé ! combien ? » Il dit encore : « Ce que tu as trouvé énumère ».

« On le questionna par le *badjana* de nouveau. Il dit : « Laissez-moi. Je parle ! »

« Dit à lui le *dja* : « Dis-moi ce que tu as fait ».

« Il dit : « le chef emporta les outen d'argent... Les vases d'or et d'argent avec les hommes qui étaient avec moi, nous les brisâmes, nous les partageâmes ».

Jusqu'ici, en se mettant à trois, les magistrats proprement dits n'avaient pas obtenu grand aveu de l'accusé. C'était en vain que le *dja* lui-même, puis le procureur du roi Pameriamen, puis l'assesseur du *dja*, Anoua, chef des recettes en nature du Pharaon, qui, d'après l'entête, devait présider seul à l'interrogatoire avec le procureur du roi, c'était en vain, dis-je, que ces trois hommes considérables avaient tourné leurs questions de toutes les manières, invoqué les dépositions précédemment faites, employé la torture, et pris même l'air le plus suppliant : Bukhaf, qui s'était d'abord renfermé dans un mutisme absolu ou dans des dénégations formelles, n'avait ensuite daigné répondre que par quelques mots peu compromettants et par quelques déclarations banales, dont on connaissait déjà tous les éléments par d'autres.

C'est alors qu'intervint le scribe du *Xer* dont nous en avons déjà parlé et qui sans doute s'était fait fort d'en obtenir davantage. Malheureusement, cette partie de l'interrogatoire est dans un état déplorable : et une lacune nous en a même enlevé complètement la partie la plus importante. On lit seulement :

« Lui dit le scribe du *Xer* Nesamenapi : « Quand je suis allé pour prendre un chef *villicus* dans une ferme, tu as témoigné à moi au plus vite. Je ne l'ai point questionné, pour le faire... (une lacune)... avec moi. C'était... un compagnon voleur... (Le reste nous manque). »

Evidemment le scribe Nesamenapi espérait, par le récit de ses relations antérieures avec l'accusé, amener peu à peu celui-ci à se couper, à se troubler et finalement à entrer complètement dans la voie des aveux. Il y réussit ; car, après la grande lacune dont nous avons parlé, nous trouvons une liste de voleurs livrée à cet instant par Bukhaf lui-même, reconnaissant expressément qu'il était le chef de tous.

Ce résumé de la confession de Bukhaf se divise en trois parties distinctes : 1° la liste des voleurs proprement dits, qui ne sont plus sept — comme dans la déposition de Barukh — mais bien treize ; 2° la liste des pastophores d'Amon, au nombre de cinq, dont on a acheté le silence par des parts d'argent s'élevant à 2 argenteus par personne — juste le chiffre que l'esclave Barukh déclarait avoir reçu, probablement pour son maître, l'officier du temple d'Amon

Ama ; 3° un compte qui, dans la copie de M. Eisenlohr, est assez difficile à bien saisir, mais qui semble se rapporter, non plus à l'or et à l'argent trouvé en nature et que se partagèrent les voleurs et leurs complices, mais : 1° à de l'airain pesant 60 outen et qu'on échangea contre 10 katis d'argent) ce qui nous donnerait pour cette époque une proportion de 1 à 60 entre le cuivre et l'argent, au lieu de la proportion de 1 à 120 que nous trouvons à l'époque ptolémaïque) ; 2° à d'autres objets échangés aussi contre la somme de 10 katis, ce qui, joint au chiffre précédent, fait un total de 2 outen, somme que nous trouvons ensuite distribuée entre quatre individus recevant chacun 5 katis, on ne sait à quel titre. Voici du reste en entier le document en question :

« Les noms des hommes que donna le gardien Bukhaf, en disant qu'ils étaient dans sa bande de voleurs ;

« L'ouvrier Paurkhertuf, fils de Hortot ;

« Le scribe des livres sacrés Nesamen ;

« Le prêtre des encensements Shetisukhonsu ;

« Le prêtre des encensements Nesamen, surnommé Djaiba ;

« Amenkhau, fils de Hatiamendjet ;

« L'enfant de prophète Amenkhau, fille de Mautemshet ;

« Le gardien.... Paannuamen, qui est de la ville ;

« Le *nifu* Pauraa, du temple d'Amon ;

« Le mesureur Paamitametre ;

« Le nommé Shanba, fils de Pirpanif ;

« Total 13 (12) hommes, dont il a dit qu'ils étaient de ceux avec lesquels il tomba d'accord en disant : « Laissez ..... »

(La suite de la phrase est peu déchiffrable).

« Les pastophores du temple d'Amon ayant eu des parts d'argent, à ce qu'a dit le gardien Bukhaf ;

« Le *dennu* Patomani, du temple d'Amon, 2 outen.

« Le préposé aux champs du roi Tamennu.... ayant reçu de l'or et de l'argent et l'ayant échangé.... Amenkhau, fille de Mautemshet, n'en réitéra pas moins de lui donner 2 outen.

« Le scribe Amenapi, surnommé. . . . . 2 outen.

« Le *setemi* Shéti Badjana . . . . 2 outen.

« Airain outen 60, équivalant à 10 katis, qu'on échangea contre de l'argent. . . . . 10 katis inscrits.

« Total. . . . . 2 outen.

« (Ont reçu :)

« Le..... Khonsumes . . . . argent 5 katis.

« Le *noubau* Unnu Rasebek, le grand intendant . . . . . argent 5 katis.

« Le *setemi* Nesamen . . . . argent 5 katis.

« Nesmaut la femme de. . . . . argent 5 kates.

« Extrait de l'interrogatoire du 5 mésoré et de ce qu'il a dit. »

Dans cet extrait des déclarations de Bukhaf nous voyons figurer : 1° cinq des voleurs dénoncés par Barukh (le seul Userhat est omis, sans doute parce qu'il était trop loin pour qu'on put songer à le reprendre) ; 2° cinq des individus que le maire du *Xer* avait déjà signalés, y compris Shanba, fils de Pirpanif, également accusé par Barukh ; 3° cinq autres que nous retrouverons dans plusieurs des dépositions suivantes et dont quatre sont classés par Bukhaf et par les autres parmi les voleurs proprement dits ; 4° plusieurs complices dont on a acheté le silence et que nous ne retrouverons plus ; 5° celui là même qui avait précédemment dénoncé Bukhaf.

L'interrogatoire de Bukhaf étant ainsi terminé, on passa à la question d'un autre accusé moins important, question à laquelle ne paraît avoir assisté aucun des magistrats proprement dits, sauf, un instant, vers la fin, le *Dja*. Ce furent les scribes qui généralement dirigèrent tout : et c'est pourquoi le texte portera non pas, « un tel ou un tel lui dit », mais « il lui fut dit ». Donnons maintenant ce nouveau texte concernant Shetsukhonsu, l'un des six voleurs proprement dits de la liste de Barukh et l'un des douze voleurs proprement dits de la liste de Bukhaf (qui, dans son total de treize hommes, se compte lui-même).

« Interrogatoire du prêtre des encensements Shetsukhonsu du temple d'Amon :

« Il lui fut dit : « Dis-nous les hommes qui étaient avec toi dans les grandes demeures. »

« Il dit : Lorsque tu étais couché dans ta maison, Amenkhau, fils de Hatiamendjet, Userhat, le nommé Shanba, fils de Pirpanif, le prêtre des encensements Nesamen, surnommé Djaibai, vinrent au lieu où j'étais de nuit ; ils me dirent : « Viens dehors » Nous allâmes. Nous emportâmes des pains du *ankhpa*. Les mangèrent les voleurs avec eux. Nous ouvrîmes la demeure (le *hatnoub*) : nous emportâmes l'or, l'argent, les vases précieux ; nous les brisâmes, nous les donnâmes à un porteur de.... ; nous les transportâmes au *Xer* ; nous les partageâmes ; nous en fîmes six parts ; nous donnâmes à (chacun) des quatre (gens nommés plus haut) une part, la dite part confiée à leur porteur de pierres. La caisse fut laissée aux mains de l'*ankhnut* Nesur, la concubine du porteur des six parts.

« Amenkhau, fils de Hatiamendjet, dit à savoir : « Allez ! Laissez vos mains ! (Bas les pattes !) » Il fit aller ces quatre gens au lieu où était Bukhaf. Ils parlèrent avec lui de ces choses. Ils s'en allèrent. Ils emportèrent l'argent : — ce fut le gardien nommé Shanba, fils de Pirpanif — en ce jour. Alors la sœur Mautemna, femme de Pirpanif, Bukhaf, le gardien de la... Annuamen, le mesureur Pauraa, le *nifu* Pauraa, le mesureur Paamtametre, le mari d'Amenkhau, fille de Mautemshet, en tout six, emportèrent la caisse de chez l'*ankhnut* Nesur, la femme de Pirpanifamen. Ils reçurent leurs quatre parts. Ils les prirent.

« Mon père dit au gardien Bukhaf... « Donne à mon fils ce qui lui revient et laisse-lui emporter sa part. Rends-lui sa..... »

« Amenkhau, l'intendant du temple d'Amon, dit : « Le chef est irrité ; si tu l'importunes (?) tu es tué. Tu laisseras cela. Que cherches-tu ?

« On le questionna (le prêtre des encensements Shetsukhonsu par le *badjana* et le *manini*.

« Il dit : « Laissez-moi, je parle ».

« Lui dit le *dja* : C'est un mensonge que tu as dit sur l'or, l'argent, qu'a donnés cet homme avec ses compagnons, savoir : « Nous n'en avons pas ». Il y a un reliquat pour vous. »

« Il dit : « Il y eut un reliquat pour nous des objets précieux qui nous ont été donnés, reliquat qui a été mangé. »

« On réitera à le questionner par le *badjana* : Il dit : « Ecoutez ! Il y a une caisse d'or qui a été donnée au chef de barque Sebekhotep ».

Cette déposition, fort intéressante dans son ensemble, est pour le commencement conforme tant avec la déposition de Barukh qu'avec d'autres témoignages que nous rencontrerons plus loin.

C'est de nuit — nous le verrons encore — que ses complices vinrent trouver l'accusé : et celui-ci mentionne justement quatre des cinq personnes qu'avait indiqués Barukh comme étant avec lui : à savoir : Amenxau, fils de Hatiamendjet, Shanba fils de Pirpanif, Nesamen, surnommé Djaiba et Userhat. Le prêtre des ensencements Ankh Khonsu manque seul encore. Mais c'est peut-être parce qu'il a été prévenu en dernier lieu. Dans la déposition tout à fait parallèle de Shanba, fils de Pirpanif, il est dit, en effet, que diverses personnes vinrent le trouver de nuit un peu plus tôt. Seulement le témoignage de Shanba diffère de celui de Shetsukhonsu en ceci qu'avec Amenkhau, fils de Hatianemdjet, Nesamen et Userhat qui, d'après l'autre, seraient venus également trouver avec Shanba le prêtre des encensements Shetsukhonsu, il fait figurer Shetsukhonsu lui-même.

Quoiqu'il en soit de ce détail, la suite de la déposition n'est pas moins parallèle que le commencement avec tout ce que nous savons d'ailleurs.

Comme l'ont dit aussi Barukh et Shanba, Shetsukhonsu déclare que les voleurs commencèrent par faire un repas dans le *hatsih* avant de pénétrer dans le *hatnub* pour en emporter l'or, l'argent et les objets précieux.

Comme l'a dit Barukh, comme l'a dit un autre accusé, Nesamen, et comme probablement aussi l'a dit aussi Shanba dans un passage actuellement mutilé, Shetsukhonsu reconnaît l'existence de 6 parts répondant au chiffre définitif des 6 voleurs.

Comme Shanba également, il finit par avouer qu'une caisse d'or a été confiée au chef de barque Sebekhotep.

Mais pour tout le reste du récit et avant ce dernier aveu arraché par la torture, la déposition ou, disons mieux, la plaidoirie de Shetsukhonsu a un caractère personnel fort intéressant.

Selon lui, les six parts, une fois faites, auraient été de nouveau réunies ensemble dans une caisse qui fut confiée d'abord à un porteur de pierres nommé Pirpanifamen — dont a fait également mention l'accusé Nesamen, — puis — et en cela son témoignage est unique — à la concubine de ce porteur nommée Nesur. Selon lui encore, Amenkhau fils de Hatiamendjet, auquel Shetsukhonsu et Shanba donnent dans cette expédition nocturne le principal rôle, se serait opposé formellement à ce qu'on s'approchât des parts, ainsi distribuées, en principe. Il se serait écrié : « Allez-vous en ! A bas les pattes ! », et il aurait ordonné aux quatre personnes (1) qui l'accompagnaient, c'est-à-dire à Userhat, à Shanba, à Nesamen et peut-être à Ankh Khonsu (qui l'aurait rejoint en dernier lieu) d'aller au lieu ou était le chef de la bande, c'est-à-dire Bukhaf. Tous ensemble ils auraient parlé avec Bukhaf de ces choses et se seraient entendus pour frustrer Shetsukhonsu. « Ils s'en allèrent donc. Ils emportèrent en ce jour l'argent (chez Nesur) et ce fut Shanba qui se chargea de cette affaire ». Mais ensuite six des autres complices, indiqués

---

[1] Il est possible cependant d'admettre que quand le texte dit : « il fit aller ces quatre gens au lieu où était Bukhaf » Amenkhau se comptait lui-même parmi les quatre. En effet, il a dit plus haut : « nous leur donnâmes à chacun des gens mentionnés plus haut une part. » Or, il est difficile de penser qu'Amenkhau s'était lui-même oublié dans le partage et le texte ne nomme avec lui qu'Userhat, Shanba et Nesamen.

comme tels par Bukhaf dans sa déposition se seraient joints à Bukhaf lui-même pour reprendre cet argent chez la dépositrice Nesur, concubine de Pirpanifamen. On donna alors leurs quatre parts aux voleurs susmentionnés. Mais on aurait gardé les deux autres, sans donner la sienne à Shetsukhonsu, malgré toutes les réclamations du père de celui-ci.

Tel est, dans son ensemble, le système primitif de l'accusé, qui espère ainsi être excusé puisqu'en réalité il n'a rien reçu.

Malheureusement le *dja* qui arriva à la fin de la question ne voulut pas admettre un mot de tout cela. Il s'écria : « C'est un mensonge que tu as dit sur l'or, l'argent, les objets précieux qu'a donnés cet homme (Bukhaf) avec ses compagnons, à savoir : « Nous n'avons rien reçu. » Il y a un reliquat pour vous. »

Ce reliquat, Shetsukhonsu fut bientôt obligé d'en reconnaître l'existence et même d'avouer qu'une caisse d'or — à laquelle nous avons déjà fait allusion précédemment — avait été remise en mains sûres et cachée quelque part. Nous aurons bientôt à en reparler.

En attendant, passons à un autre interrogatoire.

Nous avons dit précédemment qu'il y avait divergence sur un point entre les aveux de Shetsukhonsu et ceux qu'allait faire Shanba, fils de Pirpanif. Or maintenant c'est à ceux-ci que nous avons affaire et nous pouvons constater que la petite divergence en question a bien sa valeur. Il s'agit tout simplement de savoir si le dit Shanba, fils de Pirpanif, est un innocent ou un coupable.

D'après Shetsukhonsu, nous l'avons vu, comme d'après Barukh et Bukhaf, ce serait un des instigateurs de toute cette affaire, et, à ce que prétend expressément Shetsukhonsu, il se serait joint à Amenkhau, fils de Hatiamendjet, et à ses compagnons pour entraîner dans le mal le pauvre Shetsukhonsu. Il ne se serait même pas borné là : ce serait lui qui aurait transporté seul la caisse chez Nesur et, selon le témoignage encore aggravant du second de Bukhaf, ce serait lui qui aurait fait le partage de l'argent. Evidemment, les divers complices ne sont pas bien disposés pour Shanba. Avaient-ils donc à se plaindre de lui ? C'est ce que les trois interrogatoires de Shanba vont nous apprendre. Bornons-nous à dire, pour le moment, que Shanba, avouant avoir été entraîné jusqu'au lieu du crime, prétendait cependant n'avoir pas voulu participer aux vols qu'on l'accusait généralement d'avoir dénoncés — assertion que le jugement d'acquittement qui le couvre rend assez probable.

Mais, en attendant cet heureux résultat, Shanba doit souffrir comme les autres et endurer sans se plaindre la torture préalable à bien des reprises.

« Interrogatoire (ou examen judiciaire, *smetre*) du prisonnier nommé Shanba, fils de Pirpanif, du temple d'Amon.

« Il fit serment par le seigneur roi — à qui vie, santé, force ! — de ne pas mentir, sous peine de mutilation et de relégation en Ethiopie.

« Lui dit le *dja* : « Dis-moi la manière d'entrée que tu as faite pour venir aux grandes demeures, alors que vous y avez fait de si grands dommages. »

« Il dit : « Quand tu reposais chez toi, le fils de Hatiamendjet Amenkhau vint. Il prit avec lui Userhat, le prêtre des encensements Shetsukhonsu, le prêtre des encensements Nesamen. Il dit : « Venez dehors. » Nous partîmes, nous allâmes dans le *Xer* vers un *ankhpa*... Ils en emportèrent l'or, l'argent... »

Ici une lacune nous a enlevé la suite du texte. Cela est malheureux ; car, dans cette suite, il devait être nécessairement question d'un refus fait par Shanba de participer à ces vols. Nous en avons la preuve par la fin de ce premier interrogatoire du prisonnier :

« On le questionna par le *badjana*. Il dit : « Laissez-moi ! Je parle. »

« Il dit : « Je n'ai rien vu d'autre. »

« Lui dit l'intendant du trésor, intendant des greniers du Pharaon Ramenmanekht (un des deux assesseurs du *dja* que nos procès criminels mentionnent à plusieurs reprises, tout comme l'autre, Anoua, qui a présidé à l'un des interrogatoires précédents) lui dit donc Ramenmanekht : « Dis-moi ce qu'il a dit (probablement Amenkhau) de ce que tu n'es pas allé aux grandes demeures (c'est-à-dire de ce que tu n'as pas voulu entrer dans le tombeau). »

« Il (Shanba) dit : « Il a dit : « il est avec les gens qui disent la vérité (qui dénoncent leurs compagnons). »

« Il lui fut dit : « Dis-moi les gens qui étaient avec toi et que tu as vus. »

« Il dit : « Ecoutez ! ce glaive est sur moi. Eh bien ! je n'ai rien vu d'autre. »

« On réitéra à le questionner par le *badjana*. Il dit : « Ecoutez une grande nouvelle : une caisse fut confiée au chef de barque Sebekhotep qu'ils remplirent d'or dans la maison de Neskhonsu du *Xer*. »

Ici se termine probablement la session judiciaire du 5 mesoré. Dans ce seul jour on avait interrogé Bukhaf (ainsi qu'en témoignent le premier titre et l'annotation finale du résumé de ses aveux) et après lui Shetsukhonsu et Shanba. Mais pour ce dernier la fatigue des juges — et peut-être aussi du prisonnier — avait forcé d'interrompre la séance, sans qu'on eut appris d'autre fait nouveau que la déclaration formelle d'innocence de Shanba, jointe à un petit détail peu important relatif à la maison de Nesukhonsu du *Xer* dans laquelle se serait fait l'encaissement de l'or, avant qu'on ne le confiât, comme l'avait dit seulement Shetsukhonsu, au chef de barque Sebekhotep.

Mais ne pouvait-on pas obtenir encore, de gré ou de force, du complaisant Shanba d'autres renseignements ?

Les juges le pensèrent quand ils remirent à une autre séance la suite de la question à laquelle il était soumis.

Quel fut le moment de cette nouvelle séance ? Nous l'ignorons ; mais elle prit sa place entre le 5 mesoré, date de la 1re, et le 10 mesoré date de la 3e, pendant laquelle l'arrêt d'acquittement fut prononcé. A la rigueur même on pourrait penser que le 5 mesoré eurent lieu pour Shanba deux épreuves successives, dont l'une le matin et l'autre le soir.

Reprenons la suite de notre document.

« Interrogatoire du prisonnier nommé Shanba, fils de Pirpanif.

« Lui dit le *dja* : « Quelle est la manière d'aller que tu as faite avec le prêtre des encensements Shetsukhonsu, — alors que tu es parvenu dans la grande demeure et que tu en as emporté l'argent au dehors — et qu'elle est la marche qu'ont faite les voleurs ? »

Cette question était posée comme si tout ce qu'avait dit Shanba était faux et comme si, en réalité, bien qu'il ait prétendu n'avoir pas pénétré dans les grandes demeures, il y était bien entré en effet pour en enlever l'or, avec ce Shetsukhonsu, qu'il serait venu chercher pour cela, selon la déclaration de celui-ci.

Mais Shanba ne se coupa pas. Il resta sur son terrain antérieur et reprit sa déclaration au point où il en était resté quand l'intendant du trésor Ramenmanekht lui avait demandé : « Dis-moi ce qu'il a dit (Amenkhau) de ce que tu n'es pas allé aux grandes demeures » et qu'il avait répondu : « Il a dit : « il est avec les gens qui disent la vérité (qui dénoncent leurs complices). »

La nouvelle réponse, cette fois au *dja*, est dans le même ordre d'idées. Elle se réfère seulement à la dernière partie de sa question : « Quelle est la marche (ou la manière de procéder) des voleurs? »

« Il dit : « Fit une sortie (se mit en colère) Amenkhau, fils de Hatiamendjet, et il me dit : « nommé Shanba ! celui qui bavarde, je bavarderai avec lui ! Ils te tueront les dires : « voleurs ! » que tu as faits dans le *Xer*. » Il me dit encore : « celui qui ira en justice te prendra avec lui ! » — Voilà ce qu'il me dit. »

Ainsi, après avoir signalé à ses compagnons la trahison de Shanba, Amenkhau, fils de Hatiamen djet, celui que Bukhaf avait choisi comme chef de cette expédition nocturne, s'en était pris à Shanba lui-même et, tout en colère, lui avait reproché vivement : 1° d'avoir bavardé. 2° d'avoir prétendu dans le *Xer* que ses compagnons étaient des voleurs. Aussi avait-il conclu en lui disant que lui aussi avait un mot à lui dire à l'oreille (c'est-à-dire à se venger) et que du reste il ne porterait pas cela en Paradis, selon l'expression vulgaire, parce que celui d'entre eux qui irait en justice ferait bien en sorte de l'y mener lui-même.

Voilà ce qu'il lui dit, prétend Shanba, et après cela on ne put plus rien tirer du prisonnier, effrayé par de telles menaces et qui du reste n'avait rien vu de plus.

« On le questionna par la torture, il dit : « je n'ai rien vu de plus : ce que j'ai vu, je l'ai dit. »

« Il fut encore questionné le 10 mesoré et il fut reconnu innocent ; on lui accorda la vie (le souffle). »

En ce qui le concernait, par suite de cet acquittement, le procès était donc fini. Mais il restait bien d'autres prisonniers à interroger, et, à la différence du droit criminel actuel, en droit égyptien, tous les accusés n'étaient pas jugés en un seul jour, mais successivement, au fur et à mesure de l'évidence apparue aux juges.

Il ne faut pas oublier, en effet, que la torture était considérée comme un moyen d'épreuve infaillible — après lequel on n'attendait plus rien — et qu'il paraissait inutile de prolonger le supplice d'un innocent par une longue prison préventive.

Or, il faut bien l'avouer, les procès criminels de ce genre duraient très longtemps alors en Egypte. Plusieurs années suffisaient à peine pour étudier toutes les ramifications compliquées de ces affaires, tant on se défiait, à juste titre, à la fin des Ramessides, de la complicité plus ou moins grande des fonctionnaires et des juges eux-mêmes.

Si rien n'est plus beau que la morale abstraite dans l'ancienne Egypte, il n'en est pas toujours ainsi dans la pratique, surtout à une époque de décadence qui ne rappelait plus en rien les temps héroïques de la 12e, de la 17e et de la 18e dynastie.

A la fin des Ramessides, tous les rouages de l'administration étaient usés, tous les employés étaient plus ou moins corrompus et, comme à la fin du siècle dernier, on aspirait partout en une révolution qui rétablirait l'ordre moral — révolution que la vallée du Nil attendait des prêtres.

Elle se produisit en effet peu de temps après, lors de l'avènement des prêtres roi de la 21e dynastie. Mais hélas ! elle trompa bien des espérances.

Messieurs, samedi prochain, nous étudierons la fin de notre précieux document.

NEUVIÈME LEÇON

Messieurs,

Nous en étions restés, samedi, à l'acquittement de l'accusé Shanba fils de Pirpanif.

Cet acquittement, très bien motivé, avait singulièrement donné de doutes sur certains points des déclarations faites précédemment par les autres prisonniers, qui tous avaient chargé Shanba le plus possible. Quand je dis : « précédemment », j'entends non seulement celles de Bukhaf et de Shetsukhonsu que nous vous avons déjà analysées, avant la première de Shanba, et qui, comme elle, ont été reçues le 5 mésoré, mais encore celle de Teptekana, dont je vais vous parler d'abord aujourd'hui et qui se rapporte également au 5 mésoré.

En effet, Messieurs, — nous avons pu le voir déjà en ce qui touche Shanba — le greffier de notre procès-verbal, dans sa rédaction définitive, a classé ses notes dans un ordre qui n'est pas strictement chronologique. En premier lieu, sous la date du 5 mésoré, vient l'interrogatoire du principal accusé Bukhaf; en second lieu, évidemment à la même date, celui d'un de ses complices Shetsukhonsu ; en troisième lieu, le premier interrogatoire de Shanba fait le 5 mésoré ; en quatrième lieu, le second interrogatoire de Shanba, probablement du 6 mésoré; en cinquième lieu, la troisième séance relative à Shanba qui eut lieu le 10 mésoré et dans laquelle il fut acquitté ; en sixième lieu, l'affaire de Shanba étant aussi vidée, on en vient au premier interrogatoire d'un quatrième accusé Teptekana, interrogatoire qui paraît absolument de même date que les trois premiers, c'est-à-dire du 5 mésoré; en septième lieu, le second interrogatoire du même accusé Teptekana qui est expressément daté du 6 mésoré ; en huitième lieu, la suite des interrogatoires de la seconde session du 6 mésoré, c'est-à-dire ceux de Nésamen et de Teptekana; en neuvième lieu, les interrogatoires du 13 mésoré, c'est-à-dire de la séance qui suivit celle du 10, dans laquelle on avait acquitté Shanba, interrogatoires se rapportant à deux autres accusés Paanxha et Aufenmont.

Venons-en maintenant à la question exercée pour la première fois, le 5 mésoré, sur Teptekana.

Comme les précédents — plus encore peut-être — Teptekana est très hostile à Shanba, qu'il considère comme un traître, ou, comme on le dit vulgairement maintenant un *mouton*, qui s'est fait la créature des juges. La chose en elle-même est bien possible. Mais elle n'excuse pas tous les mensonges dont le malheureux Shanba fut l'objet.

Si l'on en croyait Teptekana, qui était le second et le confident du chef de bande Bukhaf, aucun des principaux coupables reconnus pour tels par Bukhaf lui-même, comme par Barukh, n'aurait participé au crime, à l'exception de Shanba et de Nesamen, contre lequel il paraît avoir eu une rancune.

En revanche, Teptekana n'est pas avare de noms de prétendus voleurs, — dont deux figuraient seulement parmi les complices de bas étage et dont tous les autres sont parfaitement inconnus. A ce point de vue même, il y eut progression dans ses prétendus aveux : et la liste grossit considérablement dans la seconde séance en devenant tout à fait invraisemblable.

Commençons par celle du 5 :

« Interrogatoire du prisonnier Teptekana, fils du *setemi* Setupka, qui était dans la main du gardien Bukhaf.

« Il lui fut dit : « Quel est l'ordre de la marche que tu as faite avec le maître de l'affaire (le principal accusé) Bukhaf et les gens qui étaient avec lui? »

« Il dit : « Je n'ai pas vu, ni ce qu'il a fait, ni quel fut l'argent qu'il trouva par l'intermédiaire du prêtre des encensements Nesamen et des voleurs qui étaient avec lui. »

Ainsi, dès le début et tout en arguant de sa propre innocence, Teptekana accuse Nesamen — qui jusque-là jouait dans les déclarations un rôle un peu effacé, — d'avoir été, au contraire, le principal instigateur de tout. Est-ce par la même raison qui lui fait tant frapper sur Shanba? Nesamen aurait-il parlé? — La suite des débats ne permet guère de l'admettre. Non ! Teptekana en voulait personnellement à Shanba et telle est l'unique cause de ses accusations.

Reprenons la suite de notre document :

« On le questionna par le *badjana*. Il dit : « Laissez-moi, je parle ».

« Il dit : « étaient partageants Meunu, le préposé aux champs du roi, (le prêtre des encensements) Nesamen, surnommé Djaiba, celui qui a interrogé Bukhaf le gardien Paaaa (un tel) et le gardien du temple d'Amon Uri. »

« Il dit encore : « celui qui a fait le partage de l'argent est le nommé Shanba, le gardien du temple d'Amon. »

Dans ce texte, l'incise « celui qui a interrogé (*smetre*) Bukhaf » pourrait à la rigueur se rapporter aussi bien à Nesamen surnommé Djaiba qu'au gardien Paaaa. Mais comme rien dans la suite ne vient confirmer cette hypothèse pour Nesamen, nous croyons plutôt que Teptekana a voulu compromettre, à côté de Nesamen, un autre personnage qui avait pris part aux premières investigations de la justice, comme il a voulu très sciemment compromettre le *mouton* Shanba, auquel il attribue le rôle le plus actif : celui d'avoir partagé l'argent volé, rôle que toutes les autres dépositions lui denient.

En ce qui concerne les autres noms apportés ici pour la première fois, on est dans une incertitude plus grande : et nous verrons bientôt que cette incertitude a été partagée par les juges qui ont fait dans ce sens de longues recherches pour ne rien trouver.

C'est ce qu'établit le second interrogatoire de Teptekana :

« Le 6 de mésoré, on réitera de l'amener et on le questionna pour la seconde fois. On lui défera le serment de ne pas mentir sous peine de relégation en Ethiopie ».

La précaution était bonne. Mais ce serment solennel n'aboutit pas à grand chose. Ecoutons plutôt :

« Il lui fut dit : « Quand tu as comparu devant les juges, par tes discours tu as fait faire du chemin dans la terre d'Egypte aux juges (c'est-à-dire tu leur as fait faire bien des démarches inutiles). Maintenant, si tu ne veux pas être puni, dénonce tes compagnons — (en vérité et sans mentir, comme tu l'as fait jusqu'ici). » Il dit : « si ce n'est pas la vérité que je dis, je ne dirai point les hommes que j'ai vus avec Bukhaf! »

A cette boutade, les juges ne répondirent rien. Ils se bornèrent à attendre. Il continua donc de lui-même et sans qu'on eut besoin d'employer la question :

« Il dit : « Etaient venus Nesamen, le préposé aux champs du roi Tamennu.... l'agent (*retu*) Hai, le... du dromos Pakem, l'agent (*retu*) Peshnemhu, le gardien Paaaaa, le choachyte Pakhar de la chapelle du roi Hekra, Pameriendennuthot du temple d'Amon,... Merf..,... qui est d'Ethiopie mais habite Thèbes.... le gardien Pasme, le second de Bukhaf, le... Painifuamen, le *setemi* Pakanoferamen, du sanctuaire du roi..... ».

Viennent après cela d'autres noms peu déchiffrables, qui ne se trouvent également pas dans les dépositions des autres accusés.

Parmi ceux que Teptekana nous indique à deux reprises, si on laisse de côté ses ennemis Nesamen et Shanba, un seul a été signalé par Bukhaf parmi ses complices secondaires, c'est Mennu ou Tamennu, le préposé aux champs du roi. Quant au gardien Paaaaa, qu'il nomme aussi deux fois et auquel il attribue un interrogatoire de Bukhaf, il ne figurera plus dans les actes — pas plus d'ailleurs que tous les autres personnages qu'on a fait intervenir ici pour égarer la justice. Aussi, ne doit-on pas douter que Teptekana ne fut après cela ramené à sa prison pour subir bientôt le châtiment dû à ses faux témoignages et à son mépris du serment royal.

Selon Diodore de Sicile, les Egyptiens avaient fixé la mort pour peine du parjure, parce que le misérable qui s'y livrait commettait deux crimes : en violant la piété envers les dieux et en renversant la principale sécurité entre les hommes. Cette loi, que Diodore paraît nous donner comme très ancienne et tout à fait capitale en droit criminel égyptien, semble avoir été le principe dont, en droit civil, dans son code des contrats, est parti Bocchoris, en permettant — comme l'a fort bien dit aussi Diodore — au débiteur de décider lui-même par un serment des créances non prouvées par écrit qu'on lui attribuait.

Les documents contemporains ont donné complètement raison à Diodore ; car nous possédons, spécialement sur tessères, les copies de milliers de serments prêtés dans ces conditions, — tous, il est vrai, postérieurement à Bocchoris. Nous avons de la sorte constaté que ce n'étaient pas seulement les créances d'argent ou de céréales qui avaient ainsi à être établies ou niées par le serment de ceux qui auraient eu à les payer ; mais aussi — quand il s'agissait de querelles et de procès entre particuliers tout au moins — les autres dettes *ex delicto*, comme, par exemple, celles qui résultaient d'un vol dont la réalité n'avait pu être bien fixée par témoignages ou autres preuves authentiques. Quand on avait voulu frustrer l'Etat, c'était tout autre chose ; et la question dans les tourments remplaçait alors le serment, — au moins à l'époque des procès criminels dont nous nous occupons, c'est-à-dire sous les Ramessides.

Mais, faudrait-il donc croire que le faux serment, que le parjure était moins puni sous les Ramessides que depuis Bocchoris? Faudrait-il penser que *l'alea* de la peine de mort pour le parjure aurait été établi seulement par ce dernier législateur, prétendant simplifier tout le système des actions privées (et peut-être publiques) par l'emploi journalier et continuel du serment décisoire réservé au seul accusé? Evidemment cette idée se comprendrait ; car pour rendre possible une telle réforme, tout humanitaire qu'elle soit, il faut pour les coupables une sanction plus forte que celle de la mutilation et de la relégation en Ethiopie, spécifiée dans les questions judiciaires de nos procès criminels, — alors que l'accusé est lui-même admis, comme déjà alors et encore maintenant le témoin, à prêter serment sur la vérité de ses énonciations. On aurait eu de la sorte, en ce qui concerne le serment judiciaire, deux périodes bien distinctes : 1° celle pendant laquelle la prestation du serment n'était qu'un des nombreux moyens offerts aux juges pour arriver à la vérité, moyens dont le principal, considéré alors comme infaillible, était la torture, qui souvent, comme chez nous avant la Révolution, pouvait amener, avant toute condamnation, la mort en plein interrogatoire, 2° celle pendant laquelle, après la suppression de la torture (1), le serment était devenu la base de toutes les actions civiles et pénales (à défaut d'autres preuves, bien entendu) — mais avec le principe concomitant de la peine de mort infligé, en tout cas, au parjure par une loi d'Etat (et par conséquent même quand, lors du serment, celui qui était appelé à le prêter n'avait spécifié lui-même aucune pénalité, contractuelle pour ainsi dire, ainsi que cela se pratiquait dans la période précédente).

Cette explication des faits, certains d'ailleurs, n'a rien d'impossible. Mais on peut songer aussi à une autre hypothèse que voici.

Diodore de Sicile — auquel nous revenons sans cesse, car pour toutes les questions de droit égyptien son autorité est incontestable, — Diodore de Sicile, dis-je, nous dit qu'un roi égyptien avait par ses décrets généralement commué la peine de mort contre une autre peine plus avantageuse pour le bien public et pour l'Etat. Cette peine était celle des travaux forcés ou de la relégation dans ces mines d'Ethiopie dont il est si souvent question dans les textes et auxquelles paraît faire allusion le formulaire de nos questions judiciaires, quand, après la mutilation ou même isolément de cette mutilation, il spécifie la relégation en Ethiopie.

Dans de telles circonstances, ne pourrait-on pas croire qu'on ne faisait à ce moment que rappeler aux coupables le sort qui attendait le parjure — sort qui, du reste, ne les effrayait pas plus alors que l'expectative de « la nouvelle » n'effraie maintenant les brigands et les assassins dont la peine de mort est commuée contre celle des travaux forcés à perpétuité ? Le témoignage de Diodore sur la peine capitale des parjures n'en resterait pas moins intact même pour la période antérieure à Bocchoris — quoique, en pratique, cette peine de mort aurait été échangée contre celle que nous venons de spécifier.

Tout cela serait très satisfaisant et terminerait la question si le roi nommé par Diodore était antérieur aux Ramessides, et non, comme c'est le cas malheureusement, postérieur à Bocchoris même. Ce roi est en effet Shabaka, c'est-à-dire celui-là même qui a tué l'auteur du code des contrats.

Mais ne se pourrait-il pas que Shabaka ait renouvelé une loi antérieure, comme Mautrut a renouvelé une ancienne loi de Bocchoris qui interdisait la prise de corps des débiteurs et la

(1) En somme, il me paraît très vraisemblable que Bocchoris avait fait comme nos législateurs de la révolution et que, par philanthropie, il avait supprimé la torture, dont nous ne trouvons plus aucune trace authentique depuis son règne — et cela en même temps que, par le même motif, il avait supprimé la contrainte par corps et l'esclavage personnel du débiteur pour ses dettes, comme l'atteste Diodore — (loi qui fut plus tard repromulguée par Mautrut. Voir mes « Notices »). Bocchoris aurait ainsi fait du serment, je le répète, la garantie suprême décrite par le même Diodore et dont la violation était, bien entendu, punie par des peines plus fortes qu'au moment où, à côté du serment, il y avait la question, etc., etc..

mise en gage des personnes libres ? A cela, nous ne pouvons encore répondre ni oui, ni non, et, en attendant de nouveaux documents décisifs, nous nous bornons à constater les diverses solutions possibles de ce problème si intéressant.

Revenons-en à notre accusé Teptekana, dont les parjures nous ont entraîné si loin, et disons un mot du résultat immédiat de sa déposition mensongère.

Ce résultat immédiat, ce fut naturellement l'appel à la barre de Nesamen, qui avait été, pour ainsi dire, sa principale tête de turc.

Y avait-il — au moins en ce qui concernait ce Nesamen — quelque chose de vrai dans ce qu'avait dit Teptekana? Le meilleur moyen de s'en assurer c'était de le confronter avec lui. Ce sixième jour de mésoré, date du second interrogatoire de Teptekana, Nesamen comparut donc à son tour.

Cette comparution nous est annoncée du reste par un titre général, se référant à tous les interrogatoires du 6 ; car le second de Teptekana avait été cité à propos du premier, portant la date du 5, et se trouvait de la sorte déplacé (absolument comme deux des interrogatoires de Shauba qui avaient également suivi son interrogatoire du 5).

« An 1er, mésoré 6, pour la seconde fois interrogatoire des voleurs des grandes demeures par le *dja* et les magistrats de la demeure d'examen — fait dans le temple d'Amon. »

Après ce titre général, vient le paragraphe relatif à Nesamen :

« Interrogatoire du prisonnier prêtre des encensements Nesamen, surnommé Djaibai, du temple d'Amon :

« On lui déféra le serment par le roi de ne pas mentir sous peine de mutilation et de relégation en Ethiopie.

« On lui dit : « Dis-nous la manière d'aller que vous avez faite avec vos compagnons pour parvenir aux grandes demeures, alors que vous en avez emporté l'argent au dehors en en faisant dévastation. »

« Il dit : « Nous pénétrâmes dans un *ankhpa*. Nous en emportâmes quelques vases d'argent. Nous les partageâmes entre nous en six parts ».

« On le questionna par le *badjana*. Il dit : « Je n'ai rien vu d'autre : ce que j'ai vu je l'ai dit. »

Jusqu'ici l'instruction ne progresse pas. Nesamen reste dans l'ornière des précédentes dépositions : sa déclaration n'est qu'un mauvais abrégé de celles de Shetsukhousu et de Shanba : puis, quand on le presse d'en dire plus, il ne trouve en guise de réponse que la phrase même dont s'était aussi servi Shauba : « Je n'ai rien vu d'autre : ce que j'ai vu je l'ai dit. »

Mais cette excuse n'étant pas vraie ne peut plus réussir. Les juges s'impatientent et ont recours à un redoublement de tortures.

« On réitera la question par le *badjana*. Il dit : « Laissez-moi. Je parle. »

« Lui dit le *dja* : « Quoi de vrai dans les apports de quelques vases d'argent dont nous a témoigné le *hatpa*.

« On le questionna par le *badjana*.

« Il dit : « nous avons emporté l'argent qu'a dit le *hatpa*. »

« Lui dit le *dja* : « Dis-moi les hommes qui étaient avec toi. »

« Il dit : « Etait là Uanefer, qui est de Merur, avec les hommes dont vous ont dit les noms les autres voleurs ».

« On réitera à le questionner par le *badjana*. Il dit : « Laissez-moi : je parle ».

« Il dit : « J'ai emporté les vases *uthu* du tombeau. Nous les avons brisés ; nous les avons mis dans une caisse ; nous les avons partagés entre nous de la manière que vous a dite Thotmès du *Xer*. Il y eut une place dans laquelle il emporta les vases *aabu* des parts, tandis qu'il emporta les vases *uthu* dans une seconde place. »

« On réitera à le questionner par le *badjana*. Il dit : « Laissez-moi : je parle ».

« Il dit : « Pour l'argent que nous emportâmes au dehors je n'ai rien vu de plus ».

« On le questionna par le *badjana* et le *manini*. Il dit : « Laissez-moi. Je parle ».

« Il dit : « L'ordre de la marche est celui que nous a fait (fixé) le *hatpa* ».

« Dans tout ce paragraphe, Nesamen a parlé, sans que nous fussions beaucoup plus avancés pour autant. Cela tient à ce que nous n'avons pas en entier les actes du procès et par conséquent tous les témoignages.

Le registre que nous analysons en ce moment est, ainsi que le titre plusieurs fois répété nous l'apprend, celui des questions (*smétré*) exercées sur les prisonniers (*annu*). Mais ce n'est pas celui qui contient les déclarations des témoins libres relatives à la même affaire. On avait en effet la coutume de dresser des dossiers séparés pour chacune de ces classes de témoignages : et nous avons d'excellents spécimens de ces deux genres de registres. Le mot servant à désigner l'interrogatoire de ces témoins ,qui ne sont pas des inculpés et qu'on ne soumet par conséquent pas à la question ou à l'examen rigoureux (*smetre*), est un mot tout différent de *smetre* : le mot *shepro*, voulant dire mot à mot « recevoir ou prendre la bouche » et s'échangeant parfois avec *setemro* « entendre la bouche. » Je citerai cet exemple :

« An 3 du *nummesu* (Ramsès X) le 13e jour du 4e mois de la saison *per*.

« *Shepro* (ou interrogatoire) sur les voleurs qu'a emmenés (prisonniers) dans le sanctuaire le scribe du *Xer* Nesamenapi.

« Fut amené le prêtre Khai Kherau nofre, de la demeure (*ast*) du roi Rausermameriamen (Ramsès III).

« Il lui fut dit : « Tu es le travailleur de la terre, (le possesseur emphyteotique chargé de la culture) de cette demeure (la demeure du Roi Rausermameriamen ou le Ramesseum). Dis-nous quels sont les hommes quelconques que tu as vus entrant dans cette demeure et qui se sont saisi des vases (*apot*) de ce lieu de sépulture. »

« Il dit : « Parmi eux se trouvait l'officier Pentahat... qui vous a dit tous ceux qui ont été dans la tombe de Ramsèsnakhtu, autrefois premier prophète d'Amon et ce qu'ils ont fait. Ce sont eux qui ont fait toutes ces violations dans la tombe (*pauset*) du roi Rausermasetepenra (Ramsès II), le dieu grand, et dans le temple de Ka du roi Rama.... » Voilà ce qu'il dit ».

« Fut amené l'officier (*abu*). Pentahat.... On lui déféra le serment par le roi de ne pas mentir sous peine de mutilation.

« Audition de sa bouche (*setemrof*). Il dit : « M'envoya dehors le portier Painefer vers Toï en me disant : « Va ! » J'allai au lieu où il était et il me dit : « Va avec Toï, le cultivateur, vers le lit funèbre *(shefti)* de Ramsès nakhtu, qui était premier prophète d'Amon. J'allai avec lui. Je trouvai tels et tels etc. »

Le *shepro* de Thotmés du *Xer* auquel se réfère, dans notre papyrus, le prêtre des encensements Nesamen surnommé Djaibai devait être fort analogue au *Shepro* que nous venons de reproduire et dans lequel sont successivement interrogés au sujet des voleurs arrêtés par le scribe Nesamenapi deux témoins qu'on laisse libres et auxquels on ne fait pas subir la torture dans les tourments.

Est-ce à dire que Thotmès du *Xer* était parfaitement innocent des crimes dont il a été ainsi le témoin ? non, sans doute ; car, s'il faut en croire du moins Nesamen, le dit Thotmès aurait lui-même emporté pour les cacher les vases d'argent volés. Mais s'il était, au moins en apparence, complice des autres, ils les avait accusés le premier, sans avoir été, comme Shanba, arrêté au préalable, et il avait été, à cause de cela, traité comme un témoin ordinaire.

En est-il ainsi du *hat pa* dont nous parle aussi à plusieurs reprises Nesamen ? Nous l'ignorons : et cela par une bonne raison : c'est que nous ignorons même ce que pouvait bien être au juste ce *hatpa*, qui, selon Nesamen, d'une part, aurait révélé à la justice tous les détails relatifs à l'apport des vases d'argent et, d'une autre part, aurait auparavant fixé lui-même aux voleurs, leur ordre de marche et de conduite.

S'agirait-il du chef de bande Bukhaf auquel répondent bien ces diverses indications ? C'est possible : cependant ce titre de *hatpa*, « chef de maison », qu'on lui donnerait ici, et ici seulement, paraît bien étrange.

Quoiqu'il en soit, l'instruction en est arrivée à une période aiguë, si je puis m'exprimer ainsi.

Il s'agit en effet de savoir où est l'argent — cet argent volé dont on désire connaître la situation actuelle.

Les juges égyptiens ne réussirent du reste pas très bien dans cette tâche qu'ils s'étaient imposée ; car les Arabes ont retrouvé, en 1860, *au moins* l'un des trésors volés dans les tombes royales dont le papyrus Amhurst, le papyrus Abboth et le papyrus inédit que nous traduisons en ce moment se sont occupés : je veux parler de celui qui avait été découvert par les brigands de la 20ᵉ dynastie dans le tombeau du roi Kames et de sa femme la reine Aahhotep — tombeau déclaré intact lors de l'expertise du papyrus Abboth dont je vous ai parlé précédemment et qui, en réalité, avait été complètement saccagé. Les bijoux d'Aahhotep avaient été mis, sous Ramsès IX, dans une cachette d'où ils ont été tirés du temps de Mariette pour figurer très honorablement dans les vitrines du Musée de Boulaq — après avoir failli être volés une seconde fois par un moudir turc. On dit que le produit des rapines de nos voleurs pharaoniques se trouve encore avoir, en partie, enrichi le sérail de ce fonctionnaire musulman : et ce serait de cette provenance que viendraient deux petites statuettes d'or portant ce nom d'Aahhotep et que j'ai achetées d'un de mes marchands pour le Musée du Louvre. Malheureusement, ce marchand, nommé Allemand, qui se faisait fort de me procurer le reste du trésor — ou du moins tout ce qui n'en est pas au Musée de Boulaq — est mort depuis, ainsi du reste que mon cher ami Mariette, que je me proposais d'interroger lors des communications à moi faites. Je ne puis donc poursuivre, pour cette affaire, l'instruction commencée par les *dja* de Ramsès IX et de Ramès X et vous donner l'inventaire et la situation exacte du trésor caché, que les brigands, alors torturés, ont préféré à leur vie même et qu'ils n'ont jamais révélé.

Mais reprenons la suite de l'interrogatoire de Nesamen :

« On le questionna par le *badjana*. Il dit : « Je n'ai rien vu de plus. »

« On le questionna par le *badjana* et le *manini*. Il dit : « Laissez-moi je parle »...

« Lui dit le scribe Nesamenapi du *Xer* (celui-là même qui fit arrêter les voleurs en l'an III, selon le *Shepro* que je vous ai cité plus haut, et qui, dans notre document même, avait obtenu les aveux de Bukhaf). Lui dit donc ce scribe : « Dis-moi l'homme auquel on donna l'argent. »

« Il dit : « Il fut donné au scribe Tuisherau et au chef des portiers de l'enceinte Papetra. Nous leur avions fait entendre cela. Mais ils n'allèrent pas à la place avec nous. Ce fut un porteur de pierres auquel nous le remîmes, sans que le chef permit de se partager effectivement les parts. »

Décidément Teptekana avait eu raison quand il avait prétendu que le prêtre des encensements Nesamen était le confident de Bukhaf et en savait plus que les autres conjurés.

Les autres — tels que Shetsukhonsu et Shanba — savaient bien qu'on avait trouvé de l'argent et que cet argent avait été confié à un porteur de pierres, sans que le chef permit de se le partager effectivement. Mais ils ne savaient pas, ou dans tous les cas n'avaient pas dit, que le scribe Tuisherau — signalé déjà comme voleur par le préfet du *Xer* au revers du papyrus Abboth et par Bukhaf lui-même dans sa déclaration — avait en réalité reçu le dépôt des mains du porteur de pierres, — qui ne l'avait pas du tout remis à sa concubine Nesur, comme l'affirmait Shetsukhonsu. Cette déclaration de Nesamen était, à plus forte raison, contraire à la petite histoire racontée ensuite par Shetsukhonsu, au sujet du retrait de cet argent de chez cette femme — petite histoire que le *dja* avait aussitôt traitée de mensonge. Non ! cet argent n'avait jamais été repris ni partagé. Ses détenteurs primitifs l'avaient enfoui quelque part : et comme parmi ces détenteurs Nesamen faisait figurer, à côté du scribe Tuisherau, un certain portier Papetra — qu'on n'avait pas encore soupçonné — il devenait urgent de faire comparaître ce nouvel accusé.

Mais auparavant il fallait terminer l'interrogatoire de Nesamen. Notre procès-verbal continue donc :

« On réitera à le questionner.

« Lui dit le scribe Nesamenapi du *Xer* : « Est-ce que la place dont tu as dit qu'on y emporta les vases *aabu* d'argent, ou encore la seconde place, on en retira beaucoup d'argent ? »

La question était insidieuse. Nesamen venait en effet de déclarer qu'on avait enfoui les vases *aabu* dans une place et les vases *uthu* dans une seconde place. Mais laissa-t-on tout cela en place ou l'en retira-t-on ? C'était ce qu'il fallait savoir, puisque les précédents accusés et en particulier Shetsukhonsu avaient prétendu le contraire de ce que disait le nouveau témoin. Pour voir si celui-ci ne se dédirait pas il était du reste habile de sembler n'avoir pas bien compris, en partant toujours des conclusions précédemment émises.

Nesamen ne se laissa pas prendre à ce piège et il protesta vivement :

« Il dit : « c'est un mensonge qu'ont fait les gardiens sur l'argent que je vous ai dit. Encore une fois, ce fut une place, un trou que nous ouvrîmes. »

« On réitera à le questionner par le *badjana* et le *manini*. Mais il ne s'accorda pas avec la déclaration qu'ils avaient dite (les accusés précédents). »

Il ne restait plus dès lors qu'à confronter avec Nesamen le nouveau témoin qu'il avait lui-même invoqué et on fit comparaître Papétra :

« Fut amené le prisonnier chef des portiers Papetra. On lui déféra le serment par le roi de ne pas mentir, sous peine de mutilation et de relégation en Ethiopie.

« Lui dit le *dja*... (lacune).

« Il dit : « ... (lacune)... avec le scribe des livres sacrés Nesamen quand, après quelques jours, le frère (*Psen*) Am vint avec le... Hatiamen, le prêtre des encensements Shetsukhonsu, le prêtre des encensements Nesamen, fils de Pirpanif, en tout quatre personnes, se dirigeant vers le temple de Thot. J'allai avec eux et j'emportai l'argent. Je leur dis : « Je veux manger. Que me donnez-vous ? » Le frère (*pasen*) Am dit : « viens ! Apporte les parts. » Je les leur apportai. Ils partagèrent la masse d'argent. Ils firent 4 parts de 10 outen sur 700 (de réserve). Je pris les parts destinées aux ouvriers du *Xer*. Je pris un outen d'argent de là ; je l'emportai. Après quelques jours Amenkhau, fille de Mautshet, vint, avec le scribe des livres sacrés Nesamen. Ils me dirent : « Que soit apporté l'argent qui était avec Amenkhau, le fils de Hatiamendjet ! Que soit apporté l'argent ! » Je leur dis avec un peu d'arrogance : « Cet ouvrier fait exécuter sa parole ! » — Voilà ce que je leur dis : et Amenkhau me donna un coup sur le coude. J'allai. Je me levai. J'entrai dans le magasin. J'en emportai l'argent. Je le leur remis, avec les deux trésors du *Xer*, l'un des *Khebtiu* l'autre des *Jekau*, faisant une grosse somme d'or, qu'ils ont prise. Je n'ai rien vu de plus. »

Voilà un récit bien vécu, si je puis me servir ici d'une expression dont on abuse trop. Rien de plus curieux que le rôle de cette femme : Amenkhau, fille de Mautemshet, qui, d'après la déclaration du chef de bande Bukhaf, était la fille d'un prophète, et qui, d'après lui, encore, avait distribué l'argent un peu comme il lui plaisait, en attribuant, par exemple, deux outen au préposé des champs du roi Tamennu, quoique celui-ci ait déjà reçu de l'or et de l'argent plus que pour sa part. Ici cette même Amemkhau, fille de Mautemshet, dont le rôle très actif est signalé dans toutes les pièces de notre procès, accompagne personnellement le scribe des livres sacrés, Nesamen, au moment où il s'agit de se faire livrer le magot, que le même scribe Nesamen, escorté alors de trois autres personnes, avait confié au chef portier. (Notons en passant que les trois personnes de la première suite du scribe Nesamen sont justement : 1° son homonyme, le prêtre des encensements, Nesamen, que Teptekana avait déclaré avoir procuré à Bukhaf son argent ; 2° Le nommé Am, qui a été arrêté avec Bukhaf dès le début de l'affaire, selon le témoignage précis donné par le *dja* lui-même au commencement de notre papyrus ; 3° le prêtre des encensements Shetsukhonsu, qui avait voulu égarer les juges par tant de récits de haute fantaisie, réfutés par tous les autres et en particulier par le prêtre des encensements Nesamen, comme par Tapetra).

La seconde fois qu'il se trouve avec ce chef portier, le haut personnage officiel dont nous avons surtout à nous occuper ici, le scribe des livres sacrés Nesamen — que nous savons d'ailleurs par la suite de nos documents avoir été très légitimement marié — se fait suivre par une femme, de bonne famille, il est vrai, mais de mœurs légères, qui paraît avoir été l'âme de tout le complot. Ne semblerait-il pas que nous assistons à une de ces histoires de brigands commandées par une femme si souvent contées par des romanciers contemporains ?

Faut-il croire que le scribe en question, qu'avait d'ailleurs signalé Bukhaf en tête de sa liste de voleurs, a été entraîné au mal par cette femme ? Faut-il croire, au contraire, qu'il y est venu de lui-même ou qu'il y a été poussé par l'exemple de ses collègues ? J'avoue qu'un autre document à peu près contemporain me ferait pencher vers cette dernière hypothèse. Il s'agit encore d'une déposition de témoin :

« Il lui fut dit : Quelle est la manière de procéder qu'ont eue ceux qui ont pris l'or des divines offrandes avec leurs compagnons ?

« Il dit : Le scribe du sanctuaire Smai vint avec le prêtre Tutui vers les divines offrandes. Ils furent à prendre 1 outen et 3 katis 1/4 d'or de là Il (*sic*) prit ces choses pour le chef des soldats Paneχtu.

« Ils réitérèrent encore une fois. Ils allèrent de nouveau vers les offrandes sacrées. Nous en emportâmes 3 katis d'or. Nous étions avec le scribe du sanctuaire Smai, le prêtre Tutui, le prêtre Pasuahm, en tout quatre.

« Ils réitérèrent encore une fois. Nous allâmes vers les offrandes sacrées de nouveau avec le scribe du sanctuaire Meri, le prêtre Nessuamen. Nous en emportâmes 5 katis d'or et nous nous les partageâmes.

« Ils réitérèrent encore une fois. Nous allâmes vers les offrandes sacrées de nouveau avec le prêtre T'eta Paχar, le scribe du sanctuaire Meri, le prêtre Nessuamen. Nous en tirâmes 5 katis d'or. Nous emportâmes les blés. Nous les partageâmes entre nous.

« Après quelques jours le scribe du sanctuaire Smai vint encore et il amena les trois hommes qui étaient avec lui. Ils emportèrent aussi les offrandes sacrées. Nous en tirâmes 4 katis d'or. Nous les partageâmes entre nous avec lui.

« Après quelques jours, Pashsennu, notre chef supérieur, parla avec nous en disant : « On ne m'a pas donné de choses (on ne m'a rien donné). » Nous allâmes vers les offrandes sacrées de nouveau. Nous en emportâmes 5 katis d'or avec lui. Nous..... Nous donnâmes cela à Pashsennu.

« Le scribe Sutimès entendit cela. Il parla avec nous en disant : « Je vais dire rapport au premier prophète d'Amon. » Nous lui donnâmes 3 katis d'or. Nous réitérâmes encore une fois. Nous y allâmes de nouveau. Nous lui donnâmes 1 kati 1/4 d'or. Total de l'or qui fut donné au scribe Sutimès : 4 katis d'or 1/4.

« Après quelques jours le prêtre T'eta, le prêtre Tutui allèrent encore. Ils entrèrent dans la maison de l'or. Ils en prirent un *aureus* des offrandes sacrées. Ils s'en emparèrent. Ils le por tèrent chez le scribe Smai. Il (celui-ci) prit ces choses. Il fit... Il donna cela à Pashsennu.

« Il dit : Le prêtre Tutui et le prêtre Nesamen approchèrent de la porte du chef. Ils l'ouvrirent. Ils virent son or. Ils l'emportèrent avec le scribe Smai.

« Il dit : Ils approchèrent. Ils réitérèrent encore une fois d'aller vers les offrandes sacrées de nouveau. Ils y allèrent les trois hommes (susdits). Ils prirent 3 katis d'or. Ils les partagèrent entre eux, les trois.

« Ensuite le scribe Smai alla vers les offrandes sacrées avec le prêtre Tutui. Ils en emportèrent 3 katis. Ils les prirent.

« Il dit : Nous approchâmes des offrandes sacrées de la porte (*sebat*) (1) du sanctuaire..... Y arriva le scribe Sutimès. Il le prit. Et l'autre or restant qu'ils virent dans notre main ils l'emportèrent. Mais le chef réitéra de nous en donner et nous reçûmes 3 katis d'or — ce qui fait en tout 3 katis. »

Quelle belle collection de Panamistes !

Mais je m'aperçois, Messieurs, que je me laisse entraîner beaucoup trop loin de notre affaire actuelle et j'en reviens à la confrontation du prêtre des encensements Nesamen et du chef portier Papetra.

Cette confrontation, provoquée par Nesamen lui-même, avait donné les plus heureux résultats, puisque les aveux de Nesamen, de Papetra et de Bukhaf concordaient absolument. Cependant

(1) Ce mot désigne aussi dans un des papyrus expliqués par nous précédemment *la caisse* où l'on déposait le cuivre, etc.

il pouvait être utile de bien s'assurer des conclusions auxquelles cet accord — peut-être prémédité — conduisait. D'autres confrontations furent donc ordonnées dans ce but par les juges :

« Furent questionnés les accusés : gardien Bukhaf, prêtres des encensements, Shetsukhonsu et Nesamen, le nommé Shanba, fils de Pirpanif, l'*ankhnut* Nesur, sa femme — (c'est-à-dire, — nous le savons par un passage antérieur — la femme de Pirpanif, père de Shanba) — l'*ankhnut* Mautemua, femme du scribe des choses sacrées, Nesamen, pour que chacun soit confronté avec son compagnon (*ertiariua seba pefari.*) Ils le firent.

Le témoignage de Papetra parut sincère et par conséquent aussi celui du prêtre des encensements Nesamen qui l'avait invoqué.

Quant au scribe des livres sacrés Nesamen, sa culpabilité fut établie non seulement par les dires de Bukhaf et de Papetra, mais par ceux même de sa propre femme, Mautemua, qu'on avait fait comparaître et qui, blessée des intrigues de son mari avec la femme Amenkhau, avait tout avoué. On avait pu s'assurer en même temps que Shetsukhonsu avait bien réellement menti : et cela à l'aide des déclarations de cette femme Nesur, selon lui dépositaire de l'argent et qui avait sans doute nié énergiquement quand on l'avait amenée à la barre en même temps que lui.

Le prêtre des encensements Nesamen (si attaqué par Teptekana, le second de Bukhaf), triomphait donc par ses aveux tardifs presque autant que le nommé Shanba, fils de Pirpanif. Aussi reprend-t-il encore la parole pour bien mettre en lumière la culpabilité d'un autre accusé : Paurkhertuf, l'ouvrier du *Xer* que Bukhaf avait mis en premier lieu en tête de sa liste de voleurs, c'est-à-dire avant même le scribe Nesamen qui n'y occupait que le second rang :

« Le prêtre des encensements Nesamen dit : « Paurkhertuf, l'homme travailleur du *Xer*, sortant, vint au lieu ou était Amenkhau, fils de Hatiamendjet. Il lui dit : « Viens dehors, je te donnerai l'entrée... ? »

Le reste est malheureusement dans un état tel qu'on ne peut en tenter une traduction. Mais il est bien clair que, selon ce témoignage, Paurkhertuf avait fourni à Amenkhau, fils de Hatiamendjet, (qui, nous l'avons vu précédemment, avait conduit, au nom de Bukhaf, l'expédition nocturne du pillage des tombes) le moyen d'entrer dans ces tombes. C'est ce qu'avait dit du reste Bukhaf même, antérieurement à la confection de sa liste, c'est-à-dire dans son témoignage détaillé, quand au *dja* lui demandant : « Dis-moi la façon d'aller que tu as faite pour parvenir aux grandes demeures » il avait répondu en ces termes : « C'est Paur, l'ouvrier du *Xer*, qui m'a donné. Moi je n'ai pas vu le *Xer* des rois ».

En somme, cela était vrai. Bukhaf n'avait personnellement pas vu le *Xer* des rois, puisqu'il y avait envoyé Amenkhau, fils de Hatiamendjet, et Paur ou Paurkhertuf lui avait tout livré, en fournissant à Amenkhau les moyens d'entrer dans ce *Xer*.

Tous ces points étaient élucidés, sans qu'on ait même fait encore intervenir ni le scribe Nesamen — qui, au point de vue hiérarchique, avait couvert les menées coupables des accusés, — ni sa complice bien-aimée Amenkhau, fille de Mautembib, qui, nous l'avons dit déjà, avait été la véritable inspiratrice de toute la conjuration. Peut-être se défiait-on de l'énergie ou plutôt de l'entêtement de ces deux chefs réels, dont le prétendu chef Bukhaf n'avait été que l'agent. Cependant il parut bon d'interroger au moins le frère de la femme Amenkhau, fille de Mautembib, qui d'ailleurs avait été l'un des favoris de Bukhaf :

« Le 13 de mésoré.

« Interrogatoire du prisonnier esclave (*hon*) Panofré, fils de Mautembib, du temple de Maut.

« On lui déféra le serment par le roi de ne pas mentir sous peine de mutilation et de réduction en servitude effective. Panofre, fils de Mautemhib, faisait un avec Bukhaf. Etant avec lui, il vint à la maison du gardien Bukhaf quand on l'emmena (Bukhaf) pour l'emprisonner et qu'on le fit questionner. Lui (Panofré), il s'échappa et il s'en alla en descendant le fleuve ; mais on le saisit et on le fit questionnerar le *badjana*.

« Il lui fut dit : « Dis-moi la destinée de l'argent que tu as vu dans la main du maître de l'affaire (ou principal accusé, *nebxeru*, dénomination que nous avons vue déjà appliquée à Bukhaf dans l'interrogatoire de Teptekana).

« Il dit : « Je n'ai pas vu de pièces d'argent dans sa main. Elles étaient gardées dans des caisses d'airain. — Je ne suis pas parvenu dans la place de réserve. Je n'ai pas vu (non plus) ce qu'il a fait (mis) dans la main de Mantemhib, ma sœur. »

Cette déclaration parut sincère ; car on n'insista pas, et ce même jour, 13e de mésoré, on passa à la question d'un dernier accusé, dont — il faut bien l'avouer — nous ne voyons nullement, dans notre papyrus, la relation avec les précédents. En s'enfermant dans notre seul document, on pourrait croire qu'il s'agit d'un autre vol dont on instruisait en même temps l'affaire ; car on ne voit, dans les noms des accusés, aucun point de contact avec l'instruction précédente.

Le lieu dont on parle est du reste non plus Thèbes, mais Hermonthis.

Cette dernière partie de notre procès-verbal paraît donc être, à première vue, dans cette session judiciaire, une sorte de supplément — curieux du reste pour ce qui concerne l'organisation intime des temples et les désordres que l'autorité sacerdotale couvrait parfois :

« Interrogatoire du prisonnier pastophore Aufenmont, du temple de Mont, seigneur d'Hermonthis.

« On lui déféra le serment par le roi de ne pas mentir, sous peine de mutilation et de relégation en Ethiopie.

« Il lui fut dit : « Qu'as-tu à dire sur l'affaire des lieux auxquels tu es parvenu avec les hommes qu'Aufenamen, qui était chef de troupes, y fit pénétrer, ainsi que Ahimeh, son frère ?

« Il dit : Aufenamen était prophète de Mont et tous les hommes du temple de Mont étaient dans sa main. J'étais, moi, dans la maison d'Aufenamen, ainsi que Hati... Pawut, de la ville, un tel du temple de Mont, l'esclave Panofre et l'étranger Panéhès.

« On le questionna par le *badjana* . Il dit : « Je n'ai rien vu d'autre. »

« On réitera à le questionner par le *badjana*. Il lui fut dit : « Dis-moi les hommes qui furent dans les grandes demeures. »

« Il dit : « Ils amenèrent Kairobairo et le nautonnier Nesamen. Je vous ait dit tous les hommes qui étaient avec eux. »

« On le questionna par le *manini*. Il dit : « Laissez-moi. Je parle. » On réitéra à le questionner par le *badjana* et le *manini*. Il ne consentit pas (à parler). »

Le reste manque malheureusement : et j'ai grande tendance à croire — sans avoir vu, il est vrai, le papyrus original — que ce reste devait être très considérable. Il me semble évident en effet que nous n'avons qu'une partie du registre de ce *questionnaire*, si je puis donner à ce mot un sens qui n'est point son sens habituel, et que les témoignages si réservés d'Aufenmont ont dû être contrôlés avec soin à l'aide d'autres témoignages, ainsi que cela s'était pratiqué jusqu'alors.

Peut-être, après tout, le procureur du roi avait-il trouvé une nouvelle piste qui devait encore éclairer l'affaire précédente. Hermonthis, située sur la rive occidentale du Nil, n'était pas loin de Djème ou de Medinetabu qui, à l'époque ptolemaïque, en dépendait administrativement, c'est-à-dire de cette région du *Xer* ou de la nécropole de Thèbes à laquelle le pastophore Aufenmont, qui en savait plus peut-être qu'il n'en voulait dire, faisait lui-même allusion.

Dans cette ténébreuse affaire du pillage des sépultures royales, il se pourrait bien en effet que le haut clergé d'Hermonthis ait trempé — tout autant que certains fonctionnaires de Thèbes.

Certains documents dont nous aurons à parler nous prouveront bientôt la chose expressément, au moins en ce qui concerne Aufenmont.

NOTA. Je viens de retrouver une page oubliée de la copie de ce document faite par M. Elsenlohr. On lit ce qui suit dans le texte hiératique.

« Fut questionné le prisonnier Kamen gardien de l'*op* [1] d'Amon (le premier des accusés du papyrus Mayer). On lui déféra le serment par le roi de ne pas mentir sous peine de mutilation et de relégation en Ethiopie. Lui dit le *dja* : Quelle est la manière d'aller que tu as faite pour parvenir aux grandes demeures ? Il dit : On a trouvé dans ces demeures 63 katis d'argent et kati (*sic*) d'or. Les voleurs ont fait cette abomination (*djat*). On réitéra le *badjana*. Il dit : je n'ai rien vu de plus. On le questionna par le *badjana* et le *manini*. Il ne consentit pas (à répondre).

Fut questionné le marin Nesamen qui était avec lui. On lui déféra le serment par le roi. »

Le reste manque : et dans ce reste doit sans doute être compté l'interrogatoire de l'*anxnut* Ariénofré que Spiegelberg cite tout seul (*Studien*, p. 86).

Le papyrus Harris 499, que nous venons de traduire, porte des dates s'étendant du 5 au 10 mesoré de l'an 1er de Ramsès X. Il est par conséquent postérieur de plusieurs mois aux deux listes d'accusés fournies par l'épistate du Xer au revers du papyrus Abboth, listes dont l'une est datée du 2 thot et l'autre du 25 paophi de l'an 1er de Ramsès X équivalant à l'an 15 de Ramsès IX. En revanche, il est antérieur de quelques jours seulement au papyrus Mayer dont la première date est du 15 mesore de l'an 1er de Ramsès X. Aussi trouvons-nous dans le papyrus Mayer plusieurs interrogatoires relatifs aux accusés déjà visés dans le papyrus Harris 499, par exemple au pastophore du temple de Mont Aufenmont, au nommé Shanba, fils de Pirpanif (que Spiegelberg, qui avait cependant republié la liste du papyrus Abboth en faisant mention, n'a pas su reconnaître), au préposé aux champs du roi qu'avait l'accusé Teptekana et dont le nom complet est non pas Menuu mais Axumennu, au nommé Kamen dont nous venons de parler, etc., sans compter Bukhaf qui joue dans le papyrus Mayer, comme dans le papyrus Harris 499, le principal rôle.

Le papyrus Mayer porte du reste plusieurs dates. La fin, datée du 16 mesore de l'an 2, est postérieure d'un an au commencement et antérieure de quelques jours seulement à la date du papyrus de Burgh du 25 mésoré de l'an 2. Viennent ensuite : 1° le papyrus Vassali de l'an 3 de Ramsès X correspondant à l'an 27 de

---

[1] Ce mot se trouve deux fois dans le papyrus Mayer. M. Spiegelberg (qui hésitait sans doute entre le déterminatif du bœuf et le déterminatif du rouleau) l'a traduit une fois par bergerie et l'autre fois par archive.

Ramsès XI, selon un autre comput; 2° le papyrus Harris n° 1 de la même année 27; 3° le papyrus Harris 498 de l'an 28 (= 4). Et ce procès qui, je l'ai dit, a rempli tant de rôles, n'est pas encore fini à ce moment là.

Au point de vue du *dja*, nous noterons que c'est Ramanebnaxtu en l'an 1er et en l'an 2, comme en l'an 14 du règne précédent, et Xaemuas en l'an 3, comme en l'an 13 du règne précédent. La magistrature semble donc durer 2 ans et être alternative entre ces deux hommes.

PIÈCES ANNEXES

Dans une des leçons précédentes j'ai longuement parlé des expertises et enquêtes que nous ont conservé nos papyrus judiciaires. Il me semble bon d'en publier ici quelques exemples.

Le meilleur qu'on puisse fournir est certainement le papyrus Vassali par l'analyse duquel nous commençons. Je dis seulement l'analyse; car la copie qu'a bien voulu m'en fournir M. Eisenlohr ne permettrait guère autre chose; et d'ailleurs la publication et la traduction intégrales de ce papyrus nous paraissent mériter une étude à part, après vérification scrupuleuse de l'original, dont j'ignore encore la destinée actuelle. Pour donner seulement une idée des difficultés auxquelles nous nous heurtons en ce moment je citerai la question des dates.

D'après la copie, ce papyrus commence par l'an 3 du roi *Ranoferka setepenra*, fils du soleil, *Ramses meriamenrasonter au haut mont Chons anx djeta*. S'il faut en croire le papyrus Abboth, l'an 3 de Ramsès X correspondrait à l'an 21 de Ramsès X. Or, le papyrus Vassali, qui totalise les résultats de cette première expertise de l'an 3 avec celle de la quatrième, donne à celle-ci la date de l'an 27, ce qui nous conduit à un tout autre synchronisme. Mais ce n'est pas tout encore. Après deux dates douteuses, nous retombons, dans le même papyrus, sur une date de l'an 3, ce qui assure l'équivalence an 27 = an 3. Quant à la date de l'an 27, elle se retrouve en tête du papyrus Harris n° 1 ainsi écrite : L'an 27 du roi seigneur des deux mondes *Ranoferka setepenra*, fils du soleil, *Ramsesmereramen ra sonter meriamènra sonter anx djeta* c'est-à-dire les mêmes noms que portait déjà le papyrus Abboth pour l'an 16 de Ramsès IX. Il faut donc nécessairement admettre qu'il y eut deux rois ayant le même prénom (*Ranoferka setepenra*) mais des noms légèrement différents par les patrons divins et dont l'un (*Ramses merer amen*) désignerait le Ramsès IX de l'ancien comput (ou X de Bouriant) et l'autre le successeur de ce Ramsès dont la date de l'an 1er figurait seule (à côté de celle de l'an 19), dans le papyrus Abboth. Le Ramsès X de l'ancien comput ou XI de Bouriant est tout différent et a pour prénom *Raxeperma setepenra*. Il y a donc un nouveau Ramesside a enregistrer avant lui. Sans doute que l'original lèvera, pour les dates encore douteuses, les difficultés, ainsi que beaucoup d'autres qui, dans ce moment, rendent une édition définitive impossible : une analyse, c'est déjà beaucoup ; et cela peut suffire pour donner une idée de la manière dont, en Egypte, on conduisait l'instruction des causes criminelles, tant en ce qui concernait les coupables et leurs complices, qu'en ce qui concernait les recéleurs, auxquels on faisait rendre gorge, et les sommes volées ou recouvrées, dont on établissait le montant le mieux possible.

A ce dernier point de vue, un second document nous a paru digne d'être analysé : c'est le papyrus Harris n° 1, réunissant, comme le papyrus Vassali, aux registres financiers les questions judiciaires des accusés, qui d'ailleurs en sont moins éloignés qu'on pourrait le croire, puisque le papyrus Harris nous déclare expressément que c'est aux voleurs qu'il emprunte les détails relatifs aux sommes volées.

Naturellement je réserve pour la suite de cet ouvrage la traduction complète des interrogatoires eux-mêmes, dont j'ai déjà donné, dans les leçons précédentes, de bons exemples tirés des papyrus Harris 499, de Burgh, Vassali, Harris n° 1, etc. C'est la raison qui me fait abréger encore plus en ce moment l'analyse du papyrus Harris 498, contenant surtout de semblables interrogatoires et qui est daté de l'an 28[1], c'est-à-dire qui fait suite aux deux premiers documents analysés dans cet appendice.

N° 1. — ANALYSE DU PAPYRUSdVASSALI

L'an 3 du roi *Ranoferkasetepenra*, fils du soleil, seigneur des resplendissements, comme Amon, *Ramsès meriamen sonter maut Chonsu anx djeta.*

Or, argent, airain, choses trouvées prises par les hommes travailleurs (du Xer), lesquels les ont trouvées dans la demeure des très bons, à l'occident de Thèbes, et y ont été arrêtés, après que rapport eut été fait au *dja* Xaemuas par les soins de l'épistate Pauraa du Xer et du scribe de cette région Unnofré, sur la plainte du prophète du roi Rausermameriameu, de la demeure d'Amon, à l'occident de Thèbes : ces hommes ouvriers grands criminels s'en étaient emparés et se les étaient partagés, avec l'or, l'argent et l'airain. . . . . de la ville[2].

Les voleurs grands criminels outen 33...

Pentaur[3], du Xer, pour sa part or outen.....

. . . .

. . . .

Vêtements...

L'ouvrier Amenuat, fils d'Hora, du Xer, pour sa part

. . . . outen

. . . .

Vêtements pièces 17

A trouvé le voleur, grand criminel, homme ouvrier Pentaur, fils d'Amennextu, du Xer, pour sa part :

Bon or	kati 5
Electrum	outen 2
Argent	outen 14 et katis 5
Total du bon or, de l'éléctrum, de l'argent :	outen 17
Airain	outen 22
Etoffes et vêtements	pièces 5.

[1] Le chiffre 20 ressemblant beaucoup au chiffre 10, j'avais lu d'abord an 17, an 18, etc., ce que je lis maintenant an 27, an 28. Il faut ajouter qu'une étude plus attentive de mes documents m'a prouvé l'unicité du procès de violation de sépultures, que j'avais eu tendance à séparer en plusieurs procès distincts. Toujours et partout les violations des tombes particulières sont réunies dans l'instruction à celle des divers tombes royales ou des divers sanctuaires funéraires royaux.

[2] Les chiffres (dont il est tenu compté dans l'addition générale) sont tout à fait indistincts dans ces passages très lacuneux.

[3] La liste des voléurs qui suit se retrouve dans le papyrus Harris n° 1.

A trouvé le voleur, grand criminel, homme ouvrier, Amenhotep, fils de Pentaur, du Xer, pour sa part :

Bon or		outen 1 kati 1
Electrum		outen 7 katis 5
Argent		outen 34 katis 5
Total du bon or, de l'électram, de l'argent :		outen 43 kati 1
Etoffes [1].	2 pièces.	
Autres étoffes.	2 pièces.	

A trouvé le voleur, grand criminel, homme travailleur, Mesou, fils de Pentaur, du Xer, pour sa part :

Electrum		outen 1 katis 9
Argent		outen 30 katis 3
Total de l'électrum et de l'argent :		outen 32 katis 2
Airain		outen 35
Etoffes d'une espèce	2 pièces.	
Etoffes d'une autre	6 pièces.	
Etoffes d'une autre	2 pièces.	
Total des étoffes :	10 pièces.	

A trouvé le voleur, grand criminel, homme travailleur, Paison, fils d'Amenuat, du Xer, pour sa part :

Bon or		outen 2 katis 2
Electrum		outen 4 katis 5
Argent		outen 12 katis 2
Total du bon or, de l'électrum, de l'argent :		outen 18 katis 9
Airain		outen 11
Etoffes	5 pièces.	

A trouvé le voleur, grand criminel, homme ouvrier, Anna, fils d'Amenuat, du Xer, pour sa part :

Bon or		outen 1 kati 1
Electrum		outen 6 katis 7
Argent		outen 29 katis 5
Total du bon or, de l'électrum, de l'argent :		outen 37 katis 3
Objets incrustés de bon or par travail d'orfèvre.	4	
Bois *abbu* pris aux cercueils.	1	
Ebène tiré des cercueils.	1	
Ivoire venant des tombes.	1	
Etoffes.	2 pièces	

A trouvé le voleur, grand criminel, homme ouvrier Hora, fils d'Amenuat, du Xer, pour sa part :

Bon or		outen 1 katis 7
Electrum		outen 4 katis 1

[1] Les étoffes énumérées dans le papyrus sont les *mak* ou *suten mak*, les *kemanofre*, les *ans*, servant pour vêtements (*hebs*).

Argent		outen 26
Total de l'or, de l'électrum, de l'argent		outen 31 katis 8
Total général de l'or, de l'électrum, de l'argent, de l'airain, etc.		
Bon or	outen 9 katis [1] 2 : trouvés	outen 9 katis 5
Electrum	outen 39 kati [2] 1 : trouvés	outen 41
Argent	outen 188 katis [3] 5 : trouvés	outen 190
Total de l'or, de l'électrum, de l'argent,	outen 236 katis 8 : trouvés	outen 240 katis 5
Différence :		outen 3 katis 5
Objets incrustés de bon or par travail d'orfèvre fondeur.	4	
Airain.....		
Byssus et étoffes de vêtements.	63 pièces	
Bois *abbu*.	1	
Ebène.	1	
Ivoire.	1	

. . . .

L'an... 16 méchir. En ce jour la réception de l'or, de l'argent, de l'airain, des vêtements dans le palais des contributions (*Shairomata*) par le scribe Thotmès, le scribe Chonsumès, qui les emportèrent et en prirent possession.

Le soldat Kamen, or un demi kati, argent un demi kati, airain 2 outen, 1 pièce d'étoffe.

Le *kadja* Pteh, étoffes 1 (pièce).

Le *bati* Sebeknextu, or 1 kati, pris d'un *kairota ;* le scribe Sebeknextu retira son argent et Amenuat emporta et prit possession de son airain, ci 2 outen.

Le *hir* Amennofré a trouvé(or) 1 kati, argent 1 kati, airain 2 outen.

Le choachyte..... Seket, or trois quarts de kati : son argent (et son) cuivre 2 outen, étoffes pièce 1.

Le gardien (?) Pennut, or 1 kati.

Le *Kennu* Xarainext, fils de Panextu, or 1 kati, argent 1 kati, airain 4 outen, étoffes 2 pièces ; le scribe Pentahatnextu en retira airain 2 outen.

Le hiérogrammate Sebekhotep, fils du hiérogrammate Paxar, or 1 kati ; le scribe des soldats Ka retira son airain et ses vêtements.

Le *hir* Pason, or un demi kati, argent un demi kati, airain 2 outen, pièce d'étoffe 1.

Le maçon (*katu*)Merur airain 1 outen, étoffe 1 pièce.

Le *hir*..... Sebekemhebu, or un demi kati, argent un demi kati, airain 2 outen, 1 pièce d'étoffe.

Le *hirkatu* (chef d'hommes de peine) Penemhebu, or un demi kati, argent un demi kati, airain 2 outen, 1 pièce d'étoffe.

---

[1] L'addition des chiffres encore subsistants donne 6 outen et 6 katis. Dans les premiers passages lacuneux il y avait donc 2 outen et 6 katis d'or.

[2] L'addition des chiffres encore subsistants donne 26 outen 7 kati. Dans les premiers passages lacuneux il y avait donc 12 outen 4 katis d'électrum.

[3] L'addition des chiffres encore subsistant donne 147 outen. Dans les premiers passages lacuneux il y avait donc 41 outen et 5 katis d'argent.

Le *hirmeru* chef des vassaux du temple or, trois quarts kati, son argent (et son) airain, 2 outen, pièce d'étoffe 1.

Le *hirsau* (chefg ardien) Ka, or 1 kati, un demi, airain 2 outen, 1 pièce d'étoffe.

Le *hirmeru* du temple Xeraunexti, or kati un demi, airain 2 outen, 1 pièce d'étoffe.

Le blanchisseur (?) Userhat, or un demi kati, argent un demi kati.

Le *abu* Smai, or un quart : son argent (et son) airain 2 outen, 1 pièce d'étoffe.

Le gardien Keni, fils d'Abu, or un quart, 2 pièces d'étoffes.

Le *rexti* (blanchisseur) Pauxera, airain 1 outen, 1 pièce d'étoffe.

Le gardien (*sau*) Pasutenemtotamen, étoffe pièce; le scribe des soldats en retira 2 outen d'airain.

Le chef *hir* des peintres (*na*) Patutuf, or un demi kati, airain 2 outen, étoffes 1 pièce.

Copie de l'inspection (ou des perquisitions) faites par le scribe des soldats Ka dans la (ville) d'Amon pour rechercher l'airain et les étoffes dont on s'est saisi dans la main des gens dans la demeure d'Amon.....

Maison du gardien Mehtxetu.
Maison du gardien Penubu.
Maison du gardien . . .
Maison du gardien Tunai.
Maison du scribe Panextu.
Maison du sacrificateur Kenauamen.
Maison du chef maçon Tua.
Maison du scribe des soldats Nofredjet.
Maison du scribe Hora.
Maison du sacrificateur Smai.
Maison du prêtre Xerautu.
Maison du prêtre Chonsumès.
Maison du travailleur de la terre (*Kahi*) Tua.
Maison du gardien Unnofré.
Maison du maçon Panextu Apu.
Maison du prêtre Pasexet.
Maison du soldat (*Xerau*) Pa Anxemtot.
Maison du prêtre Pa har.
Maison du peintre (*na*) Paaau.
Maison du scribe Uramen, fils de Uanurona
Maison du soldat Sebekanx.
Maison du chef des *madjau* Nesamen.
Maison du scribe Aufenamen du Xer.
Maison du chef de ferme Seba.
Maison du chef de ferme Paro.
Maison du gardien Amenxau.
Maison du soldat Pa. . . taxar.
Maison du soldat Hati...
Maison du soldat Mentu . . .

Maison du soldat Nefer Mentu.
Maison du divin père Amenmesu.
Maison du *bati* (homme de peine) Hunnef.
Maison du chef ouvrier (*hir ket*) Nefernextu fils de Nofre djet.
Maison du gardien Nesa de la maison du roi.
Maison du prêtre Aufnamen, fils du Nesamen.
Maison du gardien Pen. . . .
Maison du gardien Smai (?)
Maison du gardien Urmentu . . . .
Maison du gardien Amenhotep
Maison du prêtre Pentahat.
Maison du *abu* Paxar.
Maison du gardien Xahoun.
Maison du gardien Paxar dont la mère est Taxa.
Maison du *shesu* (serviteur) Penxau.
Maison du *abu* Pakenabaa.
Maison du *bati* Papennu.
Maison du mesureur (*Xai*) Paka.
Maison du confiseur ou cuisinier (*atexu*) Horataua.
Maison du *soldat* Paxar.
Maison du gardien Aufenamen.
Maison du scribe Sebekhotep.
Maison du . . . Nesamen.
Maison du gardien Patutui.
Maison du ... Nesamen.
Maison du maçon Xerauti.
Maison du prêtre *an* (ou *anti*) Xaf.
Maison du pêcheur (*ua*) Keni.
Maison du préposé à l'éclairage (*hirteka*) Nesamen.
Maison du *madjau* Pakatiti.
Maison du gardien Aux . . .
Maison du (prêtre) *an* Ari . . .
Maison du blanchisseur Ptahxa.
Maison du blanchisseur Hati.
Maison du scribe Panext, fils de Ntiamen.
Maison du divin père Xar ? . . .
Maison du prêtre Mer . . .
Maison du gardien Amenhotep
Maison du confiseur (*atexu*) Nextemhib.
Maison du confiseur (*atexu*) Hattaua.
Maison du gardien Xar.
Maison du *Madja* (gendarme) Hatatef.
Maison du gardien Kahat.

Maison du sculpteur (?) Nesamen.

Dépôt fait en l'an 27, 3e mois de *per*, jour IIe, dans le temple de la déesse Ma qui est dans la ville (*nut*) de l'or et de l'argent redemandés de la main des hommes travailleurs voleurs dans le Xer qui les avaient trouvés et remis à des personnages de tout lieu, or et argent qu'ont exigés d'eux le *dja* et le premier prophète d'Amon.

Le marchand Nessebek[1]	argent outen 2 (?) katis 4
Le marchand Horemnextu	or outen 1 kati ; argent outen 3 katis 5
Le marchand Nessebek, fils de Hora	or outen 1, argent outen 2
Le marchand Nekasuamen	argent outen 1 katis 5
Le marchand Nes...hor	argent outen 2 katis 3
Le marchand Neban	argent outen 1 kati 8
Le marchand Nessebek, fils de Sebek	argent katis 2
Le marchand Hon (?)	argent outen 6 katis 6
Le marchand Painsobtnpasebek (ou Paisasobt de Crocodilopolis)	argent 3 outen
Le marchand Nes...	argent 1 outen
Le marchand Chonsu	or outen 2 katis 3 $^1/_2$; argent outen 4 et katis 7
Le marchand Abunua	argent, outen 2
Le marchand Ur	argent 1 outen
Le marchand Hora	or 2 katis

Total de l'or, de l'argent enlevés de la main des recéleurs auxquels les avait donnés les voleurs du Xer :

Or 5 outen, kati demi.
Argent 32 outen.
Etoffes 93 pièces.

Or et argent que donnèrent les voleurs aux gens de la ville de Thèbes et que réclamèrent le *dja* et le 1er prophète d'Amon :

Le chef des gardiens du trésor Nebmès.	or 4 katis
Le *sexet* (tisseur) Buxaf du temple d'Amon	argent 3 katis
Le prêtre Hora du temple d'Amon	argent 1 outen
Le prêtre Userhatamen	bois de *Ket* outen 80
Le prêtre Paiurnoouamen	or 4 katis
Le gardien Xaemap	argent 4 katis
Le scribe Hui	argent 2 katis
Le tisseur (*sexti*) Patuxer du Ramesseum	argent kati 1
Le *menxi* (?) Amenroa	argent katis 5
Le *madja* Pakaruru	argent kati 1
Le chef des *madjau* Hotep . . .	argent katis 4
Le scribe des soldats (*Xerau*) du temple d'Amon	argent 1 outen
Le scribe Hora	argent 1 kati

[1] Je crois inutile de donner ici les lieux d'habitation etc, de tous ces marchands. On en retrouvera plus loin plusieurs que je réserve pour ma publication du texte.

Le *sexet* (tisseur) Xar, du temple d'Amon argent 2 katis
Le prêtre Meraa du temple d'Amon argent 4 katis
Total : or 8 katis
Argent 4 outen et 7 katis
Bois de *Ket* outen 80
Total (général)[1] de l'or, de l'argent exigés d'eux :
Or outen 5 katis 8 et demi.
Argent outen 36 katis 7.
Total de l'or et de l'argent outen 42 katis 5 et demi
Bois de Ket outen 80

Total[2] de l'or, de l'argent, de l'airain qu'ont trouvé les voleurs grands criminels du Xer lorsqu'ils sont entrés dans la demeure du roi Rausermameriamen.

Bon or 9 outen 2 katis, de la première addition : trouvés : 9 outen 3 katis
(Plus :) or 5 outen 8 katis et demi, amenés plus haut : total : 15 outen et un demi katis
Electrum 39 outen 1 kati, de la première addition : trouvés : 41 outen
Argent outen 188 katis 5 : trouvés 190
(Plus les) 36 outen 7 katis d'argent amenés plus haut :
Cela fait au total pour l'argent outen 225 et katis 2 : trouvés 236 katis 7

Total de l'or, de l'électrum, de l'argent : outen 279 et katis 3 et demi : trouvés 292 outen 8 katis et demi.

Différence 12 outen 7 katis et demi

Bois de *Ket*.	80
Objets incrustés d'or.	4
Byssus et étoffes de vêtements.	75 pièces
Bois *abbu*.	1
Ebène.	1
Ivoire.	1

Etc.

Or et argent qu'ont donnés les voleurs aux gens du monde et qui ont été réclamés.

A l'employé du temple d'Amon Bukhaf : or 1 kati ; argent 6 katis
A un scribe du sanctuaire de Ransermameriamen (Ramsès III) argent 1 outen
A un employé du 1er prophète argent 5 katis
A un prêtre du sanctuaire de Ramenpehti (Ramsès 1er). argent 5 katis
A un prêtre du temple de Chons. argent 4 katis
Total : or 1 kati : argent 3 outen.

Le compte se termine par un dernier calcul relatif à des valeurs que, — selon les dires des voleurs du Xer — avaient emportées pour leurs parts certains de leurs principaux co-accusés et qui avaient été réclamés au nom du *dja* et du premier prophète par le grand scribe Unnofre. Il y a, pour ce chef 3 articles : le premier de 4 objets, le second de 2 et le troisième de 2.

---

[1] Ce total se réfère tant à ce qu'avaient reçu les marchands qu'à ce qu'avaient reçu les habitants de Thèbes.

[2] Ce total répète le premier total du papyrus et l'additionne avec les autres totaux.

Vient ensuite l'exposé de nouvelles visites domiciliaires faites le 13 du 3e mois de la saison *shmou* d'une année qui commence par le chiffre *vingt* et dont le second chiffre est plus douteux. Cette perquisition a porté sur les cent dix maisons de Djème qui étaient dans les environs du tombeau du roi Ramenma (Seti 1er.)

Le compte rendu de cette visite domiciaire est immédiatement suivi (sans l'indication d'aucune nouvelle date) par la question de trois accusés : deux femmes et un homme.

Le premier de ces interrogatoires relatif à une femme commence ainsi :

« Fut amené l'*anxnut* (la métayère) Aapura. On lui appliqua la question dans les tourments par le *badjana*. Il lui fut dit (à cette femme) : Dis-nous la destinée de l'airain dont tu as dit qu'il était dans la main de Paxartapesh, etc. »

Le second, relatif à un homme, est tout à fait parallèle :

« Fut amené Paxartapesh. On le soumit à la question par le *badjana ;* on lui comprima les pieds et les mains. On lui fit prêter serment par le roi, sous peine de mutilation, de ne pas mentir. On lui dit : « Dis-nous quelle fut la destinée de l'airain dont l'*anxnut* Aapuru a dit qu'il était dans ta main. Si le témoignage que tu vas rendre aux hommes n'est pas juste, tu es tué ; car tu as menti en disant : « je n'ai pas vu le tombeau dans lequel on a fait les dégats. » On réitera à le questionner par le *badjana*. Il dit : « Je ne l'ai pas vu. »

L'accusé, malgré l'insistance d'un scribe, malgré sa confrontetion avec Ameuxau dont le témoignage avait été déjà invoqué par Aapuru, persista dans ses dénégations.

Le troisième interrogatoire, tout aussi négatif, est plus intéressant cependant, parce qu'il nous montre, comme un passage du procès de haute trahison relatif à un cocher, les bonnes relation que les Egyptiens entretenaient avec leurs domestiques. Nous le donnerons donc ici, par exception, en son entier.

« Fut amenée l'*anxnut* Shet... fille de Paxar (le témoin précédent) qui était en qualité de bonne dans la main du chef des voleurs Touisherau (le scribe signale comme voleur par la liste d'accusés qui est au revers du papyrus Abboth). Elle fut questionnée par le supplice du *badjana*. On lui serra les pieds et les mains. On lui déféra — sous peine de mort — le serment par le roi de ne pas mentir. Il lui fut dit : « tu étais comme bonne dans la main du chef des voleurs Touisherau. Il te disait ce dont faisait ouverture celui qui entrait et ce dont faisait fermeture celui qui verrouillait. Dis-nous quels sont les hommes que tu as vus entrant dans la demeure qu'ils ont violée pour la saccager. » Elle dit : » « Je n'ai rien de ce que Wuromau t'a dit. » On réitèra à la questionner par le *badjana* ; on lui déféra le serment par le roi de ne pas mentir. Elle dit : « Je n'ai rien vu de ce que Wuromau t'a dit. »

La dernière partie du papyrus Vassali contient un interrogatoire qui a été le sujet d'un article de ma *Revue Egyptologique* intitulé : « l'interrogatoire des témoins et la question des accusés dans les procès criminels égyptiens. » Voici le commencement de cet interrogatoire, dont je remets à plus tard l'étude totale :

« L'an 3 du *num mesu (*Ramsès X) le 13e jour du quatrième mois de la saison *per*.

« *Shepro* (ou interrogatoire*)* sur les voleurs qu'a amenés dans le sanctuaire le scribe Nesamen api du Xer.

« Fut amené le prêtre Faixerau Nofre de la demeure du roi Rausermameriamen (Ramsès III). Il fut dit à lui : « tu es le travailleur de la terre (le possesseur emphytéotique chargé de la culture) de cette demeure (la demeure du roi Rausermameriamen). Dis-nous quels sont les hommes quelconques que tu as vus entrant dans cette demeure et qui ont fait leur affaire des vases de ce lieu de sépulture.

« Il dit : Parmi eux fut amené l'officier Peutahat qui vous a dit tous ceux qui ont été dans la tombe de Ramsès nextu qui était premier prophète d'Amon et ce qu'ils ont fait. Ce sont ceux qui ont fait les vidations dans la tombe du roi Rauserma sotepenra (Ramsès II), le dieu grand, et dans le temple de Ka du roi Ramenma (Seti 1er) comme aussi dans ce sanctuaire (du roi Ramsès III). Voilà ce qu'il dit :

« Fut amené l'officier Pentahat. On lui déféra le serment par le roi de ne pas mentir sous peine de mutilation.

« Audition de sa bouche (*Sotemrof*) : Il dit : M'envoya le portier Panefer vers l'esclave Toi en me disant : « viens. » J'allai au lieu où il était et il me dit : « Va avec Toi, le cultivateur, vers le lit funèbre de Ramsès nextu, qui était premier prophète d'Amon. » J'allai avec lui. Je trouvai dans la tombe du premier prophète d'Amon un tel, un tel, etc. Je leur dis : « Ne faites pas de dégâts. » Mais ils brisèrent la partie antérieure du monument. »

L'accusé continue en disant que ses complices brisèrent encore 4 autres portes pour le tombeau du scribe Pamerà et du prêtre Touisherau et qu'ils en prirent de l'airain et du vin. Sur ce vin volé ils lui donnèrent 4 mesures à lui-même. Ils prirent et se partagèrent aussi le contenu de la tombe de l'*anxnut* Aamer. « Il y eut, dit-il, 20 onten d'airain qui échurent à chacun parmi nous, ce qui fait en tout 160 (?) onten d'airain. Paxar (le second témoin dénoncé par l'*anxnut* Aapura dans la séance précédente) eut aussi 1 kati ? d'or. »

La déposition se continue ensuite par divers détails que nous ne donnerons pas ici. Il nous suffira de dire qu'après un dernier témoignage relatif au scribe Thotmès qui aurait pris les vivres placés près du cercueil du grand prêtre, l'accusé fait de nouveau serment par le roi qu'il a dit la vérité et s'expose aux plus cruels châtiments s'il a menti.

Ainsi se termine le papyrus Vassali dans la copie de M. Eisenlohr.

N° 2 ANALYSE DU PAPYRUS HARRIS N° 1

« L'an 27 premier mois de *per*, sous le roi de la haute et de la basse Egypte, seigneur des deux régions, Ranoferka[1] Setepenra, le fils du soleil, seigneur des resplendissements, doué de vie éternelle *meriamen meriamensa sautea anx djeta* (Ramsès IX) doué de vie éternelle comme Amonrasonter et Mautla grande, dame d'Asheru.

« Copie du dire des paroles des voleurs trouvés volant dans la place de la bonne demeure, voleurs dont le *dja* Xaemuas et le premier prophète d'Amonrasonter Amenhotep firent l'interrogatoire dans le temple de la déesse Ma (la déesse vérité) qui est dans la ville. Cette copie a été mise par écrit, pour les recherches judiciaires d'Amon, par les mains (par le ministère) de l'épistate Pauraa, du scribe de la nécropole Ounnofré, du chef ouvrier Userxepèsh, du scribe Ka et du portier Xonsumès, du Xer. »

---

[1] Voir plus haut la préface des pièces annexes.

Le 1er paragraphe (relatif aux déclarations des voleurs dont le papyrus Vassali [1] avait déjà donné la liste, en indiquant leurs parts proportionnelles dans les vols) débute par les mots : « Les dires du voleur Amenuat, fils d'Hora, du Xer. »

Viennent ensuite :

2° « Les dires du voleur Pentaur, fils d'Amennextu, du Xer. »

3° « Les dires du voleur Nekhtumin, fils de Peutaur, du Xer. »

4° « Les dires du voleur Amenhotep, fils de Pentaur, du Xer. »

5° « Les dires du voleur Mesu, fils de Pentaur, du Xer. »

6° « Les dires du voleur Pason, fils d'Amenuat du Xer. »

7° « Les dires du voleur Hora, fils d'Amenuat du Xer. »

8° « Les dires du voleur Pannu, fils d'Amenuat, du Xer. »

Chacun des voleurs en question indique les sommes reçues par un certain nombre de personnages qu'il dénonce dans autant d'alinéas séparés.

Le premier voleur signale par exemple : 1° une *auxnut* qui était la concubine d'un scribe pour 35 outen de bronze d'une espèce et 20 d'une autre ; 2° un marchand de Merur pour 20 ; 3° un autre scribe du palais pour 20 ; 4° un pastophore *anxnut* qui était sous les ordres du premier prophète d'Amon pour 10 ; 5° un portier également sous les ordres du 1er prophète d'Amon pour 5 ; 6° un autre employé qui dépendait du second prophète d'Amon pour 10 ; 7° un autre marchand de Merur pour 30.

Le second : 1° un scribe du premier prophète d'Amon pour 5 ; 2° un chef de travaux du sanctuaire sous les ordres du 1er prophète pour 10 ; 3° un ouvrier (*abu*) du palais de la divine adoratrice pour 10 ; 4° trois pastophores du temple d'Amon chacun pour 10 ; 5° un gardien du grenier du Pharaon pour 10 ; 6° un autre pastophore du temple d'Amon pour 10 ; 7° un homme de peine (*Térau*) du palais de la divine adoratrice d'Amon pour 10 ; 8° un prêtre du temple de Sebek neb mer Shas pour 10 ; 9° un prêtre de la chapelle funéraire (*Kenau*) du roi Ranebma (Ramsès VI) qui était sous la direction du *Sotem* Djeta pour 5.

Le troisième : 1° deux marchands de Merur, le premier pour 5 outen de bronze, le second, pour 5 ket d'or et 30 outen de bronze ; 2° un homme du Xer pour 3 outen de bronze ; 3° deux porteurs (*seb*) du sanctuaire du roi Rausermameriamen (Ramsès III), sous les ordres du premier prophète d'Amon, le premier pour 3, le second pour 2 ; 4° un ouvrier du Xer pour 2 ; 5° une *anxnut* du Xer qui était la concubine d'un serviteur (*ret shesu*) pour 1 ; 6° une autre *anxnut* du Xer pour 1 ; 7° un marchand (ou commis) nommé Paxar (le syrien) qui était sous la direction du marchand Paiasebt (voir p. 131) pour 6 ; 8° un marchand (ou commis) nommé Hormatot, fils d'une femme nommée Tabunuro (la femme de l'extérieur ou de l'étranger), pour 6 ; 9° un ouvrier du Xer pour 6 ; 10° un choachyte (*ouah moou*) qui dépendait du 1er prophète d'Amon pour 30 ; 11° un *atexu* (cuisinier ou confiseur) du sanctuaire d'un roi (Rausermameriamen ?) pour 6 ; 12° un marchand de Merur pour 6 ; 13° un prêtre du temple de Chons pour 6 ; 14° deux prêtres de parfums (*seken*) du temple d'Amon, l'un pour 3, l'autre pour 6 ; 15° un autre marchand de Merur pour 7 ; 16° un scribe de sanctuaire attaché au sanctuaire du roi Ransermameriamen pour 7 ; 17° un ouvrier (*ret ket*) pour 3 ; 18° un mesureur (*Xai*) qui était sous la main de l'in-

---

[1] Le seul voleur qu'on ne retrouve pas actuellement dans le papyrus Vassali est Nekhtumin, fils de Pentaur. Mais peut être y figurait-il après Amenuat, fils d'Hora, dans la partie très lacuneuse de la première colonne.

tendant du sanctuaire pour 2 ; 19° un chef prêtre des parfums pour 8 ; 20 une *anxnut* qui était sous la main d'un ouvrier (*ret ket*) du *Xer* pour 10.

Le quatrième : 1° un chef d'employés du sanctuaire du roi Rausermameriamen, sous la direction du 1er prophète d'Amon, pour 20 ; 2° un ouvrier du Xer pour 5 ; 3° un prêtre gardien du sanctuaire du roi Ranebma, sous la direction du 1er prophète, pour 20 ; 4° un scribe du palais du Pharaon pour 6 ; 5° un *xentu* (boulanger ?) du sanctuaire du roi Rausermameriamen pour 6 ; 6° un scribe des vassaux (*meru*) du temple d'Amon, sous la direction du premier prophète, pour 1 ; 7° un marchand de Paxnum en abbu (Elephantine) pour 10 ; 8° le marchand Nessebek fils d'Hora (v. p. 131) pour 6 katis d'or; 9° un pastophore du temple d'Amon, sous la direction du premier prophète, pour 10 outen de bronze; 10° un choachyte, sous la direction du premier prophète, pour 5 ; 10° un gardien des greniers du temple d'Amon pour 5.

Le cinquième : 1° un ouvrier qui était sous la main d'un marchand pour 20 : 2° le marchand de Merur Nekasuamen (v. p. 131) pour 4 katis dor et 10 outen de bronze ; 3° un *anxnut* de la ville pour 10 outen de bronze ; 4° un préposé au magasin du temple d'Amon et son fils l'intendant (*aanpa*) du temple d'Amon, une première fois pour 46 outen de bronze et la seconde fois pour 10 ; 5° un chef des vassaux (*meru*) du temple d'Amon pour 10 : 6° un *atexu* (confiseur) du palais de la divine adoratrice d'Amon qui était sous la main d'un *ret ket* pour 10 ; 7° un pastophore du temple d'Amon pour 6 ; 8° un *setem* (ou domestique) du palais de la divine adoratrice d'Amon pour 10 ; 9° un pastophore du temple d'Amon, sous la direction du premier prophète, pour 10 ; 10° une *anxnut* qui était la concubine du nommé Painefer, du palais de la divine adoratrice d'Amon, pour 10 ; 11° un prêtre du temple d'Amon, sous la direction du premier prophète d'Amon, pour 10 ; 12° un marchand de Merur pour 7 ; 13° un chef de vassaux (*hir meru*) de la ville de... pour 6.

Le sixième : 1° le marchand Nebna (v. p. 131) de Merur pour 36 ; 2° une *anxnut* qui était la concubine du voleur Mesou fils de Pentaur (v. p. 127 et 135) pour 10 échangés contre de l'argent ; 3° un homme ouvrier (*ret ket*) du Xer pour 10 ; 4° un *kadjen* (officier militaire) du temple d'Amon, sous la direction du premier prophète d'Amon, pour 10 ; 5° une *anxnut* qui était la concubine du voleur Pason (v. p. 127 et 135) pour 8 ; 6° un gardien pour 10 ; 7° un chef de travaux du sanctuaire du roi Rausermameriamen, sous la direction du premier prophète d'Amon, pour 1 ; 8° un marchand pour 41 outen demi d'airain échangés contre de l'argent ; 9° une *anxnut* qui était la concubine d'un employé du premier prophète pour 10 ; 10° un gardien du sanctuaire du roi Rausermameriamen, sous la direction du premier prophète, pour 6.

Le septième : 1° un choachyte du basilicogrammate prince Hui pour 16 ; 2° un blanchisseur du temple d'Amon pour 10 ; 3° une *anxnut* pour 7 ; 4° une autre *anxnut* et son fils du grenier du temple de Chons pour 10 ; 5° un choachyte du basilicogrammate, prince (*erpa*) Hui pour 5 ; 6° une *anxnut*, concubine du quatrième prophète d'Amon, pour 10 ; 7° un employé du temple sous la direction du premier prophète pour 6 ; 8° un pastophore du temple d'Amon, sous la direction du premier prophète, pour 10 ; 9° un ouvrier du temple d'Amon sous la direction du premier prophète pour 10 ; 10° un chef de vassaux du temple d'Amon pour 4 ; 11° un prêtre du temple de Mont, seigneur d'Hermonthis, pour 10.

Le huitième : 1° deux ouvriers du Xer chacun pour 5 ; 2° un prêtre du sanctuaire du roi Aaxeperka (Thoutmès 1er) pour 10 ; 3° un scribe de sanctuaire, sous la main du basilicogrammate, pour 6 ; 4° un pastophore du temple d'Amon, sous la direction du premier prophète, d'Amon, pour 10 ; 5° un autre pour 10 ; 6° un ouvrier du Xer pour 5 ; 7° un batelier de prophète pour 5 ; 8° un scribe du temple d'Amon pour 10 ; 9° un mesureur pour 10 ; 10° un prêtre de Maut pour 16 ; 11° un gardien du grenier du temple d'Amon ; 12° une *anxnut* qui était la concubine d'un employé du temple de Ma pour 10 ; 13° un gardien du grenier du temple d'Amon, sous la direction de l'intendant du double grenier, pour 10 ; 14° un employé du temple d'Amon pour 10 ; 15° un barbier pour 5 ; 16° un *tehteh* du conseil ou de la cour d'assises (*ta = kebenti*) pour 5 ; 17° un voleur de profession (Hor fils d'Amenuat) pour une somme inconnue ; 18° un employé de la maison du Pharaon pour 5 ; 19° un forgeron sous la direction de l'intendant du temple ; 20° un employé du Xer pour 6 ; 21° un batelier de la maison du premier prophète pour 5 ; 22° un homme dépendant du sanctuaire de Mont, seigneur d'Hermonthis, sous la direction du prophète de ce temple, pour 6 ; 23° un marchand qui était sous la direction d'un autre marchand pour 10 etc., etc.

Dans cette liste, nous voyons mentionner quatorze fois des marchands et six fois il est dit expressément que le marchand est de Merur. L'un de ces marchands de Merur, Nessebek[1] est mentionné trois fois et la dernière à propos d'un de ses commis (commis nommé dans deux autres passages). Le marchand Paur de Merur est aussi mentionné deux fois. Nous avons également la mention d'un autre marchand, Bokhornuro, demeurant à Elephantine. Aucun n'est dit habiter Thèbes. Dans la longue liste de marchands receleurs du papyrus Vassali (et dont plusieurs se retrouvent dans le papyrus Harris n° 1) il en était à peu près de même. Aucun n'est dit expressément habiter Thèbes. Plusieurs habitent Crocodilopolis (pasebek) dans le Faioum et autres localités éloignées de Thébes. (Il y en a sept de la même).

A côté des marchands, receleurs par nature, il faut noter les hauts fonctionnaires qu'il s'agissait d'acheter. Nous voyons ainsi nommer sept scribes, parmi lesquels deux scribes du palais ou du roi, comme Paur, et plusieurs scribes de sanctuaires, parmi lesquels un nommé Rameri secrétaire du premier prophète, un nommé Shetsuxonsu, secrétaire agent comptable des vassaux du temple d'Amon, sous la direction du premier prophète, un nommé Pentaur, scribe de sanctuaire, dont il est dit cependant expressément qu'il est sous la direction civile du basilicogrammate, un autre scribe de sanctuaire (Néchutès) qui avait été chargé de la direction financière du roi mort Rausermameriamen (fondation funéraire qui avait été bien et dument pillée.)

Les femmes jouent comme toujours un grand rôle dans ce genre d'affaires. Nous trouvons ainsi : *l'anxnut* Shepsu, concubine d'un scribe ; *l'anxnut* Tamai, concubine du 4e prophète d'Amon ; *l'anxnut* Tahapi, concubine de Painefer, du palais de la divine adoratrice d'Amon ; *l'anxnut* Mautenamen, concubine d'Amenrex, du temple de Ma ; à côté *l'anxnut* Takerfi, du Xer, concubine de l'ouvrier Hora ; de *l'anxnut* Tamai sous la direction de l'ouvrier Nefer du Xer ; de l'*anxnut* Tason, concubine du voleur Pefson ; de *l'anxnut*... abbu du grenier de Chons ; de l'*anxnut* Taxaari du Xer ; de *l'anxnut* Tahont nefu, etc.

Il ne faut pas non plus oublier les prêtres tels que : Smai, prêtre de la chapelle funéraire du roi Ranebma, sous la direction du *setem* Hora ; trois prêtres du temple d'Amon chargés des onguents et parfums ; un prêtre du temple de Chons ; Paxar, prêtre gardien du sanctuaire du roi Ranebma ; le prêtre Djetumshanba, du temple de Maut ; le prêtre Paur, fils d'Userhat, du

[1] Nessebek de Merur l'est une fois pour 5 katis d'or et 30 outen de cuivre, comme un autre Nessebek pour 6 katis d'or. Notons que c'est encore un marchand de Merur qui a reçu 4 katis d'or et 10 outen de cuivre.

temple d'Amon, sous la direction du 1er prophète d'Amon ; Nessu . . , prêtre du sanctuaire du roi Ra Xeperka, etc.

Les prêtres (*ab*) des tombes de tel ou tel roi peuvent être aussi rapprochés des choachytes (*uah moou*) parmi lesquels nous mentionnerons : le choachyte Penasuamen qui était sous la direction du 1er prophète (mentionné deux fois) ; et deux choachytes attachés au culte funéraire de deux basilicogrammates — ce qui nous montre la distinction pratique des prêtres du *Ka* pour les souverains et des choachytes pour les particuliers.

N'oublions pas les fonctionnaires civils ou religieux, étrangers à l'administration du quartier funéraire, mais dont l'influence était grande comme : le préposé aux greniers du temple d'Amon et son fils l'intendant *(aanpa)* du temple d'Amon ; le gardien du grenier d'Amon Taseri ; le gardien du grenier du Pharaon Kemi ; une employée du grenier de Chons ; le gardien Smai, du grenier du temple d'Amon, sous la direction de l'intendant du double grenier ; un employé de la cour de justice nommé Ki....., Shetsuxonsu, le scribe des vassaux du temple d'Amon, sous la direction du premier prophète ; le chef des vassaux du temple d'Amon Aripara ; le chef des vassaux du temple d'Amon Penuu ; plusieurs chefs des travaux du même temple d'Amon, etc.

Quant aux journaliers et employés inférieurs du temple et du Xer ils ne se comptent plus. Il y a bon nombre de pastophores, bon nombre d'ouvriers (*rét ketu*), de travailleurs désignés par les titres de *abu* ou *djerau*, sans compter les confiseurs, les blanchisseurs, les barbiers, etc.

Mais ce qui nous frappe dans ce compte de recels, c'est le peu de mentions de numéraire d'or ou d'argent qui y figurent. Le marchand Nessebek de Merur a bien reçu en or cinq kati et 30 outen de cuivre, comme une *anxnut* nommée Titi, concubine du voleur Mesou, fils de Pentaur, un outen d'argent, etc.

Mais cela ne prépare guère à entendre le total effrayant fourni par le verso malheureusement très fréquente du même papyrus :

« ..... Du déficit qu'il avait trouvé le scribe sacré fit rapport (*smai*) aux prêtres du conseil (?), y écrivant pour eux tous les vols qu'ont commis tous les ouvriers. Il avait trouvé pour l'argent 300 outen, pour le bon or 89 outen, ce qui fait 389 outen d'or et d'argent. Le prêtre (rapporteur) Amenxau trouva le compte du déficit exact et en soumit l'examen (*Psmetre*) au 1er prophète d'Amon, pour qu'il en exigeât (le remboursement). »

Dans le papyrus Vassali, (absolument de la même année, puisque, comme, le recto du papyrus Harris n° 1, cette session transcrite dans le papyrus Vassali est datée de l'an 27), on ne trouvait encore pour le total des vols d'argent que 236 outen et 7 katis et pour le total de l'or et de l'argent au lieu de 383 outen. Il est vrai qu'il s'agissait alors de l'argent qu'on avait pu se faire rendre et qu'évidemment tout l'argent n'avait pas été rendu.

Après la première colonne du verso, dont il ne reste que le passage traduit plus haut, nous en arrivons à la seconde, dont le haut a également disparu dans ce terrible accident qui a tant détérioré le papyrus (dont on avait heureusement pour le *recto* la copie antérieure de Mlle Harris).

Ce qui reste des deux premières lignes se réfère à l'interrogatoire d'un prisonnier dont le nom a disparu et auquel on fit prêter le serment par le roi de dire la vérité.

La déclaration en question, qui intervient après un blanc d'une ligne, est seulement représentée par une suite d'objets volés, avec l'indication des voleurs. Il s'agit de bois qui ont été enlevés tant dans le sanctuaire du roi Rausermameriamen que dans d'autres monuments.

1° 3 pièces de bois *ash* que donna le scribe Smai [1] au scribe Tanuro et à Nessupato, pièces tirées du tombeau du roi Rausermameriamen, le dieu grand.

2° Une caisse de bois *ash* tirée de la chambre (*teret*) du roi Rausermameriamen, le dieu grand, et qu'il (le scribe Smai) donna au scribe TanurooXonsu et à une autre personne dont le nom est détérioré.

3° 5 colonnes (*ani*) du même roi qu'enleva le gardien Pason. Il (le scribe Smai) donna les 5 pièces de bois *ash* au chef (*hir*) des soldats Paau.

4° La porte (*bab*) de sortie de la demeure de Thotmès qu'arracha le gardien Pason (avec) Nessuamen. Cette porte faisait 4 coudées. Il (le scribe Smai) les donna au chef des soldats Paau.

5° La porte (*seba*) du temple, faite en bois *ash*, que prit le scribe Smai et qu'il donna au chef des soldats Paau.

6° 4 pièces de bois *ash* provenant du plancher d'argent du roi Rausermameriamen [2]. Le scribe Smai les donna à l'*anxnut*... concubine du divin père Hor. Il (celui-ci) les donna au gardien *Xerau* de cette demeure nommé Bekntai. Il en fit pour elle un cercueil.

7° Le naos (*taasturpa*) en bois de *Ket* d'Unnofre, qui était dans le sanctuaire du roi Rausermameriamen, en ses demeures — que donna le scribe Smai au divin père de l'Amenophеium de la terrasse [1].

8° Les 3 bois de *meri* du grand *medj* de la terrasse du sanctuaire, que donna le scribe Smai au grand basilicogrammate du temple d'Amon. C'était le gardien Pason qui les avait enlevés et le grand basilicogrammate vint à lui encore une fois en disant : « Ils emporteront dehors le sarcophage (*Karo*) de bois *as*. » Et le scribe Smai donna un sarcophage (*Karo*) faisant 5 coudées de haut.

9° Le naos (*taasturpa*) Unnofre de la grande demeure (du Ramesseum) que prirent les 3 gardiens de la maison du *noubi* Ii.

La troisième colonne, toujours fragmentée dans le haut, se réfère à d'autre interrogatoires. Nous n'avons plus que la fin du premier.

« ... Nous les partageâmes. Nous réitérâmes encore une fois d'y retourner. Nous emportâmes de l'airain... Après quelques jours nous retournâmes encore à la porte (*seba*) de l'enceinte (*umt*) de la montagne orientale. Nous... Nekhtmont prit 1 outen d'airain, Ptabxa 3 outen d'airain, le prêtre Paharo 6 outen d'airain, que nous nous partageâmes. Il fit serment par le roi : Tout ce que j'ai dit est vérité : sinon qu'on me réduise en servitude [3].

Fut amené le prêtre Kai Tai du sanctuaire. Son audition (*setemrof*). Il lui fut dit : Quelle est la manière d'aller que tu as faite en prenant l'or des divines offrandes avec tes compagnons ?

Il dit : Le scribe du sanctuaire Smai vint accompagner le prêtre des encensements Tutui vers les divines offrandes. Nous fûmes à prendre un outen et 3 katis d'or de là. Il (*sic*) prit ces choses pour le chef des soldats Paau.

---

[1] Voir plus loin sur ce scribe Smai un autre témoignage.

[2] Au sujet de ces planchers d'argent, voir ce que j'en ai dit dans mes « Notices » à propos d'un des procès de la 21e dynastie.

[3] Voir le papyrus Abboth.

Nous réitérâmes encore une fois. Nous allâmes de nouveau vers les offrandes sacrées : nous en emportâmes 3 katis d'or. Nous étions avec le scribe du sanctuaire Smai, le prêtre Tutui, le prêtre Paiuahm, en tout 4.

Nous réitérâmes encore une fois. Nous allâmes vers les offrandes sacrées de nouveau avec le scribe du sanctuaire Meri, le prêtre Nessuamen. Nous en emportâmes 5 katis d'or et nous nous les partageâmes.

Nous réitérâmes encore une fois. Nous allâmes vers les offrandes sacrées de nouveau avec le prêtre Hora (fils de) Paxar, le scribe du sanctuaire Merik, le prêtre Nessuamen ; nous en tirâmes 5 katis d'or. Nous emportâmes les blés. Nous les partageâmes entre nous.

Après quelques jours, le scribe du sanctuaire Smai vint encore et il amena les trois hommes qui étaient avec lui. Ils allèrent encore vers les offrandes sacrées. Ils en emportèrent 4 katis d'or. Nous les partageâmes entre nous avec lui.

Après quelques jours Pashennu (ou Pason), notre chef supérieur, parla avec nous en disant : On ne m'a pas donné de choses (on ne m'a rien donné). Nous allâmes vers les offrandes sacrées de nouveau. Nous en emportâmes 5 katis d'or avec lui. Nous les donnâmes pour payer un bœuf ; nous le donnâmes à Pashennu.

Le scribe Sutimès entendit cela. Il parla avec nous en disant : « Je vais dire rapport au premier prophète d'Amon. » Nous donnâmes 3 katis d'or au scribe Sutimès. Nous réitérâmes encore une fois. Nous y allâmes de nouveau. Nous lui donnâmes 1 kati et quart d'or. Total de l'or qui fut donné au scribe Sutimès : 4 katis et quart.

Après quelques jours, le prêtre Hora, le prêtre Tutui allèrent encore. Ils entrèrent dans la maison de l'or. Ils en prirent un *aureus* des offrandes sacrées. Ils s'en emparèrent. Ils le portèrent chez le scribe Smai. Il les reçut (ces gens). Mais il le refusa (l'*aureus*) Il le donna (l'argent) à Pashennu.

Il dit : Le prêtre Tutui et le prêtre Nesamen s'approchèrent de la porte du chef. Ils l'ouvrirent. Ils prirent son or : ils l'emportèrent avec le scribe Smai.

Il dit : Ils approchèrent. Ils réitérèrent encore une fois d'aller vers les offrandes sacrées, de nouveau. Ils y allèrent, les trois hommes (susdits). Ils prirent 3 katis d'or. Ils les partagèrent entre eux les trois.

Ensuite le scribe Smai alla vers les offrandes sacrées avec le prêtre Tutui. Ils en emportèrent 3 katis. Ils les prirent.

Il dit : Nous approchâmes des offrandes sacrées de la porte (*sebat*) du sanctuaire... Y arriva le scribe Sutimès. Il le prit. Et l'autre or restant qu'ils virent dans nos mains, ils l'emportèrent. Ils déposèrent ce que nous avions donné et ils trouvèrent 3 outen d'or et 3 katis.

La 4e colonne est dans un état encore plus triste que les précédentes. Nous n'avons plus que des mots sans suite pour le premier interrogatoire : « ..... avec ..... Panofré ..... l'or je le lui..... il prit..... à l'intérieur du sanctuaire du roi Rausermameriamen... Il emporte le service de... du roi Raaaxeper..... Il enleva leur or..... »

Vient ensuite l'interrogatoire encore très lacuneux d'un mesureur du trésor nommé Seketmetsu. Voici le procès verbal de son audition (*setemrof*) ;

« Il lui fut dit : Dis-nous tout l'or que tu as pris dans la maison de l'or du roi Rausermameriamen, le dieu grand, ainsi que les hommes qui étaient avec toi et qui vinrent pour piller l'or et les vêtements de la maison de l'or du roi Rausermameriamen, le dieu grand.

Il dit : Je m'approchai des magasins du tombeau avec mes compagnons. Nous emportâmes l'or..... Nous le partageâmes. Nous recommençâmes encore une fois. Nous parvînmes à la porte une seconde fois. Nous nous saisîmes encore de l'or : 2 outen et 1 kati. Je le partageai avec mes compagnons. Après quelques jours j'allai avec eux de nouveau. Nous emportâmes les meilleures choses (*tesi*). Nous nous saisîmes de l'or qui était déposé là. Je trouvai 1 outen là. Je le partageai avec mes compagnons. — Dis la manière de procéder des autres, lui fut-il dit. Dis aussi ceux qui étaient avec toi pour aller à la porte (*seb*) du chef de l'enceinte (*umt*) orientale. Il dit : (Mes frères vinrent avec moi?), à cette porte. Nous emportâmes 8 outen et quart d'airain. Nous en établîmes partage. Nekhtmont vint. Il reçut 7 outen d'airain. Ptahxa vint. Il enleva 3 outen d'airain. Le prêtre Paharo vint. Il reçut 6 outen et demie. Le reste des airains nous le partageâmes entre nous. Il fit ce serment par le roi. Vérité est tout ce que j'ai dit. Si on trouve que j'aie retourné ma bouche (que j'aie menti), et cela encore dans l'avenir, tu me mettras aux travaux (forcés) en Ethiopie.

Ainsi se termine le verso du papyrus Harris n° 1.

3. — ANALYSE DU PAPYRUS HARRIS 498

Recto, 1re *colonne*.

Ce papyrus porte deux fois (et une fois en note marginale) le titre : « Interrogatoire des voleurs » (*Pa smetre nnaadjau*). Ce titre est aussi développé dans un passage très lacuneux :

« L'an..... le 19 du 3e mois de..... Interrogatoire des voleurs qui ont été trouvés volant et qu'ont questionnés le *Dja* Xaemuas, le royal officier Nesamen..... Ranoferkaempaamen, le procureur du roi, l'épistate de la ville (*ha n nut*).

Comparut le... Hora. Il fut questionné par le *badjaro*. Il dit : Je suis venu à la nécropole le 6 mesoré. J'étais avec le Xérau Mérudj. (Le reste, en partie couvert par un papyrus collé dessus, est en trop mauvais état pour être traduit).

2e 3e et 4e *colonnes*

Liste date de l'an 6 (ou peut être 16), jour 10e du 3e mois de Sha, et qui a été dressée par l'épistate (*ha*) Pauraa de la nécropole et par le scribe de la nécropole Ounnofré. Dans les 2 premières colonnes, au-dessus desquelles court le titre, on a inscrit les monuments funéraires violés. La 1re est relative aux défunts, hommes. La 2e aux défunts femmes, puis aux rois. Parmi ceux-ci nous citerons le *hat* (sanctuaire) d'un roi inconnu dont le prénom se lit : Neterka et le *hat* du roi Ramenma Séti, c'est-à-dire de Séti Ier.

La 3e colonne contient les noms des voleurs présumés, parmi lesquels nous voyons figurer — comme dans l'interrogatoire qui remplit le revers du papyrus — le forgeron Nefer, fils de Neb Djer, le forgeron Pentahatuextu, le forgeron Patuti, le forgeron Panofre, le *kérau* Mérudj, le *kérau* Amen... et un autre *kérau* — sans compter Panext, fils de Nesmaut, qui a apporté l'argent volé à l'un des accusés, etc., etc.

PAPYRUS HARRIS 498 REVERS

1re *colonne.*

...Nous allâmes vers la tombe de Djapnefer qui était premier prophète d'Amon. Nous l'ouvrîmes; nous emportâmes ses... au dehors; nous prîmes son *senhat'a*. Nous le laissâmes dans un *kerbu* dans son tombeau. Nous emportâmes ses cercueils dans le bateau où étaient les autres, vers la porte (ou le temple) d'Amenapi. Nous les conduisîmes à Thèbes. Nous enlevâmes l'or que nous y avions trouvé. Cet or se montait à 4 katis pour chacun des 4, ce qui fait 1 outen et 6 katis. Nous réitérâmes encore 3 fois. En dehors de..... d'or, nous nous saisîmes des vases d'airain ; nous les prîmes. Nous allâmes encore à la nécropole ; nous entrâmes dans une tombe ; nous l'ouvrîmes ; nous emportâmes les cercueils au dehors. Nous nous saisîmes de l'or. Nous trouvâmes un vase d'airain. Nous le prîmes... Dans les tombeaux que nous avions trouvés nous prîmes...

2e *Colonne.*

...Pendant la navigation qu'ils ont faite vers Thèbes je les laissai à la nécropole. Ils me dirent : Nous ferons aller vers toi quand nous serons arrivés à Thèbes. Après quelques jours ils vinrent à moi; ils m'appelèrent à Thèbes. J'allai vers eux à la nécropole. Je pris parole avec eux. Je les amenai à la rive du fleuve, mais je les laissai (en restant, moi,) à la nécropole. Après quelques jours Panext vint à moi. Il m'apporta 3 katis d'or.

... Fut amené Amen..... Meri nkesh, *Xera* du temple d'Amon, sous la direction du premier prophète d'Amon. Il fut questionné. Il dit : J'allai avec les voleurs qui étaient avec moi aux tombes de la nécropole. Nous emportâmes l'or et l'argent que nous avions trouvés dans les tombes, le vase *uthu* que nous avions trouvé. Nous prîmes leurs *Xaau*[1] d'airain en nos mains et les caisses (*tebt*) que nous avions ouvertes dans les *Xaau* d'airain qui étaient en nos mains. Nous emportâmes les cercueils (*ut*) dans lesquels il y avait de l'or, pour les briser et les faire transporter à Thèbes depuis l'intérieur (*emxoun*) des tombes ; nous détachâmes l'or et l'argent que nous y avions trouvé ; nous le prîmes ; nous le partageâmes. Alors je réitérai. J'allai aux tombes avec le *kérau* Merudj... Méri Shehsheha le *kérau* Mériaa, ce qui faisait 3 *kérau*. Nous allâmes à la tombe d'Amenxau, un gardien du trésor... du temple d'Amon. Nous allâmes dans son προαυλιον (*haitata*). Nous trouvâmes une caisse (*tebt*) du gardien Bekra. Nous ouvrîmes (aussi) son προαυλιον (*haitata*). Nous brisâmes son *senhat'a*. Nous le laissâmes (le mort) dans la tombe. Nous prîmes son cercueil (*ut*), son mobilier funéraire. Nous nous emparâmes de son or.

3e *Colonne.*

... Fut amené Paihir... Pénaten? le forgeron du temple. Il fut questionné. Il dit : Je vins aux tombeaux avec le forgeron Patu... le forgeron Pentahatnextu, du sanctuaire du roi

[1] Ce mot encore inconnu est déterminé par le bois, mais il est suivi des mots *nxomet* « d'airain. »

Raaaxeper, sous la direction du premier prophète d'Amon, le forgeron I Nefer, fils de Térau. Nous entrâmes dans les tombes de la nécropole; nous nous emparâmes de l'or et de l'argent que nous y avions trouvé; nous le prîmes; nous le mîmes dehors de la nécropole; nous nous en allions quand un (employé?) de (Xa) emap le maire de la ville (*ha n nut*), nous fit venir à Thèbes. . . . .

L'an 28, le 15 du mois de... comparût le voleur prêtre Penun. Son interrogatoire (*setem rof*).

Il lui fut dit : Qu'as-tu à dire sur l'or du royal ensevelissement du roi Rausermamériamen, Il dit : Je suis allé avec le père divin Mérudj, le père divin Smai, le père divin Pasenmerudj, le père divin Paxar; nous pénétrâmes dans le magasin qui était plein d'or et de *byssus*. Nous emportâmes l'or à nous quatre. Moi, je le saisis et le divin père Mérudj le partagea avec ses compagnons. Ils me donnèrent à moi 3 katis d'or, ils donnèrent 3 katis d'or au prophète Paxar et ils prirent le reste. Horus l'intendant (?) du dieu Pharaon les laissa entrer dans le magasin. Or, (dit l'intendant) ? allons vers la demeure du dieu pour emporter les quatre canopes d'argent; nous les briserons et je mettrai à leur place 4 canopes d'airain. L'argent fait 6 outen; nous nous le partagerons.

Les gens qui étaient avec lui et auxquels le prophète Paxar et le prêtre Penun donnèrent l'or du royal ensevelissement :

Le... Xaemap or un outen.
Le scribe Sutimès, or 6 katis.
Le divin père Mérudj 3 katis.
Le divin père Smai 3 katis.
Le divin père Paxar 3 katis.
Le prêtre Penun 3 katis.
Le prêtre Pason merudj 3 katis.
Sutimès » or 1 kati.
Hor, l'intendant du dieu, 8 katis.
Total 4 outen.

Le père divin Paxar a dit au forgeron Chonsumès et au forgeron Terau d'emporter, le 13 de ce mois, l'image du roi, qui (était là)...

§ 4. — *Supplément à la notice de Papyrus Harris* 499.

Ainsi que nous l'avions supposé, la copie de M. Eisenlohr est fort incomplète pour le papyrus Harris 499. Pendant le très court séjour que nous avons fait en Angleterre, nous venons d'exécuter, ma femme, ma fille et moi, une très rapide (trop rapide) copie du verso dont on trouvera plus loin une traduction, pour laquelle je suis obligé de réitérer toutes mes réserves — en attendant ma publication définitive de ces si intéressants documents. Pour le recto, je n'ai pu, comme j'en avais d'abord l'intention, le confronter avec les copies de M. Eisenlohr, puisque, je l'ai dit, j'étais obligé de me résigner à semblable sacrifice pour le verso, non copié jusqu'ici. Sans même regarder le reste du texte, je me suis borné à deux constatations, l'une sur l'extrait des témoignages de Buxaf, extrait incomplet et fort peu net dans la copie de

M. Eisenlohr, l'autre sur les dernières colonnes qui, dans cette copie, m'avaient aussi laissé des doutes.

Commençons par l'extrait de la déposition de Bukhaf, (voir plus haut p. 103), ce qui correspond à la page 2 du papyrus. Dans l'original, cette page 2 se subdivise en 2 colonnes (dont une seule a été copiée par M. Eisenlohr) colonnes qui se trouvent d'ailleurs toutes les deux écrites en bas du titre.

« Les noms des voleurs que donna le gardien Bukhaf en disant qu'ils étaient dans sa bande de voleurs. »

La 1re colonne portait les noms suivants :

« L'ouvrier Paurxertuf, fils de Hortat ;

Le scribe des livres sacrés Nesamen ;

Le prêtre des encensements Shetisuxonsu ;

Le prêtre des encensements Nesamen, surnommé Djaibai ;

Amenxau, fille de Mautemhib ;

Le gardien Seb... hat... qui est sous la direction du chef des voyants d'Amon, qui est de la ville...

Le batelier Pauraa, du temple d'Amon ;

Le mesureur Paaaemtametre ;

Le nommé Shanba, fils de Pirpanif ;

Total 13 (12) hommes dont il a dit qu'ils étaient avec lui dans les tombes et qu'il tomba d'accord avec eux en disant : « Par le poids de la colère d'Amon ! Par le poids de la colère du Régent ! s'il se trouve un homme qui soit avec nous ayant trahi (?) ses compagnons qu'il lui fasse ses châtiments ! »

A côté de cette première colonne on en voit une autre en écriture plus fine et qui paraît écrite après coup : On y lit :

« Il dit : j'ai donné 5 katis d'argent au prêtre des encensements Penmin, (?) du temple d'Amon, pour payer 10 hins de miel ;

Il dit : J'ai donné 3 katis à Aarsu, *setemi* du 1er prophète de Min (?)

Il dit : j'ai fait prendre à Amenxau, fille de Mautemhib, 5 katis d'argent pour le scribe... Aaxaamenemuas, du temple d'Amon. Nous le prîmes à la maison de l'intendant du domaine (*mersoxet*) ; nous lui donnâmes 2 hins de la liqueur *baa*. Nous le satisfîmes.

Il dit : Ils amenèrent le voleur prêtre des encensememts Shetisuxonsu. Nous dîmes : Vous confierez l'argent en la main de qui ?

Il fut amené le prêtre des encensements susdit. Il fit un .... Ils (le) dirent, d'une seule bouche.

Amenxau fit prendre 1 outen et 5 katis d'argent au prêtre des encensements Penmin pour payer du miel et des essences. Le prêtre des encensements Penmin réitéra à lui donner de l'essence de *ba* et Amenxau, la voleuse, lui donna un outen et 5 katis d'argent en paiement : total 3 outen (donnés à Penmin).

Il dit : j'ai donné 1 outen et 2 katis d'argent au *Nubi* (Peti) maut du temple de Maut.

Après ces deux colonnes parallèles nous n'en avons plus qu'une :

« Le montant (*hai*) des parts d'argent, à ce qu'a dit le gardien Bukhaf :

Le *setemi* Pakananai du temple d'Amon, argent 2 outen ;

Le préposé aux champs du roi Paxumennu, argent outen 1, or kati 5, pour payer les gardiens ;

Un forgeron dont on dit qu'il était dans la main d'Amenxau, fille de Mautemhib, argent 2 outen.

(Un autre) dont on dit qu'il était dans la main du *setemi* Buxaf, 2 autres (outen) ;

Le scribe Amenhotep surnommé... du temple d'Amon pour payer...

Le *setemi* Sheti badjaro pour payer le serviteur Tekanai, argent 2 outen.

Airain outen 60, équivalant à 10 katis, que l'on a apporté pour de l'argent.

Nefer..... 204 — 10 (autres katis. Total : 2 outen.

Le voiturier Chonsumes, argent 3 katis.

Le *nubi* Unnurasebek, l'intendant de palais, argent 5 katis.

Le *setemi* Nesamen, fils de Pabok, l'impur (*dja*), argent 5 katis.

Nesmaut, la femme de Panéhes, argent 5 katis.

On réitéra à le questionner le 5 mésoré.

Il dit :

Le batelier Mautemhib et sa mère Nesmaut 4.

Le prêtre Nesamen. »

(Le reste manque).

Passons, maintenant, aux dernières colonnes en fort triste état du recto (voir plus haut p. 118 et suiv.). Disons d'abord, qu'à la fin de la colonne 5, l'interrogatoire du portier Papetra est précédé du titre oublié : « En ce jour, au temps du soir ». Disons aussi qu'après la déclaration de Nesamen, fils de Paurxertuf, tout en bas de la colonne 6 si lacuneuse, on voit la mention d'un nouvel interrogatoire d'Amenxau et de Shetsuxonsu. Amenxau, dont il est question ici, est sans doute la femme Amenxau, fille de Mautemhib (car c'est ainsi qu'est très nettement écrit sur le papyrus le nom que je lisais Mautemshet, d'après la copie de M. Eisenlohr. Ce nom a donc été rétabli par moi dans l'épreuve de la feuille 16 (p. 121 et suiv.) que j'avais encore entre les mains et j'ai pu y rétablir en même temps le dernier interrogatoire du recto dont la copie possédée par moi était, je l'avais bien vu, très fautive.

PAPYRUS HARRIS 499.

Verso, 1re *colonne*.

An 1er, le 7 mesoré, 3e jour [1].

Interrogatoire (*smetre*) des voleurs grands coupables.

— Fut questionné (*smetre*) le prisonnier esclave (*hon*) Sexahatiamen, fils de l'homme de même profession Paanuaas. Lui dit le *dja* : Dis la manière d'aller que tu as faite pour parvenir aux grandes demeures avec les gens qui étaient avec toi. Il dit : Est-elle éloignée cette grande colère de cœur pour les grandes demeures que vous avez montrée en tuant dans les cata-

[1] Le 7 était le 3e jour de cette instruction depuis le 5, date du recto du papyrus.

combes de la localité Manini ceux-là qui étaient là? Il fut questionné par le *badjaro*. Il dit : J'ai secoué (*nennu*) un homme ouvrier (*ret ket*) nommé Panofré. Il me donna 5 *apot* (vases). Je les trouvai mauvais : je m'en allai : je les lui laissai. Le gardien Ahimeh, le frère d'Aufenamen, vint dehors. Ils me dirent : Viens à l'intérieur, je te ferai pénétrer en leur lieu. Ils établirent paroles à savoir : Va vers l'argent ; saisis-le en mains. (Malheur à qui fraude) ses compagnons ! C'est moi qui te ferai voir le *Xer*. Voilà ce qu'il me dit dans la..... de Panofré, l'homme ouvrier, à savoir le gardien Ahimeh. — Lui dit le scribe Thotmès : Tu étais grand (important) chez (dans le lieu de) les voleurs et tu t'es tenu debout à faire le transport *(kéla)* pour eux. Ils t'ont parlé et ils ne t'ont pas donné de part ? — Il dit : Ils ne m'ont pas donné de part. Que m'ont-ils donné ? — On le questionna par le *badjaro* et le *manini*. — Il dit : Laissez-moi : je parle ! Il dit : J'ai été à l'occident, à Manini, avec Nesamen qui était chef de police (*hir madjau*). J'ai été à l'occident de la ville avec lui. J'ai été à l'occident à Djême avec tous les gardiens de Djême. On réitéra à le questionner encore.

—Fut questionné le prisonnier officier de marine Ariastma. On lui déféra le serment par le roi de ne pas mentir, sous peine de mutilation et de relégation en Ethiopie. Lui dit le *dja* : Quelle est la manière d'aller que tu as faite (pour parvenir) aux grandes demeures ? Il dit : j'ai vu les impiétés qu'ont faites les voleurs aux temps du *dja* Xaemuas. On lui dit : Quelle fut la marche pour chercher le..... ? — On réitéra à le questionner par le *badjaro* de ses pieds et de ses mains. — Il dit : je n'ai rien vu et je n'ai rien fait. — Lui dit le *dja* : Vois ! on te prendra pour les supplices (*Kenken*) si tu as encore à venir comparaître. — Il dit : Si j'ai encore à comparaître, tu me feras faire tous les châtiments les plus mauvais (*sebau bau*) — On réitéra à le questionner par le *badjaro* et le *manini ;* Il dit : je n'ai rien vu. Il ne consentit pas (à répondre).

— Interrogatoire presque complètement détruit de l'étranger Pentaour.

2e *colonne*.

— Fut questionné le prisonnier Kamen, gardien de *l'ap*. On lui déféra le serment par le roi de ne pas mentir, sous peine de mutilation et de relégation en Ethiopie. Lui dit le *dja* : Quelle est la manière d'aller que tu as faite, pour parvenir aux grandes demeures ? Il dit : Si l'on trouve que j'ai vu l'or et l'argent des grandes demeures, que l'on me fasse tous les pires châtiments. On réitera à le questionner par le *badjaro*. Il dit : Je n'ai rien vu. On le questionna par le *badjaro* très rigoureusement, il ne consentit pas (à parler).

—Fut questionné le prisonnier marin Nesamen dépendant de l'intendant des bestiaux d'Amon qui était serviteur (*bok*) de Aufenamen. On lui déféra le serment par le roi. (Le procès verbal de cet interrogatoire s'arrête là).

3e *colonne*.

— Fut questionné le prisonnier Ka... Chonsu... On lui déféra le serment par le roi de ne pas mentir, sous peine de mutilation et de servitude [1]. Lui dit le *dja* : Que sais-tu sur l'affaire des

[1] Le mot que nous traduisons ainsi est le mot *Xet* par le signe du bois qui sert aussi à traduire l'expression sous la direction, sous le bâton du premier prophète etc. Mon élève Spiegelberg traduit, martyrisé par le maillet », ce qui est inexact, car cette formule équivaut à *tutusu nKesh* « qu'il soit relégué en Ethiopie » que nous trouvons ailleurs. Ajoutons que sa lecture *tep* pour « maillet » me paraît plus que douteuse.

grandes demeures auxquelles tu es parvenu avec les gens qui étaient avec toi ? Il dit : Je ne suis pas venu en elles. Je te dirai la vérité. Quand mon père entra dans la porte d'Amenapi, ils trouvèrent une caisse (*ut*) en mains du (ou appartenant au) prêtre Méri de la chapelle du roi Ramenxeper (Thoutmès III). Le prêtre Kairokaemuas, du grand temple d'Amon (?) lui dit : Laisse la caisse près de nous, gens grands... Si nous avons faim (*hoker*) nous irons, nous l'emporterons et, dit-il, nous t'en donnerons une partie. — Voilà ce qu'il lui dit. Ils lui donnèrent bien une partie. Mais ma mère lui dit (à mon père) : (tu t'es laissé frustrer) de ce que tu as fait. Voilà ce qu'elle lui dit. — On le questionna par le *badjaro*. Il dit : Je n'ai rien vu d'autre. On réitéra à le questionner. Il ne consentit pas (à répondre). Il sera questionné encore.

— Fut questionnée la prisonnière *anxnut* Sau, la femme de Karo, du sanctuaire de Kak. On lui déféra le serment par le roi de ne pas mentir, sous peine de mutilation et de servitude. Lui dit le *dja* : Quelle fut la destinée de l'argent que ton mari a emporté des grandes demeures ? Elle dit : Je n'ai pas vu. Lui dit le scribe Thoutmès : Quelle fut la manière de l'emporter qu'ont fait les serviteurs (*beku*) que tu as amenés ? Elle dit : Ils l'ont emporté pour payer le blé (la nourriture) dans leur auberge. Dit le *dja* : On fera amener Painexu, son serviteur (*bok*). On fit comparaître le prisonnier Painexu. On lui déféra le serment par le roi. Il lui fut dit : Qu'as-tu à dire ? Quelle fut la destinée de l'argent qu'emporta ta maîtresse (*nebt*). ? Il dit : Quand on mit la main sur Paneheshor, il fut violenté. L'étranger Panehes djat fut amené avec lui. Il donna deux outen d'argent pour payer... quand on le tua...

4e colonne.

— Fut questionné le prisonnier Next Nesamen scribe du sanctuaire du temple d'Amon. On lui déféra le serment par le roi de ne pas mentir, sous peine de mutilation et de relégation en Ethiopie. Il lui fut dit : Qu'as-tu à dire ? Il dit : Que s'éloigne la colère de ton cœur ! On le questionna par le *badjaro*. Il dit : Je n'ai rien vu.

— Fut questionnée la prisonnière *anxnut* Arinofre, la femme de l'étranger Panehesdjat. On lui déféra le serment, par le roi, que, si elle mentait, elle serait reléguée en Ethiopie. Il lui fut dit. Qu'as-tu à dire sur l'argent qu'a emporté Panéhes ton mari ? Elle dit : Je n'ai pas vu. Lui dit le *dja* : Quelle fût la manière de l'emporter qu'ont faite les serviteurs (*beku*) avec lui ? Elle dit : Je n'ai pas vu l'argent qu'il a fait emporter, alors qu'il était avec ceux qui l'accompagnaient. Les magistrats lui dirent : Quelle fut la destinée de l'argent que les serviteurs (*beku*) de Panéhes ont trouvé ? Elle dit : On l'a emporté pour payer le blé dans l'année des hyènes, alors qu'on avait faim.

— Fut questionné le prisonnier scribe Anxfenamen, fils de Ptahemheb, du temple d'Amon. On lui déféra le serment par le roi de ne pas mentir, sous peine de mutilation et de relégation en Ethiopie. On lui dit : Qu'as-tu à dire sur la manière d'aller que tu as faite pour parvenir aux grandes demeures avec Aufenamen, fils de Ptahemheb, ton frère ? Il dit : Que s'éloigne la colère de ton cœur ! Je ne connais pas les tombes des gens qui sont dans la région occidentale..... Depuis que je suis arrivé au Xer, malheur à nous ! On tue les gens. C'est lui (le Xer) qui m'a fait prendre. On réitéra à le questionner par le *badjaro*. Il ne consentit pas (à parler).

— Fut questionné le prisonnier *Xerau* Paarisexer, du temple d'Amon. On lui déféra le serment par le roi de ne pas mentir sous peine de mutilation et de réduction en servitude. On lui dit : Quelle est la manière d'aller que tu as faite pour parvenir aux grandes demeures ? Il dit : Que s'éloigne ta colère ! Il fut questionné par le *badjaro*. Il dit : Laissez-moi, je parle. Mais il ne consentit pas (à parler).

— Fut questionné le prisonnier Punsh, du temple de Maut. On lui déféra le serment par le roi de ne pas mentir, sous peine de mutilation et de réduction en servitude. On lui dit : Qu'as-tu à dire ? Il dit : Je n'ai rien vu du tout de ce qui a été fait dans un lieu du temple de Maut. On réitéra à le questionner par le *badjaro*. Il ne consentit pas (à parler).

— Fut questionné le prisonnier marin Chonsumès, fils de Painedjem, du temple d'Amon. On lui déféra le serment habituel. Il lui fut dit : Que sais-tu de l'argent dont le marin Pauraa a dit que tu l'avais emporté ? On le questionna par le *badjaro*. Il dit : Ne faites pas un péché évident ! On réitéra à le questionner par le *badjaro*. Il ne consentit pas (à parler).

(Cette même colonne contient quelques traces d'autres interrogatoires).

5e *colonne*.

— Question du prisonnier esclave Kairobairo.

Il dit : Quand les Madjau du chef de police ont tué Aufenamen j'allai au bateau avec lui. J'allai à Maburo. Alors lui parvint à la ville(*timi*) de Pautu... Maut. On lui dit : Tes compagnons, (tes gens) sont pris. Il dit : Taisez-vous ! ne le dites pas ! Ensuite allez ! Je parvins à la ville. Ils vinrent pour me dire : Kairobairo ! Arrive avec tes compagnons ! Ensuite, apporta témoignage Ahimeh son frère (d'Aufenamen). Je dis : Si je ne vais pas, moi, on ira en Syrie quand il sera en Ethiopie. Allons ! trouvez le chef, ce misérable, pour le tourmenter. Voilà ce que je leur dis. (Sur mes indications) ils allèrent, ils emmenèrent le batelier, la femme d'Aufenamen Mont..... le père de Mont. Ils me firent aussi comparaître et maintenant tu me feras les châtiments que tu voudras.

— Le même jour, au temps du soir, fut questionné le prisonnier pastophore Thotnext, du temple de Mont, seigneur d'Hermouthis. On lui fit faire serment de ne pas mentir. Lui dit le royal officier Inua : Dis-moi — et cela de la façon dont tu as fait serment par le roi de dire la vérité — quelle fut la manière d'entrer dans les grandes demeures. On le questionna par le *badjaro*. Il dit : Laissez-moi ; je parle. Il dit : Je n'ai rien vu. On réitéra à le questionner par le *badjaro;* ses mains et ses pieds furent comprimés par le *manini*. Il dit : Je n'ai rien vu. Malheur à nous ! Ce que tu as dit est un infâme mensonge ! On réitéra à le questionner par les instruments de torture encore. Il dit : Ecoutez ! Ce qu'a dit Ahimeh de Panéhes et de l'ouvrier Panofré, je ne l'ai pas vu de mon œil. (Il a menti).

— Fut amené le divin père Mont. anx, du temple de Mont. Son audition (*Setemrof*). Il dit : J'étais à Hermonthis. J'entendis parler Aufenamen (ou parler d'Aufenamen. Questionnez-le ?

— Fut questionné le prisonnier scribe To sherau. On lui déféra le serment par le roi de ne pas mentir. On lui dit : Qu'as-tu à dire sur l'argent qui t'a été donné par les gens qui ont pris cet argent ? Il dit : J'ai reçu (Le reste est trop lacuneux pour pouvoir être traduit.)

6° *Colonne.*

— Fut questionné le prisonnier nautonnier Paxar. Il lui fut déféré le serment par le roi de ne pas mentir. Il lui fut dit : Quelle est la manière que tu as faite de faire traverser en bateau les hommes pour les laisser sur cette rive du fleuve afin d'emporter l'argent ? Il dit : Je ne les ai pas fait traverser. Un serviteur (*shes*) d'Aufenamen vint à moi et me dit : Fais traverser les hommes et laisse-les sur l'autre rive. Voilà ce qu'ils me dirent. Je leur dis : Malheur à nous ! Ce que vous faites, nous l'ont dit ceux qui sont sur le grand bateau. Ils vous ont vu voler. Voilà ce que je leur dit. Je leur donnai donc le petit bateau. — Lui dit le royal officier Inua : Quel fut le serviteur (ou suivant : *shes*) d'Aufenamen qui vint à toi ? Il dit : Ahimeh, son frère, est celui qui vint à moi. Il dit : Faites amener le batelier Nesamen. On fit comparaître le batelier Nesamen. On lui dit : Qu'as-tu à dire? Il dit : Ce n'est point Paxar qui les a vus. C'est moi qui ai fait traverser ces hommes.

— Fut questionné le prisonnier gardien Pakanai, fils d'Ounofre. On lui déféra le serment par le roi de ne pas mentir. On lui dit : Qu'as-tu à dire sur l'affaire des grandes demeures? Il dit : Par le poids de la colère d'Amon, par le poids de la colère du prince (grand régent) ! Si l'on me trouve ayant passé avec ces hommes ou qu'ils m'aient donné kati d'argent ou kati d'or, il (Amon ou le Prince) me mutilera et me réduira en servitude. On le questionna par le *badjaro*. Il dit : (Le reste n'est pas écrit).

— Fut questionnée la prisonnière *anxnut* Mautemua, femme du mesureur Pauraa. Il lui fut dit : Qu'as-tu à dire sur Pauraa, ton mari, qui emporta l'argent. Il est dans ta maison ? Elle dit : Ecoutez ! Mon père vint à la demeure. Il me dit : Tu ne feras pas pénétrer ton homme dans ta maison. On réitéra à la questionner. Elle dit : Il ne m'a pas apporté ses charges (ce qu'il portait). On réitéra à la questionner pas le *manini*. Elle dit : Faites-le prendre, cet argent : il est placé dans la maison du chef de maison La, le mari de Tabok, la sœur du mesureur Pauraa.

— Fut questionnée la prisonnière *anxnut* Mautemua, la femme du scribe des bestiaux sacrés Nesamen. On lui déféra le serment par le roi de ne pas mentir. On lui dit : Qu'as-tu à dire ? Elle dit : Quand on fit la prise du prophète Tahib ? alors mon père vint et me dit : Tu ne laisseras pas entrer ton homme. (Le reste est trop lacuneux pour pouvoir être traduit.)

7° *Colonne.*

— Fut questionné le prisonnier serviteur (*shesu*) Painedjem, du temple d'Amon, qui fut confronté avec (dans la main de) l'esclave (*Hon*[1]) Tekana pour ses dires. On lui déféra le serment par le roi de ne pas mentir. On lui dit : Qu'as-tu à dire sur la destinée des vases d'argent dont on a dit qu'ils étaient déposés dans ta maison avec des vases de fer ? Il fit serment par le roi de dire la vérité. Il dit : S'il me trouve ayant marché dans les voies des voleurs il me réduira en servitude ! Il dit : On amènera quelqu'un pour m'accuser. Fut amené le serviteur *hon* Tékana[1]. Il dit : L'homme est venu à moi de la venue d'un chef (à la façon dont vient

[1] Il est question de Tekana dans les copies antérieures de Eisenlohr, qui avait semblé écrire *Tep* par la tête, au lieu de *hon*.

un chef). Il me dit : Fais aller dans la place. Quelques-uns entrèrent à sa suite (dans sa main) vers un lieu de réserve (*Atuah*) (situé) dans un *nenni*[1] dans lequel étaient les vases. Il dit sur (Painedjem) l'esclave Tekanai : C'est un mensonge que tout ce qu'il dit, — ce qu'il a dit à (ou pour) Shetisuxousu. Ne consentez à rien (où n'approuvez rien) de ce qui a rempli son cœur..... Interrogez un autre et ne consentez à rien de ce qu'il dit.

— Mésoré 9, au temps du soir.

— Fut questionné le prisonnier Ariwua, de l'*ap* (ou palais) de l'épistate (*ha*) de la ville. On lui déféra le serment par le roi de ne pas mentir. On lui dit : Quelle est la manière que tu as employée pour parvenir aux grandes demeures, avec les voleurs qui étaient avec (le batelier Nesamen dans la barque (*maxennut*) ? Il dit : Les voleurs ont traversé l'eau dans la barque Taiamaut. Pabokhor les laissa sur la rive. Il lui fut dit : Qui ? Il dit : Le forgeron Uaxa du Xer, le prêtre Paropétra (?) de la chapelle du temple de Rameuxeper (Thoutmès III) le *abu* Atefnofre de Ans. Il lui fut dit : Tu as vu leur chargement ? Il dit : Je n'ai pas vu. On réitéra à le questionner par le *badjaro*. Il dit : De mes yeux, je n'ai pas vu. Lui dirent le *dja* et les magistrats : Que transportait-on dans ce chargement ? Il dit : Etaient transportés leurs vases. Mais je ne les ai pas vus.

— On réitéra à questionner le gardien Painedjem au sujet de l'esclave Tekanai. Il dit : Je n'ai rien vu. Ne consentez à rien (n'acceptez pour vrai rien) de ce qu'a dit l'esclave Tekanai... On réitéra à le questionner le 10 mesoré. On lui accorda la vie.

— Fut questionné le prisonnier scribe Paamtamétré. On lui déféra le serment par le roi de ne pas mentir. Il dit : Par le poids de la colère d'Amon ! Par le poids de la colère du régent ! Si on me trouve ayant passé avec les voleurs, il (Amon) me mutilera et me couvrira de honte. Il fut questionné par le *badjaro*. Il fut trouvé qu'on avait calomnié le mesureur Paamtamétré.

8e *Colonne.*

— Fut questionné le prisonnier batelier Amenpaiuariaa. On lui déféra le serment par le roi de ne pas mentir. On lui dit : Qu'as-tu à dire sur le mari de ta sœur avec lequel tu étais dans les grandes demeures? Il dit : On amènera des hommes pour m'accuser. Qu'on trouve que c'est vrai, vous ferez à moi tous les pires châtiments. Il fut trouvé innocent des vols.

— Fut questionné la prisonnière *anxnut* Mautemhib, la concubine du fondeur (*noub*) Ramès auquel on avait remis l'or et l'argent. On lui déféra le serment par le roi de ne pas mentir. On lui dit : Quelle fut la destinée de l'argent que les voleurs avaient apporté à Ramès, ton mari ? Elle dit : On ne l'apporta pas chez moi. En réalité, je suis la 3e femme : Taiamaut et Arianxf faites-les amener : ce sont celles avec lesquelles il vit. Qu'elles viennent m'accuser, — Le *dja* dit : Saisissez les autres femmes ! On les saisit et il fut trouvé qu'elles avaient pris cette femme (?) pour l'accuser (à tort).

— Fut questionné le scribe Hora, fils d'Aufenamen, fils de Thot... du temple d'Amon, au sujet de son père qui était dans les grandes demeures volant dans les tombes. Lui dit le *dja* : Ton père a fait entrer des gens qui se sont joints à lui. Il dit : Mon père amena un serviteur (*bok*) qu'il

[1] Ce mot est déterminé par le bassin comme *mennu nennui* bassin, océan, abîme. S'agit-il d'une cachette creusée sous terre à la façon de celle de Deir el bahari ?

appela comme nom Hainamen et le nègre (*paneheś*) qu'il appela Mautemxoun, la servante (*tabok*) Oubekset.....

(Toute cette partie est en très mauvais état et la fin est indéchiffrable).

— Fut questionné le prisonnier Netererpa Hora, du grenier du Pharaon, habitant dans la ville de..... Maut. Il fut trouvé innocent des vols.

— Fut questionné le gardien Painedjem ? du temple d'Amon. Il fit serment par le roi à savoir : Si l'on me trouve ayant été avec les voleurs, il me réduira en servitude. Il fut trouvé innocent des vols.

— Fut questionné le fondeur (*noub*) Suronamen, du temple d'Amon. On lui déféra le serment. Il lui fut dit : Qu'as-tu à dire sur Paseka ?..... qui était avec toi ?

— Fut questionné le gardien Kamen. Il dit : Que s'éloigne ta colère ! Il fut questionné par le *badjaro*. Il fut trouvé innocent.

— Fut questionné le prisonnier gardien Pai.

(Le reste manque).

9e *Colonne.*

Fut questionné le gardien Suronamen, du temple d'Amon. On lui déféra le serment. Il dit : Je n'ai rien vu. On le questionna par le *badjaro*.

. . . .

Les 4 autres interrogatoires de cette colonne, dont les lignes sont incomplètes, sont en trop mauvais état pour être traduits.

§ 5. — Les papyrus Mayer 1 et 2.

Ces documents qu'ont en partie traduits, d'une façon d'ailleurs insuffisante, le regretté Goodwin et mon ancien élève Spiegelberg, mériteraient une étude longue et attentive que je me propose de faire plus tard. Pour le moment, je n'ai pu consacrer que deux jours à Liverpool et par conséquent me borner à prendre ou à faire prendre par ma femme et ma fille des copies rapides de tout ce que M. Eisenlohr n'avait pas copié lui-même. Je fais donc toutes mes réserves les plus expresses pour le résultat d'un travail aussi hâtif.

En ce qui concerne le papyrus Mayer n° 1, nous devons dire que le classement des colonnes proposé par M. Spiegelberg est fort mauvais. Ce papyrus se compose de deux fragments distincts qui constituaient autrefois un seul papyrus. Par conséquent, le recto de l'un (A) précédait directement le recto de l'autre (B), comme le verso de l'un (A) le verso de l'autre (B). Cette disposition, qui n'a pas été comprise, est d'ailleurs prouvée par le contenu. On a ainsi d'abord deux séries d'interrogatoires, puis, *toutes ensembles*, les listes d'accusés ; avec les résultats des jugements se référant, non seulement au papyrus Mayer, mais au papyrus Harris 498, précédant immédiatement, au point de vue chronologique, le papyrus Mayer n° 1.

PAPYRUS MAYÈR N° 1.

A recto, 1re colonne.

L'an 1er du *nummesou* (Ramses X), mesoré 15.

En ce jour furent questionnés les voleurs du tombeau de Rausermasotepenra (Ramses II), le dieu grand et du roi Ramenma seti (Seti Ier) qui étaient déposés dans le trésor du roi Rausermameriamen (Ramsès III), ce sur quoi le chef des Madjau Nesamen a fait rapport, en indiquant leurs noms : il comparut même avec les voleurs pour prouver qu'ils avaient porté la main sur les tombes, et, quand ils comparurent, les questionnèrent par le supplice des mains et des pieds pour leur faire faire un compte rendu exact de ce qu'ils avaient fait, le *dja* Ranebmanextu, le préposé au trésor, préposé au grenier Ramenmanextu, l'intendant, royal officier Anua, l'intendant royal officier Pameriamen, le procureur du roi.

— Fut interrogé le prisonnier étranger Pakamen, qui est sous la direction de l'intendant des bestiaux du dieu Amon.

On lui déféra le serment par le roi de ne pas mentir. Il lui fut dit : Quelle fut la manière d'aller que tu as faite avec les hommes qui étaient avec toi pour piller les tombes des rois qui étaient déposés dans le trésor du sanctuaire du roi Rausermasotepenra ?

Il dit : Je m'y introduisis avec le scribe Tosherau, le père divin Hora, de ce sanctuaire, le fils de Pibok Nesamen, de cette demeure, l'étranger Nesmont du temple de Mont, seigneur d'Hermonthis, l'étranger Panehesdjat qui était prophète du dieu Sebek du temple de Paanx, Tmaiuat, attachée à Panchesdjat qui était prophète du dieu Sebek du temple de Paanx, en tout 6.

Fut amené le chef des Madjau Nesamen. Il lui fut dit : Quelle fut ta manière (la manière que tu as faite) de trouver ces gens ? Il dit : J'ai entendu dire que ces gens entraient pour faire leur profit dans les tombes. Je suis allé. J'ai trouvé les hommes qu'a dit le voleur Pakamen en vérité. Je les ai fait introduire ici en ce jour. Ainsi parla (dit) le chef des Madjau. Celui-ci (*su*), s'en alla dans la rue (*Xal*) au dehors (*bunuro*).

Fut questionné le gardien voleur Pakamen, du temple d'Amon, sous la direction de l'intendant des bestiaux d'Amon, par le supplice du *badjaro*. On lui donna du bâton (*hak*) sur les pieds et sur les mains. On lui déféra le serment, sous peine de mutilation, de ne pas mentir. Il dit : J'ai fait vérité (j'ai été véridique) dans tout ce que j'ai dit. Il réitera de sa bouche à dire : Moi j'ai fait ce qu'ils ont fait. J'ai été avec ces six hommes. J'ai pris une table d'offrande dont j'ai fait mon affaire.

— Fut amené l'étranger voleur Nesmont. On le questionna par le supplice du *badjaro*. On lui donna du bâton sur les pieds et les mains. On lui déféra le serment par le roi, sous peine de mutilation, de ne pas mentir. Il lui fut dit : Quelle fut ta manière d'aller (la manière d'aller que tu as faite) pour faire ton profit dans les tombeaux avec tes compagnons ? Il dit : Je me suis introduit. J'ai trouvé ces gens. Moi je fus le 6e. J'y ai pris un anneau d'airain. J'en ai fait mon profit.

A recto, 2e *colonne*.

— Fut amené le gardien Kalu, du temple d'Amon, l'étranger. Il fut questionné par le *badjaro*. On lui donna du bâton sur les pieds et les mains. On lui déféra le serment par le roi et sous peine de mutilation de ne pas mentir. Il lui fut dit : Quelle fut ta manière d'aller avec tes compagnons qui ont fait leur affaire dans les tombes ? Il dit : M'a pris l'étranger Pahounui et il m'a fait transporter des blés. Je me saisis d'une caisse *arku* de céréales *aka*[1]. Je descendis à terre. J'entendis la voix des gens qui étaient dans le θησαυρος (*paro*, la porte des blés). J'y introduisis mon œil. Je vis Pibok et Tosherau qui étaient à l'intérieur. Je l'appelai (celui-ci) en disant : Viens. Il vint à moi dehors et il avait deux *shaku*[2] de cuivre dans sa main. Il me les donna et je lui donnai en échange une mesure 1/2 de céréales. Je pris un des *shaku* et je donnai l'autre à l'étranger Anefsu.

— Fut amené le prêtre Nessuamen, fils de Pibok, pour son père. Il fut interrogé par le supplice du *badjaro*. On lui dit : Dis comment ton père est allé (dis la manière d'aller qu'a faite ton père) avec les hommes qui étaient avec lui ? Il dit : Mon père y fut en vérité. Mais jétais un enfant et je ne sais comment il a fait (la manière qu'il a faite). Il fut questionné. Il dit : J'ai vu le travailleur Ahutinefer qui était à l'intérieur de la tombe avec le gardien Nefer, fils de Merur, le travailleur Ounu... Total 3. Ce sont eux ces hommes que j'ai vus en vérité et qui ont emporté l'or. Ce sont eux, ces hommes. Il fut questionné par le *badjaro*. Il dit : Ces trois hommes, je les ai vus véritablement.

— Fut amené le tisserand Ounpehti, fils de Toteib, du sanctuaire. Il fut questionné par le supplice du *badjaro*. On lui donna du bâton sur les pieds et les mains. On lui déféra le serment par le roi de ne pas mentir. On lui dit : Dis quelle fut la manière de procéder qu'a eue ton père en faisant son affaire dans les tombeaux avec ses compagnons ? Il dit : Quand mon père fut tué, j'étais petit et ma mère me dit : « Le chef des Madjaou Nesamen a donné des pièces de cuivre à ton père. Alors les chefs des soldats étrangers tuèrent ton père. Ils supprimèrent l'instruction (prirent la question) et Nesamen prit les pièces de cuivre qu'il me donna. Cela fut déposé ici. » Voilà ce que me dit ma mère.

A recto, 3e *colonne*.

— Fut amenée l'*anxnut* Annuro, la concubine du prêtre Tosherau, fils d'Hora. On la questionna par le supplice du *badjaro*[3]. On la bâtonna sur les pieds et les mains. On lui déféra le serment par le roi de ne pas mentir. On lui dit : « Quelle est la manière d'aller qu'a faite ton mari, faisant irruption dans la tombe et en emportant des cuivres (*sic*) ? » Elle dit : « Il a emporté quelques cuivres dépendant des tombes, nous les avons dépensés (mot à mot : mangés).

— Le 17 mesoré[4], on questionna certains (*pamen*) des voleurs du *xer* :

[1] Conf. *aka*. An. IV, 15, 10.

[2] Conf. Harris, 1, 13, 8 et Rit. de Nebseni. Là il s'agit de *shaku* d'or.

[3] Nous avons dit plus haut que ce mot peut se lire *badjaro* ou *badjana*. Dans certaines de nos copies on incline vers *badjana*. Dans celle du papyrus Mayer que j'ai entre les mains, on incline vers *badjaro*.

[4] Les premiers interrogatoires se référaient à la première séance judiciaire du papyrus Mayer, c'est-à-dire à celle du 15 mesoré de l'an 1er.

— Fut amené le pastophore Amenxaucrastf, qu'a amené dans l'habitation (*Wut*) l'employé Paurxertuf. Il fut questionné par le supplice de la compression (*mani*) de ses pieds et de ses mains. On lui déféra le serment par le roi de ne pas mentir. Fut entendue sa bouche (*setem rof*) et les juges dirent : (il lui a obéi). Dans son action de l'amener, lui innocent. Ils lui donnèrent le souffle (lui accordèrent la vie).

— Fut amené le gardien Nesamen fils de To... Il fut questionné par le supplice du *badjaro*. On fit la compression (*mani*) de ses pieds et de ses mains. On lui déféra le serment par le roi de ne pas mentir. (Là s'arrête le compte rendu de l'interrogatoire, probablement négatif).

— Fut amené le *Xerau* Pa Xar (?) du temple de Chons et d'Amonapi. Il fut questionné par le supplice du *badjaro*. On fit la compression (*mani*) de ses pieds et de ses mains. On lui déféra le serment par le roi de ne pas mentir. Il fut trouvé innocent des vols. On lui accorda la vie.

— Fut amené le matelot (*nifu*) Amenhotep, fils de Ariaa, du temple d'Amon, sous la direction du premier prophète d'Amon. On réitéra à le questionner par le *badjaro*. On fit la compression de ses pieds et de ses mains. On lui déféra le serment par le roi de ne pas mentir. Il fut trouvé innocent des vols. On lui accorda la vie.

— Fut amené le boucher (*sefent*) Pentouitum, fils de Besa, dont le gardien nommé Shanba (ou Djetuemsbanba) fils de Pirpanif, a dit : « Il était dans les (grandes) demeures, bien que je ne l'y aie pas vu de mes yeux ». On le questionna par le supplice (*kenken*) du *badjaro*. On fit compression de ses pieds et de ses mains. On lui déféra le serment par le roi de ne pas mentir. On lui dit : « Quelle est la manière d'aller que tu as faite avec Bukhaf vers les (grandes) demeures, puisque le nommé Shanba (ou Djetuemshanba), fils de Pirpanif, a dit que tu étais avec lui ? » Il dit : « Il a menti : je n'ai (rien) vu. »

— Fut amené le nommé Shanba (ou Djetuemshanba), fils de Pirpanif. On lui dit : « Qu'as-tu à dire ? » Il dit : « Quand Bukhaf prit un bouvillon de l'écurie, vint le témoin avec le chef boucher (?) Amenxau, fils d'Hora. »

Les juges dirent : « Qu'on amène Bukhaf ! »

Fut amené Bukhaf. On lui dit : « Qu'as-tu à dire ? » Il dit : « Il (Pentouitum) n'a point été avec moi. Le témoignage a été fait. Qui donc l'a vu (Pentouitum) avec Amenaxau, fils d'Hora ? »

On lui acorda donc la vie.

B recto, 1re colonne.

(Entre la colonne précédente et celle-ci il faut admettre une lacune assez notable).

... Que fit-il ? Il vint avec toi ? Il dit : Il ne vint pas. On réitéra à le questionner par le supplice du *badjaro*. Il lui fut dit : Dis ! quelles sont les autres tombes que tu as ouvertes ? Il dit : J'ai ouvert la tombe (de la reine) Nesmaut. Il dit (encore) : C'est moi qui ai ouvert le *xer* de la reine Bokhornuro, l'épouse du roi Amenmésès (19e dyn.) Total 3 tombes. Lui dit le *dja* : Dis-moi où tu as mis l'argent. Il dit : J'allai... Ce fut Panehes qui fit encore les... J'écoutai Nesaa, qui était intendant des tombes de cet endroit. Il prit argent .. airain... J'emportai 3 katis d'argent; Aufenamen 3 outen de bon or, l'*anxnut* Ii, la femme du prêtre Hatiamen... 1 outen d'argent. Elle me donna 2 katis ; ce qui fait 5 outen que nous enlevâmes alors. L'étranger Aufenamen, (fils de) Paisebek, (enleva encore) 5... d'argent, le... Aufenmaut 2 outen. Ce fut lui qui nous fit déposer l'argent, pour qu'il le partageât également entre nous encore.

Dit (ajouta) Aashefamenemeuas : Les choses dont a parlé Bukhaf à Nesmaut sa sœur, elle les a donnés au pastophore.

— Fut amené le serviteur (*hon*) Amenaptobé, appartenant au 1er prophète. Il fut questionné par le supplice du *badjaro*. On lui déféra le serment par le roi de ne pas mentir. Au sujet des dires de l'esclave (*hon*) Tekanai il dit : Je ne l'ai pas vu. On emmena cet homme pour le faire comparaître de nouveau.

— Fut amené le porteur de... Bokahutinefer qui était sous la direction du gouverneur et royal fils d'Ethiopie pour être interrogé sur les dires de l'esclave Tekanai. Il fut questionné par le supplice du *badjaro* et par la compression (*mani*) de ses mains. On lui déféra le serment par le roi de ne pas mentir. On lui dit : Qu'as-tu à dire (quoi pour toi) sur les tombes du Pharaon que tu as volées. Il dit : C'est un mensonge. Je ne les ai pas vues. Faites amener les agents de la ville qui y sont allés et qui ont fait la visite (mot à mot : qui ont fait l'action de se tenir debout) dans des monuments funéraires avec des...

— Fut amené l'esclave Tekanai. Il lui fut dit : Qu'as-tu à dire sur l'homme dont tu as dit qu'il était dans les tombes ? Il dit : Je ne l'y ai pas vu aller.

Il (Bakahutinefer) fut trouvé innocent des vols. On lui accorda la vie.

— Fut amené le maçon Unamen, du temple d'Amon, sous la direction du 1er prophète d'Amon. On le questionna par le supplice du *badjaro*. On fit la compression (*mani*) de ses mains. On lui déféra le serment par le roi de ne pas mentir. On le questionna. Il fut trouvé innocent des vols. On lui donna la vie.

B recto, 2e *colonne*.

— Fut amené l'esclave travailleur (*Katu*) Pannextuenap (dépendant du choachyte)[1] Karo, du sanctuaire de Kak. Il fut questionné par le supplice du *badjaro*. On lui déféra le serment par le roi de ne pas mentir. On lui dit : Dis les serviteurs (*bok*) du grand coupable qui étaient dans les tombes. Il dit :... (On lit ici une liste de quatre noms, dont chacun est mis à la ligne, noms d'ailleurs peu déchiffrables. Ensuite vient une courte phrase précédée également de l'incise : « il dit » : mais pour laquelle je ne possède qu'une très mauvaise copie.)

— Fut amené le pêcheur Ata (?) du maire de la ville (*hannut*). Il fut questionné par le supplice du *badjaro*. On fit la compression (*mani*) de ses pieds et de ses mains. On lui déféra le serment par le roi. On lui dit : De quelle manière as-tu fait traverser ces voleurs que tu as fait traverser ? Il dit : J'ai fait traverser les voleurs et ils m'ont donné une mesure de céréales et 2 mesures de provende (*ak* = *oik* pain, provende). Il y fut trouvé 2 katis d'or. On lui accorda la vie.

— Fut amené le serviteur (*hon*) Paneferxau... Il fut trouvé (avec) Amenxau, fille du Mautemheb. On signala l'homme au Pharaon. Il fut emprisonné.

— Fut amené le chef portier Thothotep (ou Sébekhotep) du temple d'Amon.

— Fut amené le gardien Nesamen, du temple d'Amon, sous la direction de l'intendant des bestiaux d'Amon. Il fut questionné par le supplice du *badjaro*. On lui déféra le serment par le roi de ne pas mentir. On lui dit : Tu étais avec Ahimeb, le frère d'Aufenamen, qui était chef de

[1] Le nom de ce choachyte est dans la liste du verso du papyrus Abboth.

troupes. Tu étais avec lui dans ces places. Il dit : Mensonge ! Je ne l'ai pas vu. Je ne suis pas allé avec lui. Il fut questionné par le *badjaro*. On fit la compression de ses mains. Il fut trouvé innocent des vols. On lui accorda la vie.

A verso, col. 1.

Le 15 mésoré de l'an 2 du roi Ramsès X furent amenés les voleurs à la question.

— Fut amené le prêtre Paunsh, fils d'Amenhotep, du temple de Maut. Il fut questionné par le *badjaro*. On lui déféra le serment par le roi — sous peine de mutilation — de ne pas mentir. Il fut dit à lui : « Quand tu as comparu devant les juges dans le commencement, il te fut dit : Dis la manière d'entrer que tu as faite. (Mais alors) tu n'as rien dit : tu as refusé (*hanurok*) de dire les dégâts qu'avaient faits ta main. Effroyables sont les questions (les supplices des questions) que l'on fera pour toi ; car ton action est honteuse (*djat*), celle que tu as faite. » Il dit : « Je n'ai pas vu ce qui a été fait. Mensonge (*ker*) est dans toute chose (*oua neb*) que tu as dite ! » On réitéra à le questionner par le *badjaro* — par un supplice complet. Il dit : « Je n'ai rien vu. Malheur à vous ! » Voilà ce qu'il cria (*kakai*). On réitéra à le questionner. Le *dja* dit : « Laissez-le pour être questionné de nouveau ! »

— Fut amené le cuisinier Nespicha. Il fut questionné par le supplice du *badjaro*. On lui déféra le serment par le roi de ne pas mentir. Il lui fut dit : « Dis-moi quelle fut la destinée (*sexer*) de la pièce d'argent que tu as donnée à (Nes)mont, ainsi que des 4 pièces d'argent que tu as données au mari (?) de (Ti) bok ». Il dit : « Je dirai leur destinée, et on trouvera (ensuite) mensonge dans ce que je dirai. » On le bâtonna. Il dit : « Je les ai reçues des Mashuash qui avaient reçu la masse d'argent de Nesamen et des compagnons qui étaient avec lui. Ils (les juges) dirent : « Mettez-le en prison. »

— Fut amené le scribe Anxfenamen, fils de Ptahemheb. Il fut questionné par le supplice du *badjaro*. On lui infligea la compression (*mani*) de ses pieds et de ses mains. On lui déféra le serment par le roi et sous peine de mutilation de ne pas mentir. On lui dit : « Dis la manière d'aller que tu as faite vers ces tombes avec ton frère. » Il dit : « Qu'on amène un témoin pour qu'il m'accuse ! » On réitéra la question. Il dit : « Je n'ai rien vu. » Il fut mis sous bonne garde.

— Fut amené le batelier Chonsumés, fils de Painedjem. Il lui fut dit : « Dis la manière d'aller que tu as faite pour emporter l'argent. » Il fut questionné par le supplice du *badjaro*. Il dit : « Ecoutez ! Je suis venu avec le pastophore Aufenmont. L'argent fut donné à Nespicha pour de la bière [1]. Il fut questionné par le supplice du *badjaro*, puis mis sous bonne garde (en prison).

— Fut amené le pastophore Aufenmont, du temple de Mont d'Hermonthis. Il lui fut dit : « Qu'as-tu à répondre à ce dire du batelier Nesamen qui t'a transporté sur cette rive du fleuve avec les compagnons ? Il vient maintenant t'accuser, toi qui avais dit : Qu'on amène quelqu'un pour m'accuser ! »

Fut amené le batelier Nesamen. Il fit témoignage à savoir : « C'est moi qui lui ai fait traverser le fleuve, ainsi qu'au gardien Ahimeh... »

---

[1] Notons qu'il est également question de bière dans les témoignages de l'*anxnut* Aapuru et de Paxar dont nous avons donné un abrégé trop succinct dans notre analyse du papyrus Vassali.

A verso, col. 2.

— Fut amené Sebekemhib du temple de Mont : Il lui fut dit : « Qu'as-tu à dire ? Il dit : Ne me dis pas : Pourquoi étais-tu là ? Tous les... étaient sous la puissance du gardien Pen... un étranger qui était, comme gardien, dans la main de Nesamen. Il m'amena comme gardien... Les dégâts qu'il m'a dit de commettre, moi, je les ai commis. Il fut questionné et mis sous bonne garde.

— Fut amené Ounamen, le préposé aux bestiaux d'Amon. Il fut questionné par le supplice du *badjaro*. On lui déféra le serment par le roi, et sous peine de mutilation, de ne pas mentir. Il lui fut dit : « Qu'as-tu à dire ? » Il dit : « Rien. » On le questionna par le supplice du *badjaro*. On le mit en prison.

— Fut amené le chef de barque Kerbaal. On lui déféra le serment par le roi, et sous peine de mutilation, de ne pas mentir. On lui dit : « Qu'as-tu à dire ? » Il dit : « Mentusanx a pris le pastophore Aufenmont, le gardien Djaiaro. Il les questionna, à savoir : Quel a été votre apport de là ? Je ne l'ai pas vu de mes yeux. » Il fut questionné par le supplice du *badjaro*. Il fut mis en prison.

— Fut amené le scribe Touisherau[1]. Il lui fut dit : « Qu'as-tu à dire ? » Il dit : « Il me fut donné deux outen 3/4 d'argent. Or, voyez ! Il me reste 10 katis. » Ensuite la décision de ces choses, ils (les juges) la feront être. Il fut questionné et mis en prison.

— Fut amené l'étranger Sexahati amen. Il lui fut dit : « Qu'as-tu à dire ? » Il dit : « Ce que j'ai déclaré au commencement je suis à le dire encore. » Il fut questionné par le supplice du *badjaro*. On lui dit : « Qu'as-tu à dire ? » Il dit : « J'ai donné des grains — trois mesures — au garde Panofré du Xer. Il m'a donné en argent 2 katis. Je les lui ai rendus (*Toobe*). Le mal, je n'y retournerai pas. Le gardien Ahimeh vint dehors. Ils entrèrent dans un magasin. Je les entendis discuter sur une (somme d') or, et disant : « Que personne ne fraude son compagnon. »

— Fut amené l'étranger Pakamen du *ap*-d'Amon[2]. Il fut questionné par le supplice du *badjaro*. Il dit : « Je n'ai rien (vu de plus que ce que j'ai dit). Il fut remis en prison.

— Fut amené le marinier Paienastmanu. Il fut questionné par le supplice du *badjaro*. Il lui fut dit : « Qu'as-tu à dire ? » Il dit : « Je n'ai rien vu. » Il fut questionné par le *badjaro* et mis sous bonne garde.

— Fut amené le scribe Paarsexer, du temple de Chons. Il fut questionné par supplice. On lui déféra le serment par le roi de ne pas mentir. Il dit : « Qu'on amène quelqu'un pour m'accuser ! » On réitéra à le questionner. Il dit : « Je n'ai rien vu. On le questionna par le *badjaro*.

A verso, col. 3.

— Les hommes arrêtés (amenés) qui ont été délivrés (*nohem*) c'est-à-dire mis en liberté :

---

[1] Voir plus haut : Ce scribe figure déjà dans la liste des voleurs du revers du papyrus Abotth.

[2] C'est le personnage dont il est question à la fin de notre copie du papyrus Harris 400. Il avait aussi comparu le premier dans la première partie du papyrus Mayer. Mais il déclare n'avoir rien à dire de plus.

— Fut amené l'inspecteur des champs Axumennu[1]. Il lui fut dit : « Qu'as-tu à dire sur l'argent que t'a donné Bukhaf? » Il dit : « J'ai reçu 5 katis d'or, un outen d'argent et deux bœufs de la main de Bukhaf. J'ai reçu aussi deux outen d'argent de la main d'Amenxau, fille de Mautemhib. Total : 5 katis d'or, trois outen d'argent et deux bœufs. Cela a été laissé. « Le *dja* lui dit : Ils ont partagé l'argent. » Il dit : « J'ai donné ces choses. »

— Fut amené le gardien Ahutinefer, fils de Maxen, du temple de Mont. Il fut questionné dans les supplices. Il lui fut dit : « Qu'as-tu à dire? » Il dit : « Je n'ai rien vu? » On lui accorda la vie.

— Fut amené le gardien Suenamen, du temple d'Amon. Il fut questionné par le supplice du *badjaro*. Il dit : « Je n'ai rien vu. » On lui accorda la vie.

— Fut amené le gardien Paata (?). Il fut questionné par le *badjaro*. On lui déféra le serment par le roi de ne pas mentir. Il fut trouvé innocent des vols. On lui accorda la vie.

— Fut amené le gardien Pakani, du temple d'Amon. Il lui fut dit : « Qu'as-tu à dire de l'argent que t'a donné Bukhaf? » Il dit : « J'ai reçu les deux outen d'argent. Je les ai rendus (*toobe*). » On lui accorda la vie.

— Fut amené Amenxau, surnommé Aufenamen, par (ou pour) son père Aufenamen, qui était dans le Xer avec le pastophore Hora. Il ne vînt pas, étant petit (*sherau*). Les juges dirent : Que l'on fasse aller son père (?) au Xer. Lui il sera laissé à la demeure[2] ».

— Fut amené le... Il lui fut dit : « Qu'as-tu à dire? Il dit : « Je n'ai rien vu. » On lui accorda la vie.

A verso, col. 4.

An 2, le 13 de thot. Les noms des voleurs de la tombe du Pharaon :

Le scribe Sebekmès, fils d'Userhat.
Le gardien Nesmont, du temple de Mont.
Le prêtre Nesamen.
Le gardien Kalu, du temple d'Amon.
Le tisserand Shetisuhor, du Xer.
Le tisserand Ounpehti.
Le Smetreansuenamen.
Le gardien Paxar.
Le gardien Pakamen.
Le prêtre des encensements Kamen.
Le prêtre Djadja.
Le... Paiosor.
Le...
L'*anxnut* Annuro.

[1] Voir plus haut.

[2] Cette modération relative est à noter ; car, après l'interrogatoire de Pakamen de Nesmonth, de Kalu et avant celui de l'*anxnut* Annuro, la première partie du papyrus Mayer contient l'interrogatoire dans les supplices des deux enfants qu'on interroge au sujet de leurs pères. L'un de ces pères avait déjà été tué par les gens de justice.

A verso, col. 5.

Gens emprisonnés le 2 paophi

Le prêtre Panofreanx.
Le gardien Penhor.
L'anxnut Taishenhor.
Le... Aa...
Mautemua.
Lalla.
Nesmaut.
Taannu...

B verso, col. 1.

Les voleurs du *xer* dont on a fait la question et qu'on a trouvés étant dans les tombes.

Le voleur gardien du temple d'Amon Bukhaf, du temple d'Amon, le chef de bande (ou le maître *pamerpa*).
Le voleur Djetuemshanba, fils de Pirpanif, du temple d'Amon.
Le voleur prêtre des encensements Shetisuxonsu, du temple d'Amon.
Le voleur prêtre des encensements Nesamen, surnommé Djaiba.
Le pastophore Aufenmont, du temple de Mont d'Hermonthis.
Le voleur esclave Tekanai, que l'on n'avait pas pris au temple de Thot.

Hommes que prit (arrêta) le chef des *Madjaou* quand ils sortaient.

Le scribe Tosherau.
Sexahatiamen (?) le...

Les noms des voleurs qui furent arrêtés dans (la suite).

Paiamen (ou Painedjem) qui fut questionné, mais dont les voleurs dirent qu'il n'était pas avec ceux qui avaient volé.
Le scribe Anxfenamen.
Le prêtre Paounsh, fils d'Amenhotep.
Le prêtre Paarisexer, (prêtre de Chonspaarisexer.)
Le chef esclave Nekhtamen, dépendant de l'intendant des bestiaux d'Amon.
Le pastophore Thotemheb, du temple de Mont.
Le marinier Chonsuarisexer, fils de Painedjem.
Le marinier Paxar, qui fut trouvé ayant le marinier Nesamen avec lui.
Le choachyte Kairobairo.
L'ouvrier maritime Pakamen, fils de Panesamen.
Le travailleur maritime Ta kai.
L'étranger Sexahatiamen.

Le cuisinier Nespicba.

Le chef portier Djaiamen? Il fut placé dans la main du Pharaon. Il ne leur apporta pas de témoignage.

B verso, col. 2.

Les femmes qui furent emprisonnées.

L'anxnut Nesmaut, la femme du nommé Shanba (ou Djetu em shanba) fils de Pirpanif, du *Xer*.

L'*anxnut* Mautemua, la femme du prêtre des encensements Nesamen.

L'*anxnut* Petra... la femme de... Hati... du Trésor du Pharaon.

L'*anxnut* de Ta la la... la femme du mesureur Paaaemtamètré, du trésor du Pharaon.

L'*anxnut* Tanefrit, son autre épouse seconde.

L'*anxnut* Mautemua, la femme du mesureur Pauraa... du Trésor du Pharaon.

L'*anxnut* ... la femme de...

L'*anxnut* Taiamauturt, la femme du... Pai.

L'*anxnut* Arinofré, la femme de Panéhes endjat.

B verso, col. 3.

En face des noms des femmes prisonnières, on a ajouté, après coup, dans une sorte de marge à laquelle nous avons donné le nom de colonne 3, une autre liste de voleurs intitulée : « Les noms des voleurs des tombes le 10 du deuxième mois. » Cette autre comprend 20 noms peu déchiffrables et dont chacun est mis à la ligne. On y distingue un Thotmès, un Paxar, deux Panefer, un Sebekhotep, etc.

B verso, col. 2 *et* 3 *in fine.*

En bas des deux colonnes décrites ci-dessus, on lit les détails suivants :

Les voleurs qu'arrêta le maire de la ville (*hannut*), hommes 7.

Les voleurs qui furent tués dans la tombe : hommes, 15.

Voleurs que tua Panéhes, hommes, 3 ; qu'on... hommes, 15 ; qu'on emprisonna avec les fers aux pieds, hommes 5.

Voleurs qu'on emprisonna (simplement), hommes, 6.

Voleurs qu'on... hommes, 5.

Homme qu'on relégua en Ethiopie :

Panefer neferu.

Pai (nedjem). On lui donna la vie.

Pen... On lui donna la vie.

Post-Scriptum

B verso, colonne retournée n° 1 et 2.

Interrogatoire de certains des voleurs des tombes.

Nesamen, fils de Pibok, dit :

J'ai vu Ahuti Nefer et Oun... et un tel. Faites-les venir.

Fut amené Ahutinefer, fils d'Amenxau. On lui fit prêter serment par le roi de ne pas mentir.

Son audition (*setemrof*). Il dit : Les étrangers vinrent ; ils prirent possession des tombes. J'étais derrière quelques serviteurs de mon père et Pahata. Un de ces étrangers, me saisit et me prit (m'emmena) vers Apap. Ils entraînèrent Amenhotep qui était prophète du ... jusqu'aux hypogées et il arriva qu'on me fit aller aux hypogées près de l'or (?) produit des dégâts qu'a faits le prophète Amenhotep, qui vola les tombes et prit possession de cela. (Mais en cet instant) arrivèrent le maire de l'occident de la ville, le scribe du trésor Pasmeunextu et le scribe...... Ils enlevèrent les bois (des cercueils et ils ordonnèrent) de ne pas y mettre le feu. Mais certaines gens entrèrent et y mirent le feu. (Cela fut fait) en ce jour, en la place où avaient été certaines tombes. Il y avait aussi des bois de l'autel (*ax*) du... qui étaient déposés dans... J'allai, j'y coupai du bois.

Il dit (le *dja*) : Qu'on amène les témoins.

Fut amené Nesamen, fils de Pibok. On lui dit : Qu'as-tu à dire sur les trois hommes que tu as dit ? Il dit : Je les ai vus entrant dans la place pour... Ils y ont été vus mettant le feu, mais je ne les ai pas vu mettant le feu, ce que j'ai dit par crainte.

Fut amené Ahutinefer. On lui dit : Tu es allé en cette place. Il dit : Des bois et charbons du *neterhotep* étaient disposés en cette place. Ce sont à ceux-là que j'ai mis au feu.

— Fut amené l'étranger Anefsu. On lui déféra le serment par le roi de ne pas mentir. Son interrogatoire. Il dit : J'étais assis à garder les blés avec l'étranger Kalu. Or, je descendis. Je trouvai le prêtre Toshera et Pibok qui se tenaient debout à piller le magasin. Je les vis de la porte (et je constatai) le vol. Ils me donnèrent trois pièces de cuivre et deux pièces de bois ainsi qu'à Kalu. Ce que j'ai donné de céréales *aka* en échange je ne sais.

— Fut amené Userhatnextu. Il lui fut dit : Qu'as-tu à dire sur le feu que tu as (mis)....

Papyrus Mayer n° 2.

...150 outen de cuivre. Je me querellai avec lui et je lui dis : Il n'est pas beau le partage que tu as fait. Tu as pris trois parts et tu m'en a donné une. Voilà ce que je lui dis. Nous mesurâmes l'argent que nous avions trouvé. Il se monta à 3 outen d'argent. Il me donna un outen et 5 katis d'argent et il prit un outen et 5 katis d'argent. Après quelques jours, l'étranger Paas vint à la maison de l'étranger Nes(amen). Il trouva les choses en dépôt. Il s'en empara. L'étranger Nesamen envoya me dire : Viens. L'étranger Paas s'assit avec lui et l'étranger Paas lui dit : Les argents (sic) que tu as trouvés avec moi tu ne m'en as rien donné. J'irai dire cela aux gens du maire de l'occident (de la nécropole) et aux Madjau. Voilà ce qu'il leur dit. Nous le cajolâmes, nous lui dîmes : Nous prendrons le... en sorte que tu emportes pour toi ce qui est en tes mains. Voilà ce que nous lui dîmes.

Après quelques jours, nous nous réunîmes (nous fîmes un) avec l'étranger Paas, le forgeron Pentahatnextu, le forgeron Hor, l'étranger Nesamen, en tout cinq hommes. Nous n'avions pas de chef, nous allâmes, et l'étranger Nesamen nous le prîmes pour chef. Il nous fit aller au *Xer* du roi Aménophis III. Nous lui dîmes : Où est donc le natif du *Xer* (le guide) qui était avec toi. Il nous dit : (Ne vous inquiétez pas). Il est tué le natif du *Xer*, avec son petit Pibok qui est (aussi) avec nous, s'il ne nous met pas dehors (s'il ne reste pas pour nous reconduire à notre sortie). Nous passâmes trois jours à percer des trous. Le cinquième jour nous ouvrîmes le Xer, nous y entrâmes, nous y trouvâmes une caisse qui y était déposée, etc., etc.

NOTA. Nous ne relèverons pas ici les fautes d'impression de cet ouvrage, comme, p. 80, ligne 34 « premier propriétaire d'Amonrasonter » pour « premier prophète », etc., etc. Nous remettons, en effet, notre *erratum* au second volume des « Actions ». Nous ne voulons pas terminer cependant celui-ci sans remercier M. Eisenlohr du prêt de ses copies, copies prises sans doute à l'occasion d'un petit article paru dans les comptes rendus du Congrès de Vienne, que nous avons oublié de citer. Voilà chose faite.

SAINT AMAND, CHER. — IMPRIMERIE BUSSIÈRE FRÈRES.

www.ingramcontent.com/pod-product-compliance
Ingram Content Group UK Ltd.
Pitfield, Milton Keynes, MK11 3LW, UK
UKHW031848260826
14628UKWH00002B/659

9 782016 159361